THINKr
新思

新一代人的思想

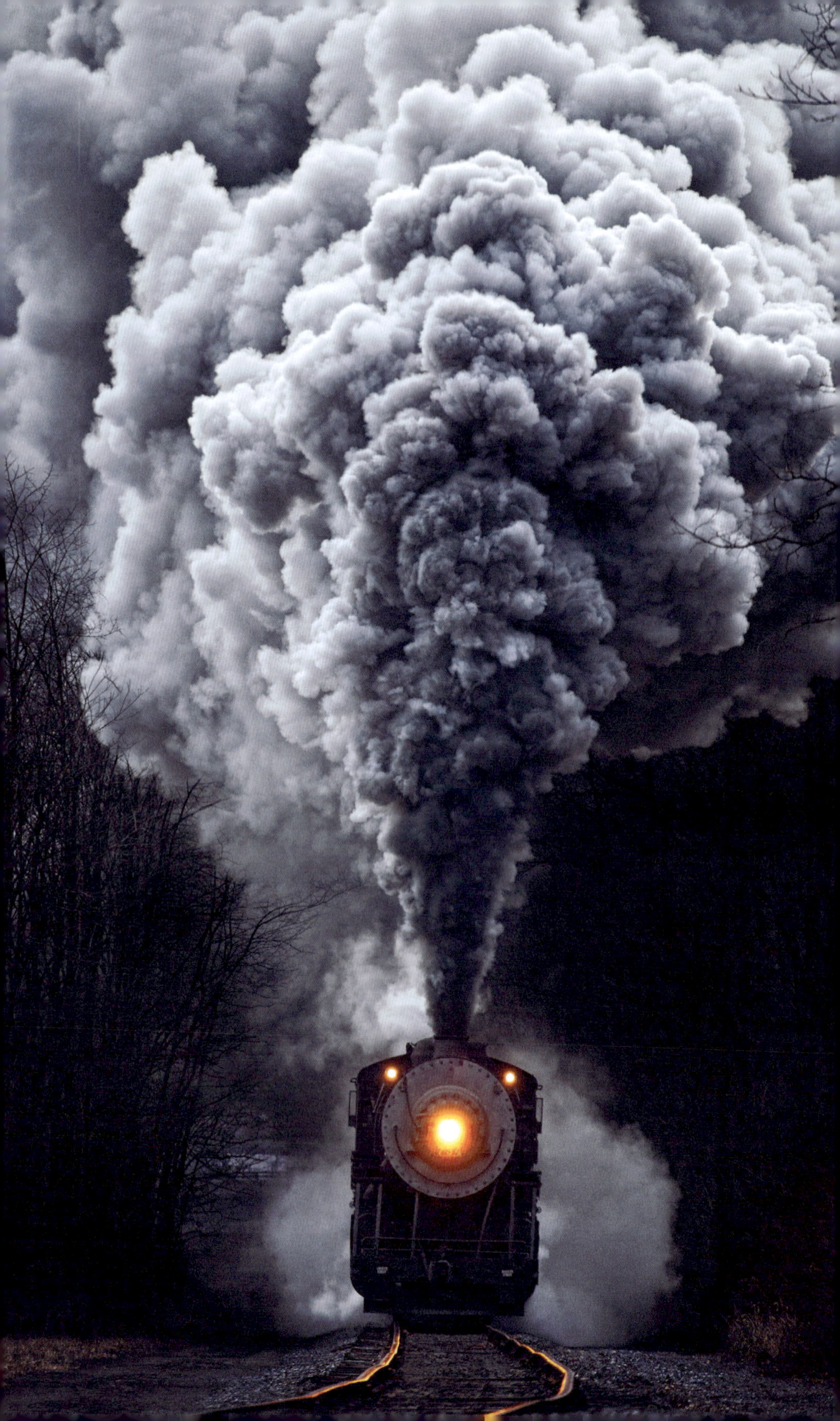

铁路史

火车、工程师与工业文明的故事

[英]克里斯蒂安·沃尔玛尔 著
陈帅 译

CHRISTIAN WOLMAR

DK
THE
IRON
ROAD

— AN ILLUSTRATED —
HISTORY OF THE RAILROAD

中信出版集团 | 北京

DK | Penguin Random House

图书在版编目（CIP）数据

DK 铁路史：火车、工程师与工业文明的故事／（英）克里斯蒂安·沃尔玛尔著；陈帅译. -- 北京：中信出版社，2021.3（2025.7重印）

书名原文：The Iron Road: An Illustrated History of the Railroad

ISBN 978-7-5217-2330-4

Ⅰ. ①D… Ⅱ. ①克…②陈… Ⅲ. ①铁路运输—交通运输史—世界 Ⅳ. ①F531.9

中国版本图书馆 CIP 数据核字（2020）第 195919 号

The Iron Road: An Illustrated History of the Railroad
First published in Great Britain in 2014
by Dorling Kindersley Limited
Copyright © 2014 Dorling Kindersley Limited
Simplified Chinese translation copyright © 2021 by CITIC Press Corporation
ALL RIGHTS RESERVED

本书仅限中国大陆地区发行销售

DK 铁路史：火车、工程师和工业文明的故事

著　　者：[英] 克里斯蒂安·沃尔玛尔
译　　者：陈帅
出版发行：中信出版集团股份有限公司
　　　　　（北京市朝阳区东三环北路 27 号嘉铭中心　邮编 100020）
承　印　者：北京顶佳世纪印刷有限公司

开　　本：650mm×970mm 1/16　　印　张：25　　字　数：360 千字
版　　次：2021 年 3 月第 1 版　　　　印　次：2025 年 7 月第 8 次印刷
京权图字：01-2016-1558
审　图　号：GS（2020）7199 号
书　　号：ISBN 978-7-5217-2330-4
定　　价：128.00 元

版权所有·侵权必究
如有印刷、装订问题，本公司负责调换。
服务热线：400-600-8099
投稿邮箱：author@citicpub.com

混合产品
纸张｜支持负责任林业
FSC® C018179

www.dk.com

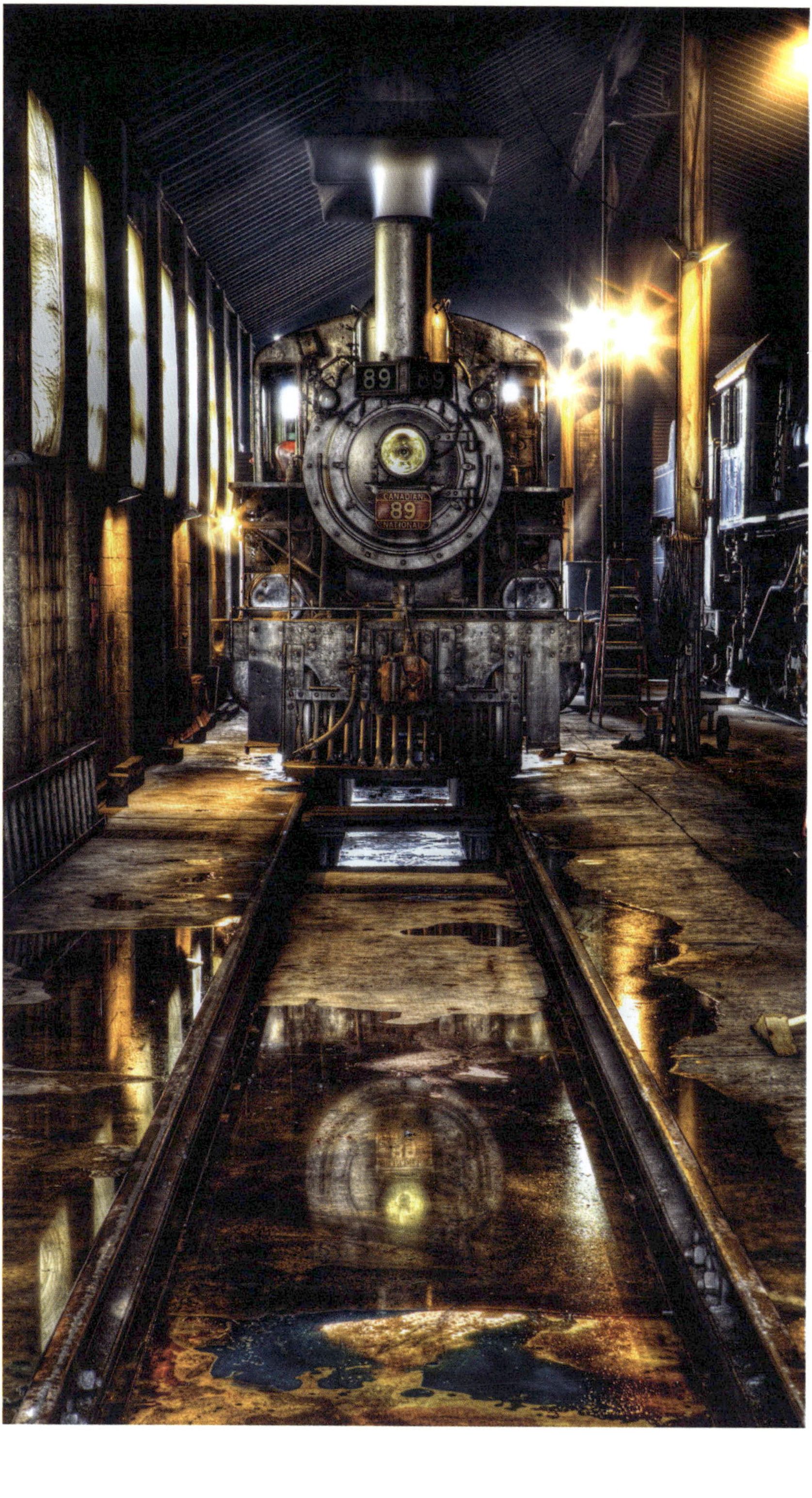
89
CANADIAN
89
NATIONAL

目录

| 引言 | 008 |

012　早期轨道

从马车道到铁路	014
铁路之父	022
机车驱动	030
美国的第一批铁路	032
美国蒸汽时代初期	040
铁路在欧洲	042
欧洲铁路线路图	050
铁路热潮	052
车轮与转向架	058
美国南北战争	060
蒸汽时代的铁路信号	066
伟大的失败	068
印度：达尔豪西的殖民命令	076
早期印度铁路	082
筑路工的生活：掘路、酗酒、斗殴	084
轨道结构	090
古巴蔗糖铁路	092

100　铁路的推广

穿越阿尔卑斯山	102
攀登山峰	108
巴拿马铁路：致命淘金热	110
穿越美洲	120
北美跨洲铁路	129
深入地下	130
轨道上的死亡	138
火车制动	144
旅途体验	146
道岔和会让线	152
蒸汽殿堂	154
铁路信号电报	160
行业垄断与铁路巨头	162
修建桥梁	168
普尔曼现象	170

178	铁路成熟期	
	西伯利亚大铁路	180
	西伯利亚大铁路线路图	189
	东方快车	190
	世界之最	198
	攀登高峰	204
	亨利·弗拉格勒和他的跨海铁路	206
	货运车辆	212
	开普敦到开罗：未竟之路	214
	开普敦到开罗	222
	电力减负	224
	电气化之路	230
	为铁路工作的人	232
	铁路与犯罪	240
	印度山间铁路：逃离闷热	248
258	战争与动荡	
	铁路黄金时代	260
	第一次世界大战中的战地铁路	270
	美国的豪华车厢	276
	战时铁路灾难	278
	汉志铁路	288
	流线型机车	294
	澳大利亚的轨距失误	296
	高速蒸汽列车	304
	柴油化之路："飞翔的汉堡人"开向未来	312
	当柴油遇上电力	318
	第二次世界大战：铁轨上的暴行	320
328	铁路现况	
	勃列日涅夫的失策	330
	铁路的关闭与重生	340
	了不起的隧道	348
	隧道建设	354
	瑞士铁路：优中之优	356
	加速前进：子弹列车与高速铁路	364
	中国：新时代先锋	372
	铁路复兴	382
	磁悬浮列车	388
	术语表	390
	参考书目	392
	致谢	394

引言

在工业革命时代的所有伟大创举中，铁路的发明对后世的影响最为深远。在铁路出现以前的世界里，不论远近，只要踏上旅程就意味着一场艰巨的冒险。即便是法国或英国等领土面积较小的国家，国内的旅行时间也可长达7天；而想要横跨美国、中国或俄罗斯等大国，则可能需要数月之久。直到19世纪早期，许多人终生都未能走出其出生的小镇或村子，也绝没有人能够拥有快过奔马的本领。对于普罗大众来说，旅行实在太过艰难且奢侈，这反过来也限制了思想和技术的传播。

流动性的缺乏成为阻碍经济和社会发展的主要因素。虽然与丰收之地相隔仅几百千米，人们却有可能因为交通不畅而遭受饥荒；易腐食品在缓慢的马拉小车或运河船只中无法保存；寄送国内信件需耗时数日，报纸上刊登的消息实则都是旧闻。战争时期，人们往往在几个月之后才能收到亲人的消息，发生在邻近地区的重大事件的传播速度也极为缓慢。

旅行的受限还转化成了社会意识的局限性。由于鲜有机会结识村子以外的适龄青年，人们选择配偶的范围小得可怜。当时的时间概念也完全不同于今日，人们遵循着日出而作、日落而息的规律，即使两个村庄相距仅数千米，东西方位差异也可能会导致其采用的作息时间各不相同。

铁路时代的到来改变了一切。如果没有统一的标准时间，列车时刻表将会一片混乱，各国不得不开始实施国内和国际时间的标准化。或许正因如此，才诞生了作为当今世界通用标准的格林尼治时间。美国四大时区的划分也同样受此影响。尽管通往符拉迪沃斯托克（原名海参崴）的西伯利亚大铁路横跨7个时区，这条世界上最长的线路仍然按照莫斯科时间运行。无论是在铁路运营还是生活的各个方面，准时和守时都变得极为重要。铁路出现以前，白天被认为有10个小时，而铁路的到来定义了今天8小时的标准时间结构，换言之，正是铁路创造了"朝九晚五"的常规生活。

铁路推翻了关于距离和时间的一切固有概念，引发了社会的剧变。铁路使得远距离工作成为可能，人们不再依附于土地生活，最后的封建遗迹被清除殆尽。工人按照标准时间工作并取得相应报酬，因此，资本主义的壮大与铁路的扩张齐头并进。工作范围的扩大也促进了城市和乡镇的空前发展。常被人们认为是汽车时代产物的郊区扩张现象，其实是通勤线路发展的结果。

费用低廉且相对舒适的长途旅行不仅开阔了人们的眼界，也丰富了人们的想象力。去海边度假、参观展览等以往遥不可及的事情，如今已成为生活常态。从社会层面说，由于人们的活动范围不再局限于周围地区，婚姻伴侣的可选择性突然大为提高。在铁路的助力之下，全国性的会议得以召开，极大地促进了思想的交流，工业革命中的发明在英国本土乃至全世界得到广泛传播。铁路还催生了职业竞技体育产业，俱乐部选手和球迷们可以搭乘长途火车参加与其他球队的比赛，而联盟的规模大小则由他们一天之内的行程距离决定。

铁路同样使战争发生了革命性的变化。传统意义上的军队补给仅靠抢掠维持，一旦物资消耗殆尽，军队只能转移。由于受后勤方面的限制，战斗无法长时间持续进行，往往在几天之内便宣告结束。随着铁路的兴起，军队不再需要频繁地搬移驻地，其食物和弹药补给均可由最近的车站解决。在调动军队迅速平息国内暴乱，或对邻国发动战争等方面，铁路也起到了无法估量的作用。

全美范围内的铁路系统开发大大增强了各州之间的凝聚力。国家掌控之下的铁路线路把各个分散的区域紧密结合在一起，将政府的影响力扩张至偏远无序的地区。铁路还促进了人类的大规模迁移。在铁路主干线建成以后，西伯利亚和美国西部地区的人口数量快速增长，人们在铁路沿线聚集并定居，事实上，美国的一些小镇为了能更靠近铁路而宁愿选择整体搬迁。火车站也成为吸引商贸和促进地区发展的枢纽。

铁路的出现掀起了改革的热潮。铁路公司往往是各国当时最大的机构，由于其体量庞大，全新的商业管理模式和会计方法应运而生。银行借贷、股票市场、信息投资等资本主义发展的特有引擎也借此异军突起。铁路公司依赖银行资金扩张线路，反过来，银行也发现这些野心勃勃的巨无霸公司是他们的最佳客户。由此看来，铁路公司与银行能够成为推动19世纪中后期资本主义发展的两大驱动力绝非巧合。

除此之外，由于铁路行业的雇员人数远超其他行业，日渐兴起的工会运动在铁路行业中得到蓬勃发展，我们也的确在其中看到了许多劳资双方之间的激烈纠纷。

铁路的故事不仅关乎火车和科学技术。本书将在更广泛的社会背景下，为读者讲述它丰富而悠久的历史。尽管遭遇来自汽车时代的强劲挑战，铁路仍是人类社会科技领域的伟大杰作，并依旧是人们出行的极佳方式。然而，隐藏在铁路背后的精彩远不止于此，且由本书为你一一道来。

蒸汽与速度

制造于1938年的"绿头鸭"号机车是有史以来速度最快的蒸汽机车,是铁路黄金时代科技成就的杰出代表。

早期轨道

Limmat
STEAM, 1847

当今的铁路凝聚了人类数千年以来的各类发明，它起源于约 7 000 年前出现的车轮，并在 18 世纪后期的蒸汽发动机时代达到高潮。最早的蒸汽发动机极为庞大笨重，到了 19 世纪早期，人们将其改良成可以安装在车轮上的小型自动设备，从而诞生了能够自行移动的"蒸汽机车"，下一步则只需在机车后挂上货运车厢或旅客车厢，火车便可组装完成。

许多人都曾认为火车的普及无异于天方夜谭，而使用马匹拉车才是正理。但是，从 1830 年世界上第一条铁路主干线利物浦—曼彻斯特铁路在英国通车开始，铁路的扩张便一发不可收拾。先有美国紧跟其后，接着从慢到快延伸至整个欧洲大陆。新线路的开发进行得轰轰烈烈，新车站迎来了滚滚人潮。有些人已经开始了搭乘火车通勤的生活，另一些人则来到这里享受新科技带来的乐趣。

然而，铁路在发展初期也经历了不少挫折。铺设轨道、信号传输、人员培训、车站建筑等铁路相关工作都没有任何经验和技术可以借鉴，一切只能从无到有，从头学起。对于一门全新的工业来说，初期阶段的困难不可避免。事故和火灾常有发生，不少投资者沦为诈骗犯的受害者。而事实上，当时的机车极易爆炸或坏掉。在首条铁路的开通典礼上，英国著名的政治家威廉·哈斯基逊（William Huskisson）被飞驰的火车杀死，成为第一个在火车事故中丧生的人。尽管如此，铁路工业还是克服了重重困难，经过短短数十年的发展，铁路在行驶速度和运行距离上都将马车远远抛在身后，属于铁路的时代来临了。

从马车道到铁路

世界首条铁路利物浦—曼彻斯特铁路于工业革命末期的1830年在英国开通。作为几十年来轨道、车厢和发动机相关实验的成果,它向人们证实了铁路才是陆路运输的必然发展方向。铁路技术其实源于远古的科技,早在约7 000年前,车轮就已出现在人们的生活中,而轨道也随之产生。在古希腊时期(公元前600—公元600年),为了防止下雨天车轮打滑,人们开挖出特定的通道,以便装有车轮的客货车通行。类似的轨道也出现在庞贝古城和西西里岛的遗址中。在希腊神话中,俄狄浦斯正是在这类通道上与父亲相遇,并在争夺通行权的过程中将其杀死的。

最早用于运输的木制轨道可以追溯到1350年,它的原型现存于德国弗莱堡的一座教堂里。在接下来的几个世纪里,德国和英国境内修建了数不胜数的马车道(或用类似轨道铺成的小路),用以让矿区里的货车通行。这些道路最先出现在萨克森州,14世纪,该州成为德国主要的锡矿和银矿开采区。随着"挖掘车"(一种高效的四轮采矿卡车)的发展,州内的采矿活动在16世纪达到顶峰。挖掘车的底部装有一根突出的铁条,行进时插入木制轨道中间的槽内,以防止车辆偏离轨道。但无论司机的驾驶技术如何高超,交通事故仍然频发。然而,正是在采矿卡车的助力之下,大量矿石得以运上地面进行冶炼,德国的矿产行业也由此步入飞跃发展阶段。这种原始的运输体系起初完全依赖人力,不过后来马匹很快被引入,取代人力来运送更重的货物。

接着,人们又开发出专供卡车行驶的轨道。最早出现在德国境内的这类轨道由木头制成,被称作"车行轨道"。到了18世纪早期,德国煤矿产区鲁尔境内的铁轨上已经配有L形的凸缘,后来进一步发展为直接安装于车轮的轮缘,这种配置由此成为现代铁路轮轨的标准形式。

在轮缘被发明的同时,英国也在开发一套基于德国但范围更为全面的马车道系统。作为工业革命的摇篮,英国的车道把不断壮大的煤矿网络与新兴工厂连接在一起,并直通水路,将矿产资源运往更远的地区。交通系统对英国经济的影响巨大，1700—1800年间，英国国内工业和民用煤炭消耗量都增长了10倍。17世纪，在英国东北部地区应运而生的马车道网络交通繁忙，成为人们口中的"纽卡斯尔大道"。到1660年，仅泰恩河畔地区就出现了9条车道，还有一些线路分布在中部通往南部地区。

  1726年，被称为"大同盟"的煤矿主集团修建了一条共享车道，连接分散在各地的煤矿。他们甚至还建造了坦菲尔德车道"干线"，其中大部分路段为双向双轨，可供车辆同时出入。线路穿过途中的"堤道拱桥"，将泰恩河畔的许多小型矿井连在一起。由石匠拉尔夫·伍德（Ralph Wood）在峡谷地带修建的这座拱桥跨度为32米，耗资1.2万英镑（相当于现在的240万美元），是当时英国最长的单孔拱桥，也很有可能是世界上最古老的轨道路桥。桥面承载两条轨道，"主道"将煤炭运送至河边，"回程道"供空车返回。在货运的鼎盛时期，每天在桥面

早期轨道

马耳他岛姆迪纳以西的石灰石轨道遗址可以追溯到公元前2000年。车辙在地面纵横交错，神似铁路调车厂的轨道布局。

上跑过的货运马车多达900辆。类似的车道在英国和欧洲其他地区也有不少，但企业主之间的合作却不多见，有许多矿主还故意修建障碍车道来阻拦竞争对手到达对岸。

直到18世纪后期，德国汉诺威附近的采矿工程师弗里德里希斯·克劳斯塔尔才开始首先尝试铁制轨道。很快，英国中部布鲁克代尔地区的主要钢铁工厂都采用了铁轨运输。起初，矿主将一层铁皮钉在木轨上来解决木制轨道容易磨损的问题，随着冶炼技术的发展，人们已经可以使用铁作为轨道的制作材料。也正是在这个时候，英国中部的车道开始被称为"铁路"或是"铁道"，除了煤炭以外，铁路还可以用来运输石灰、矿砂、生铁等物资。在此期间，货车的体积和负载都不断增大，最大运货量已超过2.5吨。大部分轨道的轨距（两轨之间的距离）统一为1.5米，此宽度刚好适合负重的四轮马车，也接近当今世界大部分地区使用的1.435米标准轨距。

最高时速今昔对比

18世纪尼古拉斯·库纽制造的机车

4千米/小时

21世纪法国高速列车（TGV）

574千米/小时

早期的铁制轨道盛行了约40年。相对于从前总长仅几百英里的木轨，顶峰时期的铁轨绵延数千英里，遍及英国各地，将矿山、采石场与港口、河流、运河连接在一起。当时铁路的主要功能是将矿产资源运至邻近的水路，但有时也会临时搭载一些乘客，大部分都是往来于矿山或采石场的工人。有些线路，如南威尔士的斯旺西—曼博斯铁路也提供客运服务，但货物运输仍是其主营业务。

一些精明的矿主运用电缆和重力原理设计出了更为复杂的轨道系统。来自巴斯斯巴的采石场老板拉尔夫·艾伦设计了一条车道，满载的货车在沿车道下行的同时，可拉拽其后的空车上坡。这种"重力轨道"在18世纪广为流行，其中最简单的应用即利用重力作用让车辆下坡，然后再用马匹将空车拉回山上。专为路易十四修建的"大轮盘"位于巴黎附近的马利离宫花园中，"太阳王"路易十四特别热衷于让来宾们乘坐"大轮盘"消遣。虽然从技术角度上看，这也是一条重力轨道，但实际上它更像是建于山中的过山车。客人们从一个可被视为世界首座车站的小型古典建筑处登车，再由三个戴着假发的男仆将车厢推上斜坡的顶端，镀金刻花的车厢受重力作用沿250米高的木轨轰隆而下，引得王公贵族们惊叫连连。

无论采用哪种轨道形式，早期的轨道运输仍然依靠马匹或人力来拉动车辆，效率极低。蒸汽发动机的发明为轨道牵引动力的升级提供了有利条件。发明初期，它还只是用来产生能量带动水泵的固定装置，但旋即被改良成可以驱动车轮的旋转式动力。这一连接发动机与车轮的小小技术飞跃，最终促成了自动式蒸汽动力车辆的诞生。

人类对蒸汽能源的认知可以追溯到古典时代。古希腊哲学家阿基米德首先认识到此种能源的存在，随后，数学家希罗又对此进行了验证。17世纪末期，法国物理学家丹尼斯·巴本（Denis Papin）利用相同的原理将一个简单的压力锅改造成"蒸汽发动机"。这个高压锅实际上相当于一个内部装有活塞的汽缸，蒸汽在膨胀和冷凝过程中产生的压力推动活塞来回摆动。到了18世纪早期，来自英国德文郡的矿主托马斯·纽科门（Thomas Newcomen）运用巴本的实验原理制作出60台蒸

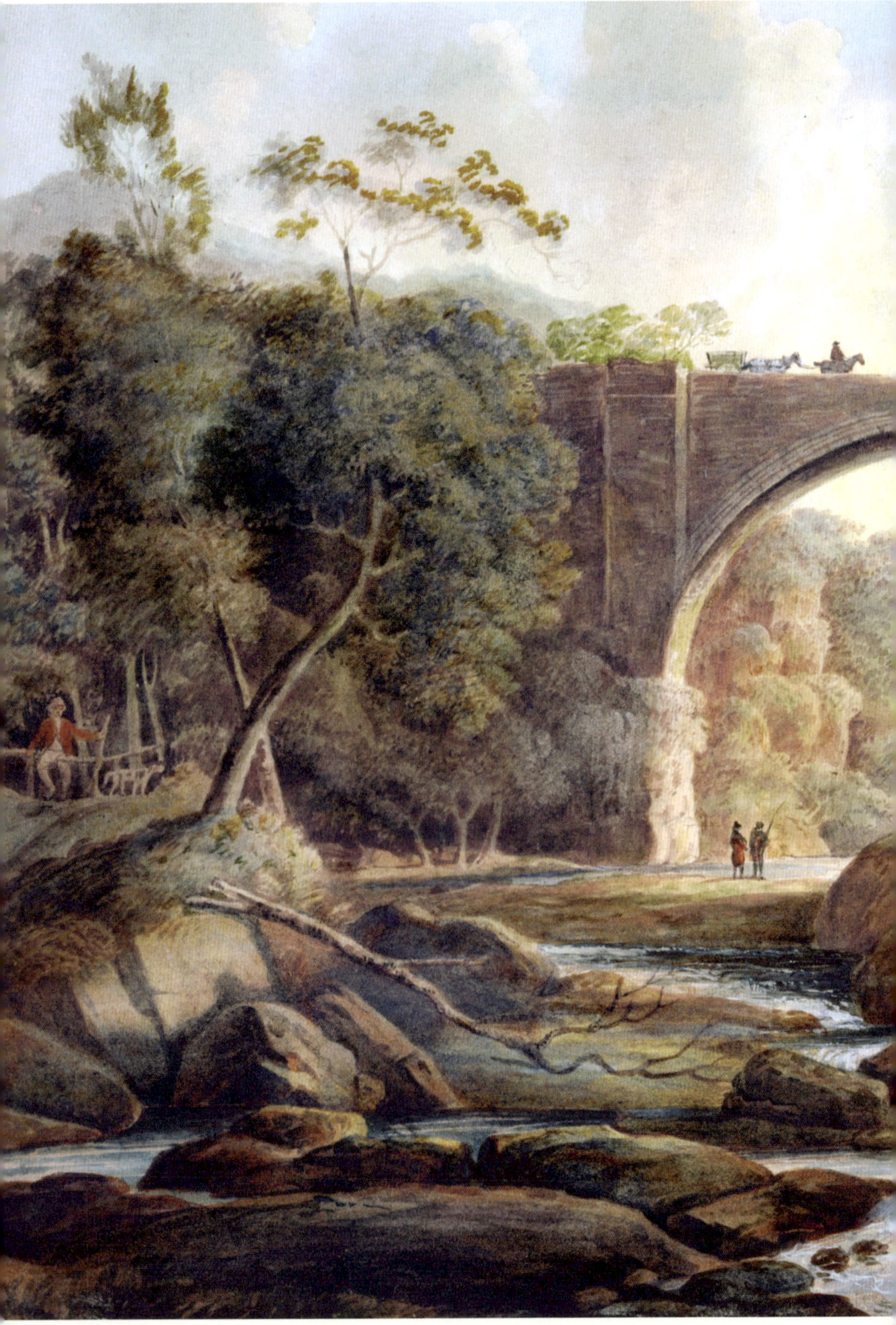

堤道拱桥

约瑟夫·阿特金森（Joseph Atkinson）水彩画中的堤道拱桥建于1725—1726年，它被认为是世界上现存最古老的单孔路桥。虽然轨道早已关闭，但这座拱桥仍然对步行者开放。

汽机,并安装在附近的煤矿中用于抽水。在他去世以后,由于专利过期,其他工程师纷纷效仿他的方法制造机器,类似的蒸汽设备被传到了包括美国和德国在内的许多国家。在奥地利施瓦岑贝格亲王位于维也纳的宫殿里,此类蒸汽泵还被用来为喷泉提供动力。然而,最终将蒸汽发动机商业化的还是苏格兰工程师詹姆斯·瓦特。他对纽科门的设计进行了诸多改良,使其用途变得更为广泛。在瓦特与英国制造商马修·博尔顿合作后不久,他们所生产的蒸汽发动机便开始为世界各地的纺织厂、磨坊以及轮船厂提供动力。

抱着设计一个机动平台的想法,法国人尼古拉斯·库纽于1672年左右首先开始尝试将发动机与车轮连接在一起。试验当天,库纽的机车在巴黎街头缓慢地自动前行,但没过一会儿,机车便偏离轨道并翻倒在地。最终,该项试验被政府当局以危害公共安全罪予以取缔。后来,英美两国的工程师又进行了多次类似试验,但均因车身过重损坏路面而宣告失败。

康沃尔郡人理查德·特里维西克(Richard Trevithick)巧妙地解决了这个问题,他也因此成为将蒸汽机技术应用于轨道牵引动力的第一人。1801年,由于他制造的机车毁于火灾,特里维西克遭遇了人生的低谷。然而仅隔三年,他又在南威尔士的潘尼达伦铸造厂制造了一台时速为8千米的轮轨式蒸汽机车。不久,特里维西克在伦敦尤斯顿车站附近的圆形轨道上展示了他的发明,并给这个表演取了个好玩的名字,叫"看谁能赶上我"。与路易十四的"大轮盘"一样,这类装置还停留在游乐设施层面,并没有严格意义上的商业价值。特里维西克随后放弃了机车的研发,远赴秘鲁为当地金银矿区制造固定式蒸汽机。

法国蒸汽先锋

丹尼斯·巴本发明了一种可以将骨头软化的压力锅——"蒸汽蒸煮器"。它是世界上最早的蒸汽动力装置,并最终启发巴本发明出第一台蒸汽驱动的发动机。

"蒸汽推车"，1672
由尼古拉斯·库纽制造的这台蒸汽发动机架设于车轮之上，它被认为是世界上最早的自驱式车辆。

　　在特里维西克离开英国的这段日子里，所有现代铁路所需的技术要素都已到位。与铁轨的发展一样，蒸汽机车的开发进程太过缓慢，人们一度认为马匹才应该是铁路运输的动力来源。新方法的普及尚需时日，多年以来，轨道无非是些东拼西凑的铁轨或木轨，还有随意修建的马车线路，另外还有尚处在试验阶段的各式蒸汽机车。铁路进一步发展的关键就在于如何将这些零散的技术进行归纳汇总。就在此时，一位天才横空出世，他就是铁路技术的集大成者，被后世尊为"铁路之父"的英国工程师乔治·斯蒂芬森（George Stephenson）。

铁路之父

在不同的历史时期，不计其数的发明家都对铁路的开发建设做出过各自的贡献，而其中最为突出的当属乔治·斯蒂芬森。他也许并不是最聪明或最具创新意识的一位，但他擅长运用他人的理念和想法，并将其转化为可行的方案。斯蒂芬森出生于英国纽卡斯尔附近的怀勒姆地区，一生未受过正规教育，全凭个人的勤奋刻苦自学成才。虽然他的名下没有任何重要的发明，但斯蒂芬森却无愧于"铁路之父"这一美誉。他在历史上两条重要线路的建设中发挥了举足轻重的作用，完工于1825年的斯托克顿—达灵顿铁路是最后也是最为复杂的一条马车道，而5年后正式通车的利物浦—曼彻斯特铁路则标志着铁路时代的真正来临。斯蒂芬森一生致力于推动铁路在英国及其他国家的传播，是铁路发展历程中的关键人物。

当斯蒂芬森还是煤矿小工的时候，他便意识到工程知识的重要性，在当地一位校长的帮助下，他开始刻苦自学各类知识。不久，斯蒂芬森成为诺森伯兰郡基林沃思煤矿的机械师，负责维护所有的固定式蒸汽机械。他敏锐地观察到，要想更好地利用蒸汽技术，固定式的蒸汽设备远远不够，关键是要让蒸汽发动机直接带动货物在轨道上跑起来。

于是，斯蒂芬森设法说服矿主支持他完成"运输机器"的制造。1814年，斯蒂芬森为煤矿制成第一台蒸汽机车，并取名为"布吕歇尔"号，得名自一位

乔治·斯蒂芬森
自学成才的斯蒂芬森开创了蒸汽机车在铁轨上奔驰的历史，他于1830年修建完成了世界上第一条技术成熟的蒸汽铁路：利物浦—曼彻斯特铁路。

利物浦—曼彻斯特铁路车票，1830年
利物浦—曼彻斯特铁路的旅客列车车厢分为一、二、三等。尽管三等车厢条件简陋，铁路仍开创了普罗大众出行模式的新纪元。

多次击败拿破仑的将军。这台机车结合了特里维希克机车的特点，牵引总量为30吨，时速达到6.5千米，性能大大优于此前的任何车型。

"布吕歇尔"机车的成功促使斯蒂芬森在此后的10年间又制成蒸汽机车16台，大部分提供给本地煤矿使用。1817年，基尔马诺克—特伦铁路曾尝试使用斯蒂芬森的机车，但由于车辆太重压断轨道而作罢。1819年，斯旺西地区附近的矿井铁路也不得不因为同样的原因取消了计划。如何在保证运载量的同时又不损坏脆弱的铁路轨道，成为当时亟待解决的难题。斯蒂芬森充分发挥了其作为工程师的全面素质，他首先尝试利用蒸汽压力制作了一个"蒸汽弹簧"来减轻负重，随后又增加了车轮的数量来分散货物重量。1820年，斯蒂芬森为黑顿煤矿修建了一条总长13千米的矿区铁路，货车在下坡处利用重力下行，平路或上坡路段则全部由蒸汽机车牵引。这也是史上第一条没有使用任何畜力的铁路线路。

然而，接二连三的困难和麻烦让斯蒂芬森束手无策，就在他心灰意冷之时，一群以爱德华·皮斯（Edward Pease）及其子约瑟夫为首的"贵格会"富商找到了他。

矿主们有意在达灵顿和蒂斯河边的港口城市斯托克顿之间修建一条铁路，一来可以降低煤炭的运输成本，二来可以抵制原有的运河修建计划。经过详细的商谈，斯蒂芬森被正式任命为这条线路的勘测和工程负责人。1823年，斯蒂芬森与其子罗伯特在纽卡斯尔开设机车工厂，为这条新线路制造机车。斯蒂芬森的线路勘探之行遇到了来自当地地主们的诸多阻拦，而最终绘制的线路图也不得不绕开这些人的狩猎区域。

乔治·斯蒂芬森设计的 1.435 米轨距成为世界通用标准

这项宏伟计划的难度远超此前的任何线路。项目需要铺设的轨道总长约为60千米，途中地势崎岖险峻，尤以迈尔斯弗拉特的沼泽地和达灵顿地区的斯克恩河最难攻关。斯蒂芬森往沼泽里填入了数以吨计的大量岩石加固地基，又请出当地建筑师帮忙设计建造跨河的铁路桥。他排除万难，仅用时3年便完成了整条线路的建设。但直到项目完工之日，人们仍在为新铁路的牵引动力而争论不休。1825年6月27日，斯蒂芬森父子制造的"动力一号"机车拉着34节车厢，满载六百多名乘客和物资在达灵顿铁路通车仪式上呼啸而过。然而，斯蒂芬森机车的性能尚不稳定，蒸汽耗尽的情况时有发生，维修也非常频繁。因此，大部分的货物运输仍只能依靠马力。皮斯家族甚至一度想把整条线路的运输都改回马车，万幸的是，斯蒂芬森机车工厂的一位工程师蒂莫西·哈克沃斯（Timothy Hackworth）设计出更为优良的发动机，挽救了蒸汽机车的命运。

斯托克顿—达灵顿铁路的建成被认为是一项超越前人的技术创举，但它本质上仍只是一条相对高效的马车道，其中也不乏设计缺陷。由于整条线路中没有设置足够的错车环路，两方司机经常在会车时发生争吵甚至打斗。另一方面，只要交纳了一定费用，任何人都有铁路的使用权，于是乱七八糟的各色运输工具充斥车道，引得故障频发。尽管如此，这条铁路依然吸引了大量的客流、物流。而斯蒂芬森为其制定的轨距在日后为全球绝大部分地区所采用，这一标准化进程开创了铁路史上的重要先例。

斯托克顿—达灵顿铁路的生意蒸蒸日上，受到鼓舞的英国企业家们开始在英国国内大力推行铁路项目，其中就包括斯蒂芬森的下一个重要计划：利物浦—曼彻斯特铁路。这条规模更为庞大的线路被视为世界上第一条现代铁路。该项目的发起人是英国西北部的富商们，由于不堪忍受当地运河老板强行征收的高昂通行费，他们决定在利物浦和曼彻斯特之间修建一条全长50千米的铁路，在满足最基础的货物运输需求之余，也能提供一部分客运服务。为了保证两镇35万人口的稳定出行，线路上的所有车辆均由铁路公司直接经营管理，此管理模式也为后来绝大多数铁路所沿袭。

斯蒂芬森受聘为利物浦—曼彻斯特铁路的总工程师。与之前的项目一样，线路沿途布满泥浆沼泽，为了穿越众多河流和小溪，全线总共需要修建超过64座桥梁，其中包括横跨桑基河的九孔拱桥。修建计划遭到了当地地主的强烈抵制，在运河老板们的授意之下，英国议会最开始并未通过此项修建计划。当然，斯蒂芬森在议会表决过程中的表现也不尽如人意，甚至一度惨遭替换。

万幸的是，1827年利物浦—曼彻斯特铁路终于开工，斯蒂芬森重新走马上任，他亲自研究地形，监督施工，并时常骑马沿途检查进度。斯蒂芬森针对沼泽地带设计了一条铺在杂木基底上的浮动路基，又在橄榄山上开凿出一条3.2千米的通向利物浦的隧道，并用爆炸开挖出来的砂石修建了桑基高架桥。

"动力一号"蒸汽机车
图示为1825年罗伯特·斯蒂芬森公司所造机车的模型。斯托克顿—达灵顿铁路采用"动力一号"机车为客货车辆提供牵引动力。

有关牵引动力的选择仍然没有定论。虽然管理层偏向于使用蒸汽机车,但对其性能尚存疑虑。于是,铁路公司在莱茵希里城举办了一场选拔赛,为新线路挑选最优秀的牵引动力。1829年10月6日,5部参赛机车在已完工路段上展开竞争,吸引了1.5万名观众到场观看。

　　比赛对机车的各项技术指标要求严苛,而载重标准更是考核的重点所在。参赛车辆必须拉动最大负载为6吨的货运车厢,以16千米以上的平均时速完成20次4千米的赛程。

　　除去一台使用马力的冒牌货"环球"号,罗伯特·斯蒂芬森制造的"火箭"号仅剩下赖斯怀特·艾立逊工厂的"新奇"号、赫克华斯工厂的"无双"号和百士托工厂的"坚忍"号三个对手。比赛过程中,"坚

忍"号的时速始终突破不了10千米,而其他两部机车都因突发故障半途退出了比赛。最终,"火箭"号轻松赢得胜利,并收获了500英镑的研发奖金。

利物浦—曼彻斯特铁路从一开始就采用了双轨模式以满足双向的客货运输要求,线路的运力也因此大幅提高。1830年9月15日,铁路史上具有划时代意义的利物浦—曼彻斯特铁路正式开通,盛大的开幕式吸引了来自世界各地的铁路爱好者,这将鼓舞他们将铁路建设的热情带回家乡。

然而,隆重的庆祝仪式却因为一场悲剧事故蒙上了阴影,著名政治家威廉·哈斯基逊在这场事故中不幸丧生。通车当天,趁着参加典礼的

桑基高架桥
在修建利物浦—曼彻斯特铁路过程中,这座横跨桑基河的高架桥是乔治·斯蒂芬森遇到的棘手难题之一。

机车在半途中停靠的机会,哈斯基逊走下车,穿过铁轨向乘坐另一辆庆典车的首相威灵顿公爵致敬。此时飞驰而来的"火箭"号把他吓得呆在原地,他还来不及攀上首相的车厢便被卷进了机车底部。斯蒂芬森连忙把腿部受伤的哈斯基逊抬上车赶赴曼彻斯特救治,机车在途中跑出了令人惊叹的56千米时速,然而哈斯基逊因为伤势过重于当晚离开了人世。

尽管发生了这场悲剧,利物浦—曼彻斯特铁路的完工仍标志着斯蒂芬森事业的高峰,但他的成就没有就此止步。他本人继续参与了大量线路的建设工作,其子罗伯特在专注于改良斯蒂芬森工厂出品的机车性能之余,还建成了总长180千米的伦敦—伯明翰铁路(现为西海岸干线的一部分)。斯蒂芬森机车工厂发展迅速,在1937年被一家大型企业收购之前,共计生产机车3 000余台。乔治·斯蒂芬森还为美国铁路的推行者们献计献策,并协助修建了比利时和西班牙的铁路。毋庸

"环球"号机车
1829年,旨在寻找最佳机车的"伦希尔大赛"举行,由踏车上的4匹骏马提供动力的"环球"号作为备选方案参加比赛,但旋即被取消资格。斯蒂芬森的"火箭"号最终赢得了比赛。

> 乔治·斯蒂芬森曾告诉我，
> 轨道运输将会超越世上
> 其他一切运输模式。
>
> ——约翰·狄克森
> 引自《乔治·斯蒂芬森生平》，1875年

置疑的是，斯蒂芬森父子在铁路发展史上留下了属于他们的深刻烙印。时任英国铁路局主席就曾在1980年利物浦—曼彻斯特铁路的150周年庆典上说道："整个世界就是利物浦—曼彻斯特铁路的分支线。"

机车驱动

早在公元1世纪前叶,蒸汽就已被认为是一种潜在的能源。古希腊发明家希罗的著述中曾提到过以蒸汽为动力的装置。不过,直到18世纪后期,蒸汽能源才被真正应用到固定式发动机上。美国的欧文·伊文斯(Owen Evans)和英国的理查德·特里维西克都对其背后的原理进行了详尽阐述。特里维西克利用高压蒸汽,开发了可以安装于车轮上的小型发动机,此举开创了蒸汽能源用作推进动力的先河。由他制造的世界上第一台蒸汽机车"喷气魔鬼"(Puffing Devil)在1801年圣诞前夜完成了它的处女秀。

蒸汽的产生

乔治·斯蒂芬森于1829年制造出"火箭"号机车,其中最关键的一项创新是火管锅炉,它也成为所有蒸汽机车的基本特征。早期的发动机仅用单根火管加热锅炉中的水,而斯蒂芬森则使用了25根纯铜火管,极大提升了火箱和锅炉之间的热能传送,产生蒸汽的速度随之大为提高。后期的发动机则采用了过热器元件来代替火管。

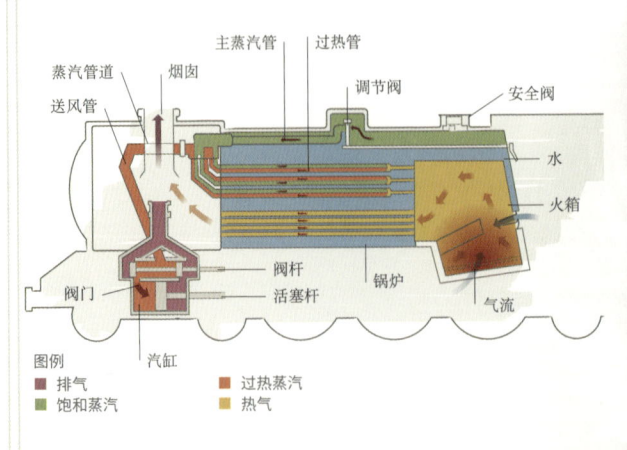

从静水到运动

在一个典型的蒸汽发动机中,炉中的水在煤炭燃烧加热下产生蒸汽,在高压状态下被传送至汽缸,从而推动机车的驱动装置,让车前行。

添加燃料

司炉将煤铲入蒸汽发动机的火箱，确保火管的热度足以让基础管道中的蒸汽成为过热蒸汽。

蒸汽推进

锅炉中的蒸汽被过热超过100摄氏度后，在高压状态下被传送至汽缸，推动活塞，通过一系列的枢轴和连杆将主动轮的往复直线运动转化为轮转圆周运动。

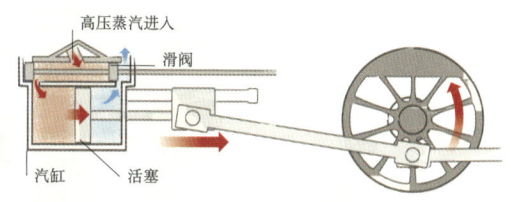

高压蒸汽进入
滑阀
汽缸
活塞

第一阶段：向外的冲程

高压蒸汽通过滑阀进入汽缸前部，在此膨胀并推动活塞，带动车轮旋转半圈。

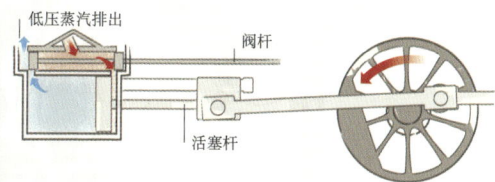

低压蒸汽排出
阀杆
活塞杆

第二阶段：排气

车轮由一系列的连杆与滑阀连接，连杆推动阀门让已失压的废气排出。

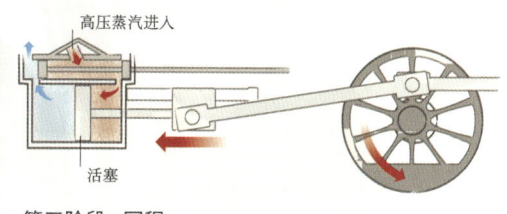

高压蒸汽进入
活塞

第三阶段：回程

滑阀的运动还使高压蒸汽进入汽缸后部，开始冲程的返回阶段。

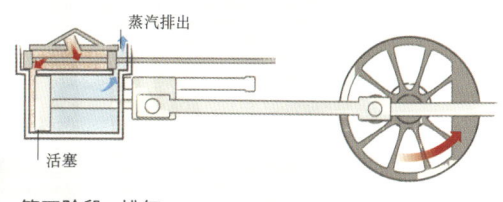

蒸汽排出
活塞

第四阶段：排气

一旦车轮完成另一个半圈的转动，废气通过滑阀排出，同时新鲜蒸汽进入，开启下一个工作循环。

美国的第一批铁路

1828年,90岁高龄的查尔斯·卡罗尔(Charles Carroll)在巴尔的摩与俄亥俄铁路的奠基仪式上致开幕辞。卡罗尔曾见证美利坚合众国的诞生,是当时唯一健在的《美国独立宣言》签署者。半个世纪后,事实证明,他在纪念这项旨在进入美国内陆腹地的伟大工程中的发言极富远见:"在我一生遭遇的所有重要事件中,此工程的意义仅次于签署《美国独立宣言》。"

刚从殖民主义的束缚中解放出来的美国,在技术发展方面远远落后于曾经的殖民者英国。其早期的铁路如同轮船、工厂、矿区作业一样,完全依赖从英国进口的机器。为了缩小与工业革命强国之间的差距,美国的实业家们一边密切关注英国铁路的发展动向,一边常年穿行于大西洋以获取第一手资讯。美国市场的巨大体量,加上美国人民的勃勃雄心,使美国成为铁路工业发展的沃土,这个崭新的国家很快拥有比世界其他地区总和还要长的铁路轨道。事实上,在铁路发展鼎盛时期的1916年,美国境内铁轨总长已超过40万千米,这也是迄今为止世界最大的铁路网络。

在铁路发明以前,美国的交通运输可谓艰难而缓慢。为数不多的几条运河一到冬天就会结冰,而公路路况奇差,任何收费公路都收不到足够的通行费来养护道路。蒸汽船算得上是当时的最佳交通方式,但它能到达的区域也非常有限。美国历史上第一位铁路先锋是约翰·史蒂文斯上

约翰·史蒂文斯上校(Colonel John Stevens)
发明家、律师约翰·史蒂文斯上校看到了美国市场中铁路运输超越水运系统的早期商业潜力。

1860年北美铁路图

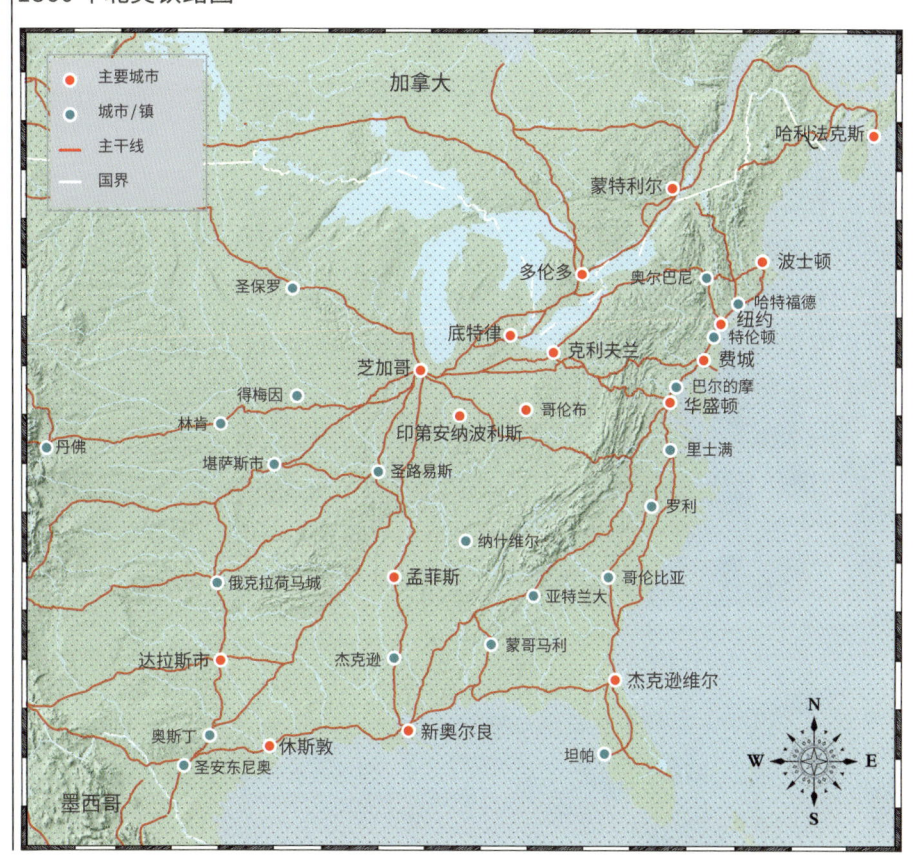

校,虽然他的职业是一名成功的蒸汽船设计师,但从他编写的"铁路与蒸汽机车相对于内河航运的绝对优势论证文件"中,我们可以明显看出史蒂文斯对铁路运输的青睐。早在1815年,史蒂文斯就获颁了第一张铁路许可证,准许其在特伦顿附近的特拉华河与新泽西境内的拉里坦河之间修建一条铁路连接线。然而,由于找不到投资者来资助此计划,该线路最终未能如愿建成。

在当时的社会环境下,史蒂文斯的铁路建设理念的确过于超前。不过,他没有因此而气馁。1825年,史蒂文斯设计并制造出一台蒸汽机车,在自家庄园的窄轨环形铁道上进行了试运行。

史蒂文斯和他的两个儿子还参与了一系列其他的早期项目,尤以费城—哥伦比亚铁路最负盛名。此线路将费城港与萨斯奎哈纳河上的哥伦比亚城相连,为费城商人进入哈里斯堡和宾夕法尼亚西部地区提供了条件。史蒂文斯父子还修建了卡姆登—安博伊铁路,货车可从卡姆登穿过宾州的特拉华河,直达与纽约隔海相望的新泽西海岸城市安博伊。刚开始,所有线路采用的仍是马拉货车。但随着距离的不断延伸,机车牵引成为必然趋势。此时迫切需要引进英国的技术来支持技术革新。约翰·史蒂文斯之子罗伯特前往英国,带回一台产自斯蒂芬森工厂的机车"约翰牛"。这台机车以零件的形式运到美国,再由工程师艾萨克·德里普斯(Isaac Dripps)组装。为了使机车更加适应弯道更急的美国铁路,他特意将导轮安装在机车前部。德里普斯还发明了一种名为"抓牛器"的排障装置,虽然名义上是抓牛,其实却能将无意间闯入轨道的牲畜推开并杀死它们。

在19世纪早期的美国修筑铁路绝非易事。首先,发起人必须获得州政府颁发的许可证,接着需要说服投资者(通常为本地居民)支持修建计划,最后还得在劳工紧缺的情况下找到足够的工人来施工。不过,当时的美国有一个其他国家没有的好处,即一旦获颁许可证,铁路公司就能获得线路所属土地的"征用权",即接管该线路建设所需的所有土地的权利。

然而,法律的实施有时候也会碰到困难。在修建穿越纽约北部的伊利铁路时,原计划路线需穿过北美印第安人的土地,当地部落索要1万美元(相当于现在的30万美元)作为出让金。铁路公司经理震惊地吼道:"这块地除了种玉米和土豆以外一无是处!"部落酋长则回答:"用来修铁路可是相当不错的!"他如愿以偿地拿到了出让金。

> 引入蒸汽这样一个强大的媒介
> 来驱动车轮进行运输,
> 将极大地改变人类的处境。
>
> ——托马斯·杰斐逊
> 1802年

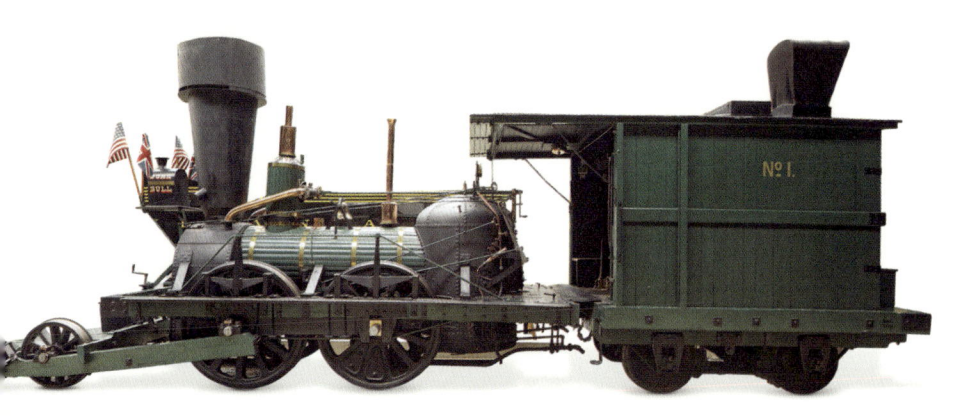

早期成功案例
作为开创车型,"约翰牛"服役了30多年。
它是世界上最古老的自驱式工作车辆。

美国东部大城市(如巴尔的摩、费城、纽约和波士顿)之间的竞争推动了早期绝大多数铁路的发展。每个城市都想取得通往中西部城镇快速发展地区的廉价通路,为本地农产品创造重要市场。在推动铁路往腹地发展的进程中,巴尔的摩的表现最为激进。作为连接大西洋港口和内陆俄亥俄河并深入中西部地区的首次尝试,巴尔的摩—俄亥俄铁路在这些早期项目中的意义最为重大。

和众多早期铁路一样,巴尔的摩—俄亥俄铁路的投资人不确定到底该采用马匹还是蒸汽机车作为火车的牵引动力。鉴于他们希望这条铁路能够到达距巴尔的摩近650千米之远的惠灵市,这种将马匹列入考虑范围的想法简直令人讶异。为了一试高下,一场"马机之战"开始了。机车制造师彼得·库珀(Peter Cooper)特别制造了一台名为"拇指汤姆"(Tom Thumb)的小型机车,在已完工的21千米路段试车时,机车时速一度达到了29千米,令到场的投资人们大为振奋。

返程途中,得意忘形的库珀同意了与一匹灰色骏马比赛的提议。灰马凭借起跑优势率先出发,随后库珀打开安全阀增加动力,机车很快便达到正常运行速度并超过了马车。然而就在胜利在望之际,库珀大意失手,鼓风机的皮带不慎从滑轮上脱落,机车慢慢停了下来。虽然输掉了比赛,但库珀的努力成功地向人们展示了只有蒸汽动力才是这条铁路的最佳选择。巴尔的摩—俄亥俄铁路于1828年开工,两年后即部分通车。但由于法律、财务和技术方面的困难，一直到1853年铁路才正式修抵俄亥俄河上的惠灵市。

再往南边，还有一条工期更短、路程更长，并全程使用美国技术的早期开拓性线路查尔斯顿—汉堡铁路。当地商人希望这条线路可以重振查尔斯顿地区的外贸出口，并保护本地棉花贸易产业的发展。从一开始，他们就选择了蒸汽机车作为牵引动力。1830年12月，由纽约西点铸造厂生产的"查尔斯顿好友"号正式投入运行。然而，几个月后发生的惨剧导致了这台机车的过早损毁。当时，一个新手司炉工不堪排气噪声困扰，居然直接拴死了压力安全阀，此举导致锅炉爆炸，司炉工在事故中丧生，火车司机也被烫伤。全长219千米的查尔斯顿—汉堡铁路最后于1833年完工，成为一定时期内世界上最长的铁路。

新旧之赛
"拇指汤姆"与马匹之间的比赛已成为铁路历史上的传奇事件，这台机车是美国首辆在商业铁路上行驶的蒸汽机车。

美国铁路在许多方面不同于同期的欧洲铁路，而最关键的区别在于规模。它们不仅不断往西部延伸，列车和机车本身的体积也更加庞大。

为了避免火花溅出引起火灾，美国的机车都安装了巨大粗壮的烟囱。由于地势开阔，这些烟囱比欧洲机车的要高近1米，车辆的载重量随之大幅提升。美国铁路覆盖面积更广，线路更长，因为采用了更庞大强劲的机车，行驶在铁路上的火车车身也更重。所有这些特点都赋予了美国铁路独树一帜的鲜明风格。

铁路管理方降低新线路开发成本的努力也初获成效。美国铁路的修筑费用比欧洲要低廉很多，但也正因为如此，它在车辆稳定性能和行车速度方面要略逊一筹。从某些角度来看，美国铁路从一开始就优于欧洲。例如，美国机车标配的驾驶室是抵御野外恶劣天气的必要配置，但直到多年以后才被推广至其他地区；有别于欧洲火车的独立车厢设

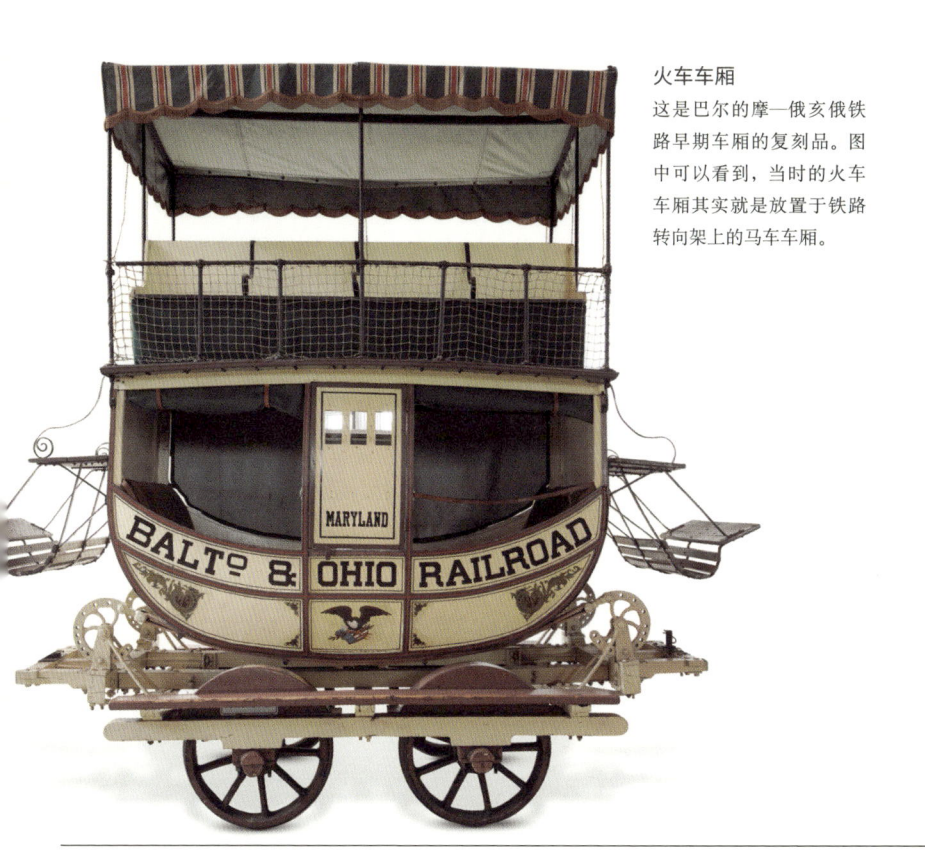

火车车厢
这是巴尔的摩—俄亥俄铁路早期车厢的复刻品。图中可以看到，当时的火车车厢其实就是放置于铁路转向架上的马车车厢。

B&O 纪念徽章，1827—1927 年
这枚徽章是为了庆祝巴尔的摩—俄亥俄铁路100周年而发行的，它是美国最古老的铁路之一，徽章图案为早期的著名机车"拇指汤姆"。

计，美国火车开放式的布局完美解决了长途旅行中乘客常遇到的如厕等问题，而绝大多数的欧洲火车直到19世纪下半叶才配备盥洗室。

美国早期线路的成功开发和丰厚利润吸引了一波投资热潮。截至1837年，美国共计划开发铁路200多条，虽然计划中不乏脱离实际的空想或诈骗投资者钱财的圈套，但许多线路还是按计划圆满建成。20年间，共有4 425千米轨道投入运营，铁路工业发展取得了巨大成就。建设这些线路的初衷大多以促进矿产等货物运输为主，但也吸引了越来越多的客运人流。很快，伊利铁路和宾夕法尼亚铁路等主干线相继完工，将东部海港与中西部地区连接起来，在随后的19世纪下半叶，横贯大陆的"大铁路"又将铁路网络扩张到美国西部。不久以后，每个城镇都意识到自身繁荣与铁路通车息息相关，当地望族纷纷联合起来成立公司，自行出资申请许可并投资修建铁路。20年后，美国南北战争爆发之时，美国大陆已建成铁路线路近48 280千米。

在短短几十年内，铁路与经济发展的共生共赢使美国从一个以农业为主的国家一跃成为世界工业强国。很难说财富的快速累积和铁路的迅猛发展到底孰先孰后，但毋庸置疑的是，美国因其不断壮大的铁路系统而日益昌盛，并用这个庞大的系统将这个幅员辽阔的国度紧密联结了起来。

美国蒸汽时代初期

以1828年巴尔的摩—俄亥俄铁路的通车为起点,铁路网络的发展使工业革命深植于美国东北部,并开启了开发西部海岸的大门。美国的火车司机发明出不少创新设计,其中就包括齿轮传动机车和齿轨铁路。

巴尔的摩—俄亥俄铁路"蚱蜢"2号"大西洋"号机车(1832)
此机车由于行驶时酷似昆虫而得名,它是第一辆在美国境内投入商业运营的美国制本土机车。

巴尔的摩—俄亥俄铁路"蚱蜢"8号"约翰·汉考克"号机车(1836)
此机车为"蚱蜢"类别的改善机型,配有封闭式驾驶室和双动力车轴。在1836—1892年间一直作为巴尔的摩—俄亥俄铁路的牵引动力机车。

机车重量:41 140千克

机车牵引力达到4 694千克

驱动轮直径为152厘米

巴尔的摩—俄亥俄铁路57号"门农"号机车(1848)
作为美国现存最古老的货运机车之一,"门农"号机车特为煤炭运输而设计。它的牵引动力由8个驱动轮提供,中间一对轮子的凸缘被去除,方便列车在线路途中转弯。

美国蒸汽时代初期　041

坎伯兰峡谷铁路13号"先锋"号机车（1851）
此机车只有一组驱动轮，是一种轻量级车。它被用来牵引三节编组的客车。此图是其1901年退役时的留影。

帅尔1号："利托尼亚"号机车（1906）
"利托尼亚"号机车是工程师伊弗雷姆·帅尔制造的齿轮机车之一。机车采用了三台直立式汽缸，驱动齿轮传动轴带动全部12节车轮，使它成为在陡坡和急弯等地形条件下能以较低速度运输木材的理想车型。

穆尔·凯佩尔公司克拉美4号机车（1913）
与帅尔式机车类似，克拉美级齿轮传动机车大多在木材公司使用。它的锅炉两侧各配备一个汽缸，通过安装在车辆中央的传动装置把动力分配到8节车轮上。

雷丁公司1251号机车（1918）
1251号机车由旧型机车零件改造而成，是一列配有6节驱动轮的调车机车。锅炉顶部的"驼箱"式设计可以储水，无须提供额外供应。

锥形烟囱

锅炉运行压力为75磅/平方英寸

前驱动轮原无凸缘

巴尔的摩-俄亥俄147号"撒切尔·帕金斯"号机车（1863）
以公司机械主管的名字命名的"撒切尔·帕金斯"号因为美国南北战争的需求而仓促上市。为了适应阿巴拉契亚山脉上陡峭的铁路，机车配备了6节动轮和4节导轮。

汽缸尺寸为48厘米×66厘米

铁路在欧洲

就在英国人艰苦开拓铁路事业时，端坐在巴黎咖啡馆里的人们正对这些新鲜事物议论纷纷，可并不是每一个人都为此兴奋。当年，英国铁路的反对者们曾发出种种煞有介事的警告，比如乘客们在时速超过50千米的火车上很可能无法呼吸，又或者铁路噪声会导致奶牛停止产奶，等等。类似的质疑在法国等欧洲其他国家也同样存在。事实上，由于法国人对于重大事件的哲思惯性，巴黎学者们对铁路利弊进行了详尽讨论。作家埃德蒙·德·龚古尔（Edmond de Goncourt）曾告诫道，"铁路太过颠簸，让人们完全无法集中注意力"。

然而，即使反对声不绝于耳，欧洲的几个大国，特别是法国、比利时和德意志联邦仍纷纷开始赶建自己的铁路。除了其中显而易见的经济利益，政治方面的考量也成为主要因素。铁路不仅是战时的重要物资，更是与他国结盟的必备条件。起初，欧洲各国依靠英国提供技术和火车司机，但很快许多国家就完全具备了独立开发的能力，尤其是紧随英国之后的法国。1823年，路易十八在王朝复辟期间签署了开建法国首条铁路的法令。总长为23千米的圣艾蒂安—昂德雷济约铁路穿行于中央高原地区，将矿产资源运往卢瓦尔河地区后，再转运至其他地区。

这条线路于1827年通车，虽然最初采用的仍是马车，它还是很快取得了巨大成功，延伸线路不断增加。到了1832年，全线已改用蒸汽机车，并增加了客运服务，终点站也延至里昂。车厢布置在朴素的英国风格基础上进行了改良，显得更加精致考究，另外，车厢还

马克·塞甘
法国工程师马克·塞甘（Marc Seguin，1786—1875）发明了多管式蒸汽锅炉，并开发建造了欧洲第一座悬索桥。

被分隔成单独的隔间,这一布局很快便在整个欧洲流行开来。

如同乔治·斯蒂芬森之于英国铁路,法国科学家和发明家马克·塞甘在法国铁路发展史上的地位举足轻重,他还曾对斯蒂芬森的机车锅炉提出过改进方案。塞甘为圣艾蒂安—里昂延长线制造了两台机车,均使用多管锅炉,并配备机械风扇通风供氧。在随后的另一个英法合作项目上,罗伯特·斯蒂芬森也采用了塞甘的设计来制造机车。有关铁路建设利弊的冗长讨论延缓了法国铁路发展的进程,截至1840年,法国共建成轨道560千米,而同期英国的铁道总长已达3 200千米。

铁路历史上发生的第一次重大事故也阻碍了法国铁路发展的脚步。1842年5月,在凡尔赛宫观看完国王庆典之后,汹涌的人潮挤上了从凡尔赛返回巴黎的列车。由于车辆超重,铁路方面不得不使用两台机车进行牵引。不料,领头的机车车轴断裂,导致机车连同三节车厢脱轨并引发了熊熊大火。官方统计的死亡人数超过50人,但总数有可能高达200人。乘客因被锁在车厢内无法逃脱,只能被活活烧成灰烬。事故发生后,法国当局废除了将乘客反锁于车厢内的惯例。然而,欧洲其他国家仍沿袭这一陋习,这也为1889年爱尔兰历史上死伤最为惨重的阿马铁路事故埋下了隐患。

欧洲的许多国家从19世纪30年代开始进行铁路开发,相比英国政府置身事外的态度,这些国家的政府部门直接参与其中,在建设进程中发挥了更为积极的作用。这种现象在比利时尤为突出,1830年才从荷兰脱离出来的比利时急于向世人展示其独立地位,而修建铁路系统则被认为是促进国家民族意识最为理想的方式。

比利时第一任国王利奥波德一世批准了兴建铁路网的规划,第一条线路于1834年开工,计划从北部的安特卫普穿越全境连接西部的蒙斯,并通过东部的亚琛深入普鲁士,全长248千米。以当时的条件来说,这绝对是一项雄心勃勃的大工程。加上一条位于东西轴线的奥斯坦德—列日铁路,比利时很快建成了覆盖全国的铁路网,首开世界铁路之先河。乔治·斯蒂芬森责无旁贷地参与了开发进程。他的工厂为比利时铁路制造了第一批的三台机车,1835年,他本人还混在普通人中坐上了载有皇室成员的首发列车，并在火车发生故障之时，协助工作人员对发动机进行了修复。国王对他的辛劳付出给予了肯定并授予其爵位。在政府的支持之下，比利时得以在铁路发展方面处于领先地位。到1843年，以布鲁塞尔为中心的十字交叉形核心铁路网络系统已经完工，这个高度工业化的国家从此拥有了全球当时最为密集的铁路网络。

德国的首条铁路也于1835年开通。当时的巴伐利亚国王路德维希批准建设了位于纽伦堡和菲尔特之间的铁路，总长6.5千米，全程使用蒸汽机车牵引。以往各国的首条铁路多半是为了解决货运问题而开建的，但此线主要用来缓解两镇之间由于当地特殊情况而产生的拥挤客流。几个世纪以来，纽伦堡当局禁止工人和外国人居住在城内，因此这些人只能居住在铁路另一头的菲尔特。从那时起，铁路作为通勤方式一直延续至今。另一个重要的德意志邦国萨克森紧随巴伐利亚的脚步，开始着手修建德国第一条主干线，以连接莱比锡城与德累斯顿。萨克森位于德国工业核心区域，地位与利物浦—曼彻斯特铁路所在的英国西北部相似，境内有200多家工厂。当地企业家意识到铁路对于物资运输的重要意义，迅速将项目所需资金筹集到位。由于这条105千米的铁路线使用了英国的技术，并聘请了英国技术人员参与其中，很快便修建完成。

作为统一国家的重要手段，铁路的作用在德国尤为突出。早在1817年，经济学家和思想家弗里德里克·李斯特（Frederick List）就已经极富远见地洞察到铁路之于德国的重要性。他认为，贸易和工业是国家繁荣的必要条件，因此，必须建设一个快速高效的铁路网络促进食品和工业制品在全国范围内的流通。他的这一理论得到了证实。各邦国之间的关税因为严重脱离现实而迅速遭到废除，在首条铁路完工后的短短几十年里，德国在其铁路系统的助力之下成为一个强大的统一王国。

和纽伦堡—菲尔特铁路一样，另一个较早开发铁路的国家荷兰，也将客运作为

1880年德国的火车总数：
9 400

德国首条铁路
这幅当代绘画作品展示了1835年"艾德勒"号机车从纽伦堡出发的场景。作为德国首台商用机车,"艾德勒"一直服役到19世纪50年代。

该国首条铁路的第一要务。位于阿姆斯特丹和哈勒姆之间的"荷兰铁道"于1839年通车,并于8年后修抵鹿特丹。

这条铁路大获成功,很快击败了先前主导这一路线的马车和驳船。然而,荷兰没有像邻国比利时那样对铁路修建进行统一规划,因此铁路网络也远不及它密集。

虽然比利时、德国和荷兰的铁路牵引动力均采用了蒸汽机车,但有关铁路可以依靠马力成功运营的想法依然存在。特别是在奥匈帝国,其境内的早期铁路网络全部使用马车,线路长度颇具规模。其中包括位于上奥地利的林茨镇与波希米亚的百威镇(世界著名的啤酒之乡,今属捷克共和国)之间的铁路,它全程长145千米,是世界上最长的马拉铁路。这类线路随后一直延伸到上奥地利疗养胜地格蒙登附近的造盐工厂。到1836年,全国境内马拉铁路的总长已经达到了令人惊叹的274千米,直到那时他们才开始用蒸汽机车替代马匹。

尽管初衷只是连接分散在各处的皇宫，意大利和俄国的铁路建设终于在王室的倡导下开始了。在意大利，两西西里国王"大块头"斐迪南二世一心想修建一条铁路，连通他位于那不勒斯的主宫殿与波蒂奇城内的另一处官邸。急于从铁路项目中捞金的法国人阿曼德·巴亚德·德拉维格特里向国王提出了建设方案，并最终被采纳。1839年10月，全程长8千米的线路修建完工。前期完成的通行路段大受好评，日客流量高达千余人。奇怪的是，或许是已经意识到火车出行的风险，首发列车上并没有看到国王本人的身影。

在圣彼得堡的主寝宫和叶卡捷琳娜女皇所钟爱的皇村之间，沙皇尼古拉一世主持修建了俄国的第一条铁路。给沙皇提供方案的是奥地利工程师弗朗茨·安东·冯·格斯特纳。出于将俄国带入铁路时代的热切渴望，他曾试图修建一条更具野心的线路，连接圣彼得堡与莫斯科两大城市。然而在初期阶段，仅皇村线路得到当局批准。1837年线路开通，载有8节完整车厢的首列火车以惊人的50千米平均时速，仅用时28分钟就到达了皇村。第二年，又有26千米延伸线路建成并直抵巴甫洛夫斯克——这是一座由鸡尾酒会、音乐会和歌舞厅组成的度假小城，为了吸引圣彼得堡的观光客，铁路公司还为巴甫洛夫斯克的大众娱乐项目提供资金支持，它成了陀思妥耶夫斯基的小说《白痴》中"圣彼得堡附近最时尚的避暑胜地之一"。刚开始，这条线路依靠马匹和进口自英国或比利时的各式机车提供动力。没过多久，马匹就因无法负担重荷而被蒸汽机车完全代替。好奇的人们蜂拥而至，给线路带来了巨大成功。通车首年，客运量就超过72.5万人次，日均达到2 000人。1851年，全长640千米的圣彼得堡—莫斯科线路开通，成为当时世界上最长且最壮观的铁路干线之一。

大部分欧洲国家采用了斯蒂芬森设计的1.435米标准轨距，此举对

铁路来到意大利
这幅作品由萨尔瓦多·费尔戈拉在1839年完成，描绘了首发列车离开波蒂奇车站时的情景。这是意大利的第一条铁路，也是现今那不勒斯—萨勒诺铁路的一部分。

铁路在欧洲　047

欧洲大陆网络的建立来说至关重要。由于轨距一致,火车可以相对容易地穿越国界,开上异国的轨道。当然,海关政策以及诸如信号系统、司机培训等相关技术问题也会影响边境区域的通行。出于对敌对邻国的防备心理,俄国和西班牙铁路所采用的轨距为1.5米,两国希望借由轨距的不同,为边境建立有效的防御屏障。

在铁路发展的初期,由于政府或铁路公司设置的诸多条条框框,普通民众想要乘坐火车旅行绝非易事。政府对市民的出行目的心怀戒备,铁路公司则想方设法从乘客身上收取费用。例如,莱比锡—德累斯顿铁路不提供预售票,乘客在列车开动前15分钟才被允许进站,这个规定在欧洲的一些偏远地区甚至延续至今。乘客们必须在出发前申请一张内部通行证,得到批准后再由警察局颁发旅行许可。不过,尽管存在种种官僚主义作风和技术问题,几乎所有早期线路都取得了巨大成功并广受好评,从而刺激了铁路出行在整个欧洲乃至全世界范围内的迅速发展。

沙皇尼古拉一世时代的遗产
圣彼得堡—莫斯科铁路是俄罗斯第一条主要铁路线。谨慎的政府官员们曾警告沙皇,允许民众自由出行将会导致暴动。事实证明,他们的担心是不必要的。

铁路！神奇的光环已在它周遭环绕；
它是文明、进步与博爱的代名词。

——皮埃尔·拉鲁斯
1867年

欧洲铁路线路图

19世纪30年代中期，铁路技术从它的发源地英国蔓延至欧洲大陆。比利时对蒸汽机车张开了热情的怀抱，希望由此巩固新生的政权，法国的官僚主义险些将铁路工业扼杀在摇篮之中，而德国人则利用铁路进一步促进民族的统一。在随后的几十年里，铁路一路扩张，直到欧洲境内形成了一张纵横交错的巨大铁路网。西班牙和葡萄牙采用了不同的轨距。此图显示了现代欧洲的主要线路。

法国缓慢起步

鉴于法国大陆的广袤面积和完备的原材料供应体系,该国在欧洲铁路建设初期处于落后位置,着实让人有些意外。在法国,关于修建铁路的法令早在1842年就已颁布,然而政府的干预在很大程度上阻碍了铁路的发展。铁路公司只负责提供机车车辆,轨道等基础设施建设都必须由政府完成。

欧洲大陆的第一条铁路

1835年,欧洲大陆的首条铁路在比利时境内建成。线路总长27千米,从布鲁塞尔一直延伸到梅赫伦,带动了这座小镇金属加工业的兴起。由于英国铁路工业的起步早于其他国家10年之久,许多新建铁路都采用了英国的专业技术。

图例
- 主要城市
- 主干线
- 国界

铁路热潮

早期铁路的成功激起了全世界潜在投机者和发起人开发新线路的浓厚兴趣,一股投资铁路的狂热浪潮席卷了几乎所有在建铁路网的国家。可不幸的是,这些投机分子往往心怀不轨,更有甚者以诈取人们的钱财为唯一目的。

说来奇怪,在第一条铁路完工之前,第一次铁路狂热便开始冒头。从1824年到1825年,在斯托克顿—达灵顿铁路开幕期间,英国举国上下的实业家纷纷提出各种铁路计划,并针对其中约70条发布了招股书。鉴于当时铁路科技的可靠性尚未得到证实,如此之多的项目简直是一个天文数字。不过,随着1825年农业歉收引起的经济发展速度放缓以及随后一连串的银行倒闭,人们的投资热情锐减,几乎所有计划都悄无声息地淡出了公众视野。

利物浦—曼彻斯特铁路的巨大成功促进了1830年的另一波修路热潮,而真正被人们称为"铁路狂热"的时期则要从1844年开始算起。当时,建设新线路的申请激增,大量工程纷纷上马,这种现象让人们不禁回想起1719—1720年发生的"南海泡沫事件"和1791—1794年的"运河热潮",同样,它也为诸如20世纪90年代互联网浪潮之类的投资狂潮埋下了伏笔。

在19世纪40年代中期的英国,铁路建设是一项合法且利润丰厚的产业。铁路高速发展所需的健康经济条件已经成熟。建设资金的常用募集手法是召开公众集会,与会者可以购买"代币券"以换取日后该公司的股票。一旦资金筹集到某个阶段,发起人便向议会提请开工许可。19世纪40年代初期,英国曾出现过经济衰退的迹象,但随着经济的复苏,铁路建设项目也大幅增加。投资铁路被视为快速致富的手段,1844—1847年,经过英国议会批准的新线路超过12 800千米,为当时已有线路的近5倍,并构成当今英国15 750千米铁路网络的一大部分。在当时的背景之下,只要地形条件允许,铁路的修建工作相对简单,并不比开个小店或盖排房子困难多少。一旦拿到许可,工人们只需开挖出一条窄道，铺好铁轨，再将奇形怪状的木制平台放进站台即可。它与现今先进、复杂的铁路系统完全不同。

热潮为铁路工业带来了惊人的发展。1843年，英国仅有160千米的新线路得到议会批准，而接下来的3年里，这个数字分别达到约1 200千米、近4 800千米以及惊人的7 200千米，政府还针对铁路建设出台了272条相关法规。此次投资浪潮的规模相当于7亿英镑的投资总额，是当时英国年出口总额的10倍。然而，与狂潮的兴起相比，投资泡沫的崩溃来得更为迅猛。1847年英国经济发展再度放缓，从这一年到1849年，议会批准的新线路只有27千米。不过令人惊叹的是，获批项目中有2/3的线路在随后几年内最终修建完工，甚至连前期的一些失败项目也在1852—1853年以及19世纪60年代的"二度铁路

《1845年的铁路巨头》
漫画中盘旋在上空的秃鹰、戴着律师假发的鳄鱼，还有坐在"投机"号机车上的魔鬼，反映了在铁路热潮中冷酷的商业竞争。

热潮"中得以重振。

　　包括一些失败案例在内,大部分项目都是出于真实的建设目的,但有些则是明目张胆的欺诈。在狂热投资的背景之下,人们愿意相信铁路线路的扩张会一直持续下去,当时最大的诈骗犯乔治·哈德逊(George Hudson)就是利用这一心理铸就了一个庞大的铁路帝国,随着投资泡沫的破灭,他的帝国也一并崩塌。一位传记作家在文章中这样描述这位长相奇特的人:"他的宽肩上直接架着一枚炮弹大小的头颅,脖子好像被省略了。"像其他典型的骗子一样,哈德逊精力充沛,对美好生活充满热爱。实际上他也曾成功修建过几条铁路,其中就包括米德兰铁路的核心路段。哈德逊还为铁路运营提出过一些不错的建议,比如建立车票结算中心,为各铁路公司提供线路使用费用的偿付平台。但随着哈德逊的信心渐长,他开始将新项目筹集到的资金用于给付老项目的红利,也就是如今所说的庞氏骗局。由于记账方式极度混乱,在他倒台之后,人们根本无法从账簿中找到所有资金的去向。哈德逊积累了无数财富,有评论说:"除了账簿,他把一切都管理得很好。"他曾当选约克市市长,不久又被选为国会议员。哈德逊的春风得意随着1849年的骗局曝光戛然而止,之后便从人们的视野中消失。

　　瑞士的铁路热潮发生在19世纪50年代,代表人物是成功的瑞士商人和政治家阿尔弗雷德·埃舍尔(Alfred Escher)。作为铁路的狂热支持者,埃舍尔敏锐地观察到铁路在其他国家的飞速发展,生怕瑞士赶不上由此带来的经济盛宴而沦落为"欧洲角落的哀伤面孔"。1852年,在他的努力之下,瑞士政府颁布了允许私营公司修建并运营铁路的法令,从而引发了各公司竞相开发新线路的热潮。埃

臭名昭著的乔治·哈德逊
铁路发起人、企业家、诈骗犯乔治·哈德逊创建的商业帝国将铁路开发引入歧途。

这臃肿的赌徒……
人们该把他埋到煤井里。

——哲学家、作家 托马斯·卡莱尔
评乔治·哈德逊

舍尔本人也参与其中,由他创立的瑞士东北铁路公司在铁路开发中大获成功。在随后的几十年里,瑞士铁路网络延伸至全境,其中包括建于19世纪70年代的圣哥达铁路工程。

法国于1865年发布法令鼓励偏远地区的铁路开发,在此政策刺激之下,铁路建设一度得到迅速扩张。当时的法国铁路网掌控在6家公司手中,但它们对农村线路兴趣寥寥。当局希望通过法令促使新的投资商关注这些尚未开发的区域,并允许地方政府对新线路提供资金扶持。尽管大多数线路全无商业可行性,蜂拥而至的投机者们仍希望从政府补助中牟取利益。10年间,法国建成乡村铁路近4 800千米,其中有很多路段都采用了窄轨铁道以降低成本。然而,绝大部分线路很快陷入亏损并被政府接收,这些国有铁路形成了日后法国国家铁路公司(SNCF)的核心网络。

意大利的铁路建设也在政府的主导下快速发展。1861年意大利统一以后,政府意识到建设全国性铁路网络事关重大,于是制定了扶持铁路迅速扩张的相关特许制度。不过,大部分参与铁路兴建的私营公司缺乏足够的资金,而粗制滥造的铁路也无法吸引到足够的客流。最后,政府只得出面将其收归国有,许多投资者因此损失惨重。

美国在这场被他们称为"铁路热"的浪潮中所受波及最大,这也许并不让人感到意外。实际上,这股铁路建设的狂潮间或发生,贯穿了整个19世纪下半叶。历史学家斯图尔特·H.霍尔布鲁克(Stewart H. Holbrook)用幽默的口吻讲述过一个发生在虚拟小镇"布朗斯维尔"的故事:

首先是某个抱负远大的人(或者只是个狂热的梦想家)坚定地表示,

他的家乡布朗斯维尔急需一条蒸汽铁路……接着这个想法生根发芽、飞速成长，同时为机遇之国的天空描绘出美丽迷人的色彩。这个想法将带给全镇财富，小镇很快也将成为一座商业繁荣、无所不能的大都市。

此想法持续发酵，直到一份修建布朗斯维尔铁路的申请拟定完毕并提交政府批准。在"铁路热"的每次浪潮中，这类场景在美国全境反复上演。

美国铁路历史中的骗子数量极多。一小撮"强盗大亨"在早期铁路公司中开始冒头，他们惯用不法手段来获取盈利铁路的控制权。那是个充斥着冒险与赌博的年代，在著名的伊利铁路争夺战中，由于纽约法庭做出了有利于其对手科尼利厄斯·范德比尔特的判决，三个以杰伊·古尔德为首的"强盗大亨"身揣数百万美元的巨款，在全副武装的守卫保护下藏身于新泽西的旅馆当中，以逃避裁决。古尔德及其同党最终赢得了伊利铁路之战。这类事件虽然并非普遍现象，但也为美国铁路的投机时代添上了极富传奇色彩的一笔。

最后一波投机性铁路建设发生在20世纪初期，由此诞生了一系列名为"电气化城际铁路"的有轨电车。这类低成本的单线轨道铺设在既有的高速公路旁，将80千米以内的城镇连接在一起，行驶于轨道之上的有轨电车则是火车和电车的混合体。从20世纪之初的3 200千米起始长度，直到1906年的14 400千米，城际铁路以惊人的速度迅速扩张，待第一次世界大战爆发时，轨道总长已达2.4万千米，乘客可以从威斯康星一路换乘抵达纽约市。城际铁路票价低廉，全程车票仅需10美分。但电车的速度非常缓慢，平均时速最高仅32千米。可惜的是，据某历史学家所言："城际火车是罕见的从未享受过持续繁荣的行业之一。"几乎所有的投资者都因此而倾家荡产。城际铁路服务的区域人烟稀少，日益兴起的汽车行业又对其造成了巨大冲击。本质上缺乏盈利能力导致了城际铁路的快速消亡。线路的关停潮始于第一次世界大战初期，由于缺乏更新设备和轨道的资金投入，到了1930年，城际铁路被清除殆尽。

席卷全球的铁路狂潮在各地均留下了深刻的印记，许多投资者因

"诺德 2—3—0"号
一列法国机车正驶离布洛涅火车站。为了援救在铁路高速发展期陷入困境的民营铁路，法国政府成立了法国国有铁路公司，它至今仍在营运。

此倾家荡产，但也有不少线路成功建成，其中的大部分仍留存至今。与其他行业一样，这些投资浪潮的根源是真实的市场需求，今天世界各地的许多铁路正是由于当时的过度开发方得以存在。

车轮与转向架

机车的车轮安装于被称为转向架的底盘上，确保机车与轨道齐平。每个车轮由内向外略呈锥形，帮助火车在曲线路段（详见下图）顺利前行。车轮内侧配有突起的边缘。通常来说，这是防止火车出轨的安全措施，不会与轨道接触。由左右车轮和车轴组成的轮对型号各异，功能也有所不同。大型的动轮轮对由机车活塞驱动，而小型的导轮轮对和从轮轮对则用来支撑机车车重，并保证车辆通过连接点和弯道，沿轨道方向运行。

钢铁巨人
一台蒸汽机车正被放下，准备安装到转向架上。我们可以很清楚地看到转向架上的大型动轮和小型导轮。车轮和转向架必须具备良好的性能，除了机车车辆的垂直重力，还要能承受行车过程中巨大的转力和扭力。

转向架

导轮轮对和从轮轮对都安装在车辆下方的转向架上。转向架的强度和刚度能够帮助轮对抵抗车辆转弯时的扭力。大部分轮对都被安装在转向架内的固定框架上，但可转动的转向架上的车轴可以绕两轮对之间的枢轴横向运动，增强了列车转弯时的稳定性。现代转向架上还可放置制动和悬挂系统。

每组轮对包括由车轴相连的两个车轮

车轴可横向旋转，控制方向

德国铁路转向架，19世纪末

车轮与转向架　059

工作原理

1789年，英国工程师威廉·杰瑟普（William Jessop）发明了带凸缘的车轮。在轨道维护正常的情况下，车轮内侧的凸缘有效防止了车辆脱轨，并且不会与轨道直接接触。车轮的锥形踏面使轮对可以在钢轨顶部横向移动，保证火车沿曲线行驶。铁路工程师们发现，行进的火车会产生横向摆动，此特点是锥形轮对在寻找平衡的过程中沿钢轨顶部上下移动所致。这种运动被称为"蛇形振荡"。

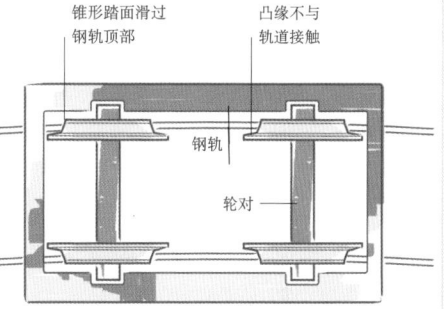

锥形踏面滑过钢轨顶部　凸缘不与轨道接触
钢轨
轮对
俯视图

交会车转弯

在弯曲轨道路段，由于外侧车轮的行程稍远，轮对横向移过钢轨顶部，使外侧车轮沿内缘较大半径行驶。与此同时，内侧车轮滑向外缘较小半径。这个动作可以使列车朝弯道倾斜，类似自行车赛车手在拐角处向内倾斜的原理。

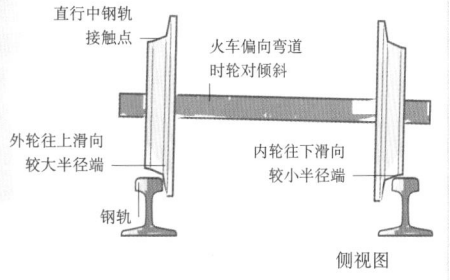

直行中钢轨接触点　火车偏向弯道时轮对倾斜
外轮往上滑向较大半径端　内轮往下滑向较小半径端
钢轨
侧视图

美国南北战争

政府首脑和军事将领们很快领会到铁路在战争中的潜在力量。就在1830年通车后不久,英国政府曾利用利物浦—曼彻斯特铁路,将一个团的兵力从曼彻斯特运送到利物浦码头,再开赴爱尔兰镇压当地的叛乱。全程50千米,仅耗时两个多钟头,大大少于此前徒步所需的两天时间,军队状态大为提升。当时,欧洲各地的革命热情正处于酝酿期,到了19世纪40年代末,整个欧陆大地的统治者们都开始利用铁路来帮助他们平息暴乱。首次大规模的铁路军事行动发生在1846年,当时,一支由14 500名普鲁士士兵组成的军队被运送至波兰,协助镇压当地针对奥地利统治者的民族起义。普鲁士人仅用时两天就到达了340千米之外的克拉科夫,起义很快遭到血腥镇压。两年后,独裁者沙皇尼古拉一世通过新建成的华沙—维也纳铁路向盟国奥地利派遣了3万名士兵,帮助斐迪南德一世镇压匈牙利境内的民族革命。这场革命同样以失败告终,革命者们付出了惨重的代价。

随后,欧洲境内军队调动的规模日渐增大。1850年冬天,奥地利政府通过铁路将一个由75 000多名士兵、8 000匹战马以及不计其数的战略物资组成的庞大军团从维也纳运送至波希米亚。由于天气恶劣和单线铁路的局限性,仅仅240千米的行程耗费了整整26天,远超原定计划。这个事例也充分说明,要想有效利用铁路,必须做好充分的前期准备。3年后,法国在克里米亚战争期间组织了大规模的军队调动,参与战争的40万士兵绝大部分经由巴黎和马赛之间的铁路前往地中海港口。虽然线路尚未完工,军队仍可利用已修成的大部分路段提升行军效率。实际上,第一条纯军事目的的铁路正是诞生于克里米亚战争中。当时,作为法国同盟的英国军队正在围攻塞瓦斯托波尔,受山区恶劣路况和港口要塞的瓶颈所困,英军无法从13千米以外的巴拉克拉瓦向内运送兵力和物资。为了摆脱这一困局,英国政府从国内派出一支铁路工队伍,准备在巴拉克拉瓦和塞瓦斯托波尔外的营地之间修筑一条铁路。他们是一群狂野的人,在路途中醉酒并试图在直布罗陀捕捉猿猴,但作为施工人员来说,他们的效率相当高。1855年,"克里米亚中央大铁路"(这个命名对于一条半蒸汽半马力的窄轨短距铁路来说的确言过其实)仅用了令人惊叹的7周时间即宣告开通。事实证明,这条线路的意义巨大,军队和重型武器得以横穿山脉,对包围战进行支援。数量空前的枪支弹药经铁路被运送至战地,塞瓦斯托波尔在强大的火力攻击下终于沦陷,结束了旷日持久的战争。

然而,真正将铁路作为战略运输工具的时代始于美国南北战争期间。美国南北方的矛盾由来已久,其差异的根源在于北方各州基于制造业发展经贸,而南方仍想保留以农奴为主要劳动力的农业(主要出口物资为棉产品)。1861年,林肯就职总统成为触发战争的导火索。南部各州担心农奴制度遭到新任总统的彻底废除,遂于1861年春天宣布退出联邦,发动内战。

62万名士兵在这场残酷的战争中丧生。南方联盟军与北方联邦军之间的交战达到了前所未有的规模。在以往的战争中,无论战事如何持久,能为后世所铭记的仅有屈指可数的几场战斗,然而在美国南北战争爆发的4年里,总计发生了1万余次军事冲突,其中有近400场全面

铁轨上的战争
这幅刊登在报纸上的素描描绘了1864年7月11日进攻马里兰期间,一列火车在火药岭附近遭俘获的情景。

美国南北战争中脱轨的火车
1864年,士兵们检视战斗后的现场。铁路的部署和摧毁都在美国南北战争中起到了至关重要的作用。

战役,这意味着每4天就要打响一场战斗。此外,这场战争所涉地域之广,超过了整个欧洲大陆的面积。此时,只有依靠铁路的力量,交战双方才能全方位地覆盖如此幅员辽阔的战场。

　　战争初期,美国铁路总长已超过4.8万千米,覆盖了东部诸州的绝大部分以及中西部主要地区,军队和物资可以在全美范围内快速流转。虽然交战双方都十分了解铁路的重要性,但北方军更好地利用了这一战略物资。早在战争开始之前,林肯总统就颁布法令,确保政府对主要线路的控制权和军队的优先使用权。在第一次布尔河战役中,联盟军巧妙地利用铁路影响了战局。战斗发生在距华盛顿特区仅32千米的布尔河畔,联邦军本欲借机占领南方同盟军的"首都"里士满,从而快速结束内战。在作战开始之初,联邦军取得了一定进展,然而驻扎在西部雪伦多亚河谷的联盟军增援部队经由铁路迅速赶到,与大部队会合,发起反击,扭转了局势。南北双方均通过此役得到深刻教训,从此以后,大部分的主要战斗都在铁路要塞或车站附近展开。

　　次年3月,联邦军发动了试图占领里士满的第二次战役——半岛会战。这次他们将有"战时铁路奇才"美誉的赫尔曼·豪普特（Herman Haupt）召入行动计划当中。毕业于美国西点军校的豪普特是一位数学和工程学教授，更是一位天才工程师，还曾被任命为美国主干线之一的宾夕法尼亚铁路的主管。深厚的技术背景使他成为主导战时铁路工作的不二人选。

豪普特针对战时铁路的使用制定了两条主要原则。首先，军队不得干涉铁路运营，确保铁路时间表的准确可靠；第二，由于车厢的充足与否将会对战争结果起到决定性作用，所有的空车厢必须及时返回始发站，不得被用作仓库，甚或高级官员的办公室。

修复里士满—弗雷德里克斯堡—波托马克铁路是豪普特在半岛会战中接到的第一个任务。这条总长为24千米的线路是里士满和华盛顿特区两"首都"之间的主动脉，当时已经遭到联盟军的彻底破坏，轨道扭曲无法使用，桥梁烧毁殆尽，相当数量的铁轨也遭损毁。然而，豪普特创造了奇迹，仅用两周就将其修复，单日通车量达到20余列。波托马克溪谷成为铁路修复过程中的最大障碍，虽然豪普特手下只有一些新手工人和劣质木材，可他只花了短短9天便完成了长达120米的铁路栈桥建设。这项了不起的工程受到了林肯总统的盛赞，他说："我眼前出现的是有史以来最为壮观的建筑。"不过并不意外的是，总统先生并没有冒险尝试穿越桥梁。

豪普特的天才还表现在对敌军铁路线的有效破坏上。事实证明，这

西部—大西洋铁路将

100 000 名

士兵运送至谢尔曼将军
位于亚特兰大的军营

> 豪普特造了一座桥……
> 可建造材料除了玉米秆和
> 豆秆以外，别无其他。
>
> ——亚伯拉罕·林肯
> 1862年5月28日

与修复和新建铁路同样重要。在他制定的两条原则指导下，联邦军通过铁路进行的军事调动没有发生过重大事故。美国南北战争中最大规模的铁路调动发生在奇卡莫加战役中。当时，失利的联邦军撤退到田纳西附近的铁路枢纽查塔努加，急需增援。联邦政府出动两个军2.3万余人经由7条铁路，在两周内行军1 950千米进抵查塔努加。此役后，联邦军牢牢控制了查塔努加铁路枢纽，取得了向南方领土进军的战略基地，进而为战争的结束创造了条件。内战最后一役也依赖于铁路，谢尔曼将军离开查塔努加进军亚特兰大，他的军队补给是通过铁路进行运输的。战后他这样写道：

自1864年5月1日到11月19日的196天里，仅仅西部—大西洋铁路就运送部队10万余人次，战马3.2万匹。而此等数量巨大的战时补给如按照常规马车运输的话，则需要36 800节马车，且需配备6倍数量的马力，这在当地路况下无异于天方夜谭。

战争中最为人津津乐道的一次行动也发生在铁路上。这次行动被永久地记录在巴斯特·基顿1926年的电影《将军号》(The General)中。当时，由詹姆斯·安德鲁带领的21人小分队突破防线，深入到佐治亚州亚特兰大附近的小镇玛丽埃塔，并成功夺取了由将军号机车牵引的一列火车，准备捣毁西部—大西洋铁路。南方军的列车长威廉·富勒恼羞成怒，竟然开始徒步追赶他们，后来又跳上一辆手摇车，并最终征用到另一台机车，穿越安德鲁设置的种种路障，在将军号燃油消耗殆尽之时将其截获。突击队员们四散逃亡，包括安德鲁在内的7名士兵被俘，

将军号
巴斯特·基顿在《将军号》电影中对被劫持的同名机车穷追不舍，并英勇地举起横在机车前方的一根枕木。

并被处以绞刑，其他人则侥幸逃回北方。然而，这段插曲只是从侧面反映了战争带给人们的深刻教训。铁路已成为不可估量的宝贵军事资产，也正因如此，铁路才能存在百年甚至是更久的时间。

蒸汽时代的铁路信号

在铁路史的早期阶段，由于火车仅在单线轨道上来回行驶，信号的意义尚不明显。随着铁路交通的出现以及行驶速度的提升，行车安全逐渐成为车辆运行中的重要问题。此时，信号系统在避免车辆碰撞方面就起到了决定性的作用。信号旗和信号灯很快取代了简单的手势信号，1832年，首个高柱式轨旁信号系统开始投入使用。到了19世纪60年代，虽然机械信号得到了广泛应用，但关于采用哪种系统作为标准仍未达成共识。英国普遍采用的臂板信号机直到1923年才完成标准化，而美国通用的则是球形固定信号系统。从20世纪50年代开始，色灯信号机也被引入信号系统中。

手势信号
手语作为最原始的信号系统一直被使用20世纪30年代。图为1937年南太平洋铁路的一位信号工在使用手势信号指挥一列慢速货车。

信号令牌
路段系统是铁路信号的主要安全机制之一，它能确保每次只允许一列火车进入一节"路段"。在19世纪，人们利用信号令牌知晓某路段是否处于空置状态。在早期的令牌系统中，火车司机只有拿到信号工发出的令牌后才能驶入此路段。令牌在线路另一端被收回，允许火车朝相反方向运行。如果有两列火车前后依次进入相同路段，则两者都必须持有书面许可或票证。在后来的系统中，准入操作可以通过将令牌插入轨旁设备得以完成。

印度的球形令牌

蒸汽时代的铁路信号　067

早期信号系统

随着铁路网络的日益复杂，铁路公司在很大程度上依赖列车时刻表来保持车距和防止事故。然而，在时刻表变更或火车发生故障的情况下，铁路信号对线路或路段空置状态的标示起到了关键作用。

球形信号（1837）
这是美国早期铁路线使用最普遍的信号，"高球"（highball）这一术语就出自于此：当球升起时，列车可安全通过。不过，后来它表达的意思发生了反转。

臂板信号机（1840）
这种方式在19世纪50年代后得到广泛采用并延续至今。当臂板处于水平位置时，提示"危险"，当臂板朝上或朝下则表示警报解除。

木横板信号机（1840）
木横板信号机从19世纪30年开始使用，配有可旋转的木板来显示开或闭。当横板转至与线路平行位置时，意味着可安全通行。

旋转盘信号机（1840）
与臂板信号机类似，圆盘旋转指示停止或通行。为了与当时绝大多数信号设备保持一致，圆盘采用木制并漆成红色。

双盘信号机（1846）
与木横板信号机相似，双盘绕木制或钢制信号杆旋转。但由于"通行"的信号无法被火车司机清晰识别，它与木横板信号机的寿命都很短暂。

伟大的失败

19世纪下半叶存在的铁路交通形态不只有我们现在所认识的铁路。事实上，在现有系统成为标准之前，轨道、车厢和发动机以各种形式结合在一起，从今天的眼光来看，可谓相当古怪。其中的一些模式因成功运营而得到了应有的关注，而另一些则因为明显考虑不周而注定失败。

由英国工程师伊桑巴德·金德姆·布鲁内尔（Isambard Kingdom Brunel）提出的空气轨道可能是铁路史上最辉煌的一次失败尝试。他还是大西洋铁路的总工程师、第一艘钢制蒸汽动力船"大不列颠"号和"皇家阿尔伯特大桥"的建造者。布鲁内尔认为，由于火车头在拉动车厢之余还要拉动自身重量，让爬坡变得难上加难。他的解决办法是去掉所有的发动机，在轨道边安置一系列的固定式蒸汽发动机来牵引列车前进。在火车头尚未普及的那个年代，出于对隧道

布鲁内尔的失败案例
一段布鲁内尔空气轨道停在牛津郡的迪德考特镇。轨道中央的真空管内放有拉动列车的活塞装置。

内沉闷空气的恐惧和对火花引燃农场的担忧,这个替代产品受到了欢迎。1844年,国会颁布法令批准了布鲁内尔的构想,并准备在由他修建的"南德文铁路"(从埃克塞特到普利茅斯的宽轨铁路中的一段)上进行尝试。

这种轨道的空气系统通过一根置于铁轨中央的管道操控,其工作原理类似于蒸汽发动机的汽缸。管道内有活塞装置与列车的首节车厢(活塞车厢)相连,活塞装置的连臂穿过管道上方的一条长狭缝,并配有一根长皮带和其他金属零件以确保狭缝的密封性。活塞连接臂会穿过狭缝,皮带随活塞的运动开启或关闭。铁轨旁的蒸汽发动机将管道中的空气抽除,迫使活塞牵引列车前行。每次产生的大气压力可以使列车行驶至前方5千米的下一个发动机处,然后按相同原理依次前进。整条路线共安置了11座蒸汽发动机。线路一度铺到了牛顿镇,但距原定的终点站普利茅斯还差42千米。这条线路最终未能完成。

1847年9月,位于埃克塞特和廷茅斯之间的18千米空气轨道开通,并在早期阶段运营良好。布鲁内尔的传记中曾这样写道:

新的牵引方式得到一致认可。由于摆脱了机车自身的冲击运动,列车的行进过程变得异常平顺和令人愉快,乘客也可免受发动机烟囱中飘来的焦炭粉尘和硫黄臭味之苦。

它的最高时速可达109千米,平均时速约为最高时速的一半。这在当时来说都是了不起的成就。

然而,这种轨道从一开始就遇到了许多困难。例如,列车的启动必须借助马力,或者需要由另一台发动机通过牵引绳来提供前进的动力。管道的设计也阻碍了列车在轨道间的灵活转移。而最大的问题在于真空环境的维持。用来密封管道的皮带无法完全保证气密性,据传有时还会引来老鼠啃食。金属零件同样也因海浪中的盐分侵蚀而失去密封性能。因此,短短8个月之后,空气轨道就被传统的蒸汽机车所代替。

这是一次代价极为高昂的失败，南德文铁路的股东们因此损失近40万英镑（相当于今天的5 500万美元），这在当时无异于一个天文数字。大部分的投资都花费在制作精美的引擎室上。布鲁内尔采用了意大利风格的造型，巧妙地将发动机巨大的烟囱设计成钟楼形状，建造成本几倍于传统机车。其中一座位于斯塔克罗斯的引擎室在日后甚至被用作教堂。另外，安装大气牵引机的费用远超预算9倍，固定式发动机的能耗也大大高于估值，达到传统设备的2倍之多。

由于试验的场所是公众视野内的商业铁路，布鲁内尔的失败显得尤为惨痛。然而，其他不为人知的失败案例也比比皆是。1824年，英国发明家W. F. 斯诺登（W. F. Snowden）摒弃了蒸汽能，设计出一款只有单列车轮的火车，运行于一条U形轨道上，该轨道的两侧各配备一对平轨以确保车厢的垂直。坐在头车上的工人为火车提供推动力，他们徒手转动与齿轮相接的车轮，该齿轮又连接到某节锯齿状铁轨上，以此拉动列车前行。这种新式火车要求工人具备超乎寻常的体能和毅力，因此，尽管1834年出版的一本小册子对它极尽吹捧之能事，此法从未真正付诸实施，这也并不让人感到意外。

然而，斯诺登的方案强调了车轮在潮湿和倾斜路况下容易产生滑移这一普遍存在于所有铁路系统的问题，并给出了将齿轮锁定在轨道之上的解决方案。相似的办法还有在铁轨中间安装齿条来为火车提供额外的牵引动力，此类装置至今仍被应用于某些山区铁路上。

线缆铁路是有关机车动力的另一种尝试。与空气轨道一样，这种方式也需要在铁轨旁安装固定式发动机，只不过发动机直接带动连接在火车上的线缆。1830年5月，英国肯特郡坎特伯雷—惠特斯

他对于改善该系统信心满满，以致对失败的后果视而不见。

——丹尼尔·古奇

空气轨道项目中布鲁内尔的同事

特布尔铁路开通,其中,出坎特伯雷的6.5千米路段由线缆拉动,而后的3千米使用蒸汽机车。还有一些线路则利用线缆来解决线路的坡度问题,例如,德国杜塞尔多夫—爱尔伯铁路上的近3千米路段、比利时布鲁塞尔—列日铁路的部分路段和新西兰南岛的丹尼斯顿斜坡路段。利物浦—曼彻斯特铁路出利物浦城的开始路段、伦敦—伯明翰铁路中尤斯顿车站到坎登镇的斜坡路段均用到了线缆。在伦敦的早期线路中,总长6千米的伦敦—布莱克威尔铁路全程使用线缆提供动力。然而,由于操作极为复杂,再加上机车性能的日益增强,绝大部分线缆铁路遭到淘汰(德国境内的部分缆铁路路段被沿用至1927年)。在修建伦敦地铁的首条深层隧道线路"城市—南伦敦"线时,当局曾把线缆系统列入实施方案,但考虑到全程近8千米的距离,规划人员最终还是选择了新型电力机车。

单轨铁路是铁路先锋们的又一伟大创想。然而,即便有些线路已经修建成功甚至开通运营,这套系统始终面临着两个顽症:首先是造价昂贵,其次是因为轨道结构而导致的灵活性缺失。1821年11月,首个为单轨运输而设计的车辆专利颁给了英国土木工程师亨利·鲁滨逊·帕尔默(Henry Robinson Palmer)。他口中的此类铁路是"单条轨道,由支架撑起至一定高度,从而使车厢的重心落在略低于支点(轨道顶端)的位置"。列车仍由马力牵引,跨坐于路轨之上,酷似骡子背上的筐篮。单轨铁路主要用来减轻工地上的物流压力。1824年,第一条单轨铁路在伦敦境内的德普福德船厂建成。

1825年,另一条马拉铁路切斯赫特线也在伦敦的一家砖厂内修建完毕。这条铁路的开通具有划时代的意义,它在通车之日便运载乘客,比世界首条客运铁路斯托克顿—达灵顿线还要早3个月的时间。至此,单轨铁路虽时不时地出现,但终难成大器。1876年,费城博览会上展出了蒸汽动力的单轨铁路,也有几条路线陆续建成,但存在的时间都不太长。开通于1901年的德国鲁尔区伍珀塔尔悬挂式单轨铁路是世界上最早、历史最悠久的悬挂式单轨交通,目前仍在运营当中,年载客量达到2 500万人次。20世纪下半叶,一些亚

洲城市如日本东京和马来西亚吉隆坡，也在城区内修建了为数不少的单轨铁路。

关于新式运输系统的各种奇思妙想一直持续到20世纪。其中最匪夷所思的莫过于20世纪初建于奥地利萨尔茨堡附近的气球铁路。这套系统包括沿山坡向上的一条单轨、轨道上行驶的滑行列车以及拴在车厢上的巨大氢气球。当装载完毕，火车启动时，气球松开，拉动其下的车厢往上运行；下降时只需在油箱中注满水，火车凭借自身重力即可下坡。气球铁路的发明人赫尔·巴尔德奥尔（Herr Balderauer）坚

线缆和蒸汽

坎特伯雷—惠特斯特布尔铁路由固定式蒸汽发动机带动的线缆和蒸汽机车同时提供牵引动力。

信他的系统足以取代正在修建中的昂贵缆车,成为翻越阿尔卑斯山的新式工具。不过,也许并不奇怪的是,他的发明并没能引起多少投资者的兴趣。

早期轨道

非凡成就

拍摄于1912年的德国伍珀塔尔悬挂铁路。至今,这条线路已成功运营了一百多年。

印度：达尔豪西的殖民命令

在 19 世纪的英国殖民地中，印度无疑是大英帝国王冠上的一颗明珠。殖民者急于将统治权强加于整个次大陆，在此进程中，铁路的发展起到了关键作用。作为当时英国政府商业臂膀的英国东印度公司首先将铁路带入印度，首条铁路的起点被定为该公司的所在地孟买。其背后的驱动力来自发生在地球另一端的商业事件。1846年，美国出现"棉花危机"，由于棉花产量萎缩，曼彻斯特的成衣制造商们不得不选择印度作为新的原料来源。然而，要想确保供应的稳定和工厂的良好运转，必须先改善通往孟买港的交通状况。因此，棉花巨头们向英国政府施压，希望在此修建一条铁路。

由于官僚主义导致的信息交流严重不畅和英国统治者们对于铁路计划的犹豫不决，这条孟买与塔那之间的铁路直到1850年才正式开工。线路总长34千米，它被视为一个实验，看看是否有可能在印度次大陆严酷的气候条件下修建铁路。项目建设的进程极为艰难，而现今它已成为孟买城郊繁忙路网的一部分，在修建它时，人们克服了山丘、沼泽地带等恶劣的地形条件，耗时3年才完工。

1853年4月，铁路的正式开通成为一个重大的标志性事件，不仅因为它是亚洲地区的第一条铁路，更重要的是它所处国家的社会属性特点。不同于铁路的发源地英国西北部，当时的印度仍是一个农业国家，当地民众对于喷着火焰、蒸汽滚滚的强悍机车既惊奇又害怕。当装载着各界重要人物的14节编组车厢启动时，数百万民众挤在铁道两旁争相围观，有些甚至跑到了轨道之上，影响了火车的行进。尽管如此，首发列车仍稳定地跑出了32千米的平均时速。

与此同时，另一条更具雄心的铁路在印度东北部的孟加拉国开始修建。这条线路总长195千米，始于胡格利河西岸的豪拉，途经邻近的加尔各答，直抵伯德万矿区的小城拉尼根杰。而此前，此处的煤矿物资需要耗时整整两个季度方可运抵港口。原计划1851年开工的项目因为一系列的航运事故受到耽搁。一开始，一条运送火车车厢的船只在孟加拉国海岸的珊赫兹沉没；接下来的事故更让人瞠目结舌，由于写错地址，机车居然被错送到了澳大利亚而非加尔各答！这有可能是史上最昂贵的笔误。还好，经过一年的周折，所有设备最终安全到达正确的目的地。虽然遭遇了重重挫折，这条6倍长于孟买—塔那线的铁路仍于1855年2月实现了通车。

上述两条线路的成功打开了铁路快速扩张的大门。与英国漫无计划的进程不同，殖民当局为印度铁路网络的发展制订了清晰的规划。1853年，时任印度总督的达尔豪西勋爵在其手书的216页备忘录里制订了关于印度铁路干线的发展计划。达尔豪西是位极富能力的实干家，他声称自己给予了印度"社会进步的引擎……铁路、统一邮资和电报"。他还在备忘录里详细阐述了在印度全境发展铁路的理由和指导方针，当时，英国的殖民领域还包括现在的孟加拉国和巴基斯坦。

达尔豪西对铁路将带来的经济效益非常重视，认为其必然会增进印度和英国之间的贸易流通。英国从印度进口棉花，后者则用收入换取英国的工业产品。欧美等国30余年的发展历程表明，铁路能够激励企业、促进生产，帮助开发煤炭和其他金属矿产等自然资源，促进整体经济的发展。然而，达到商业目的并非达尔豪西的核心思想，他更看重的是铁路的政治意义。英国当局和军队想要统治地域广袤的殖民地，就必须有能够快速部署兵力的工具，而统治者们为了保持政权的稳定可以不惜一切代价。

达尔豪西无疑是位极富远见的政治家，他在备忘录中满怀热情地写道：

当宏伟的铁路系统彻底渗透进这些阳

达尔豪西勋爵
1847—1856年，时任印度总督的达尔豪西勋爵为印度的铁路发展制订了一个长远规划，意图与其古老文明抗衡。

> 1845年东印度铁路公司成立，成立资本
> # 4 000 000 英镑
> # 25 000 人
> 死于西高止山铁路修建中

光地带，一系列民生运动将会呈现，到那时，罗马的高架引水桥、埃及的金字塔、中国的长城和莫卧儿帝国遗迹中的庙宇、宫殿和陵墓都会在这些真正的壮举面前相形见绌。

也许这个描述稍显夸张，但该计划的勃勃雄心却显露无遗。达尔豪西的宏伟蓝图因为1857年5月爆发的一场印军哗变而显得紧迫起来。暴乱的起因是有人声称来复枪子弹的纸皮包装上涂了猪油或牛油，而印度教视牛为神灵，忌食牛肉，伊斯兰教则视猪为污秽之物。在当时的技术条件下，在装弹之前，士兵又必须用牙齿来咬破来复枪子弹的纸皮，因此，拥有这两大信仰的士兵们都拒绝使用这些子弹。暴乱起始于印度的偏远地区。军方意识到，与其花费巨资派遣大量的英国军队来管理印度军团，还不如修建铁路以确保军队能够迅速转移，平定暴乱。虽然印度全境的铁路项目因此而暂时停工，但在1858年6月暴乱结束以后，各地的铁路建设又开始以更快的速度向前推进。

印度的铁路开发，换而言之，是一项赤裸裸的殖民工程，丝毫没有考虑当地民众的任何需求。线路的地点和进度均由英国人决定，设计目的则完全服务于英国的利益，这使得日后甘地等民族主义者将铁路视为帝国主义的手段之一。英国政府接受了达尔豪西的计划，并按照他所设计的模式进行铁路建设，主干线由各港口城市辐射开来，线

路中心设在殖民政府机关所在地,如加尔各答、孟买和金奈(旧称马德拉斯),再由更远一些的线路连接其他重要城市和乡镇。铁路建设就如一位作家所描述的那样"传奇而激荡",但对于不计其数的印度劳工来说,更意味着艰难和困苦。成千上万的工人在铁路建设中丧生。该国崎岖复杂的地形条件也对建筑工作提出了严峻的挑战。例如,由于连绵雨季造成河流水势猛涨,建于这些大河上的铁路桥梁所要承受的压力远远大于欧洲境内的同级桥梁。

想要翻越横亘于次大陆西部的西高止山脉,难于上青天。虽然海拔只有2 695米,但因其升起于狭窄的海岸线之上,崎岖陡峭,地势险峻,

殖民铁路

这幅摘自《伦敦新闻画报》的图片展示了1875年一列机车到达印度的情景。截至1880年,印度境内的铁轨长度达到14 500千米。

西高止山脉代表了当时全世界最难攻克的铁路难关。工程师詹姆斯·伯克利（James Berkley）负责修建这条总长仅24千米的线路，但光是地形勘探就耗费了他数年时间。完工后的铁路以波尔和塔尔两大斜坡以及数目庞大的隧道为主要特征，伯克利设计了一种巧妙的方法来克服陡坡的倾斜度，他没有遵循前例修建连续线路，而是在山顶附近的弯道上开凿了一个倒车段，从而解决了依赖固定发动机拉升火车的技术难题。这个方法较之传统模式更为便宜且易于操作，后为各大山区争相模仿，尤以巴西和安第斯山脉上的铁路最为著名。由于火车要沿着狭窄轨道驶向悬崖，整个行程对司机和乘客的意志力都是个巨大的考验。

在西高止山铺设铁路路基是一项极为危险的工作，由于需要炸开整座山体，工人们只能身系绳索，吊于悬崖之上进行钻孔爆破。绳索断裂或失足踏空事故多次发生，修路人员因此跌入深谷，尸骨无存。然而，疾病才是这些过度劳累且营养不良的工人们最大的杀手。许多致命疾

西高止山上的波尔斜坡
图片所示为1880年西高止山脉波尔斜坡上的倒车站。虽然行程中有一段在悬崖处倒车的惊险地段，这种翻越印度山脉的方式仍不失为一个巧妙的创新。

如果没有铁路带着我们东奔西跑，
很多混乱都可以避免。

——圣雄甘地

病如伤寒、疟疾、天花、霍乱和黑水热等夺走了上万人的生命。然而，在沦为殖民地的印度，工人（也被称为"苦力"）的性命被认为是廉价的。这在一位政府官员的报告中表现得相当明显：

8个月的好季节（除雨季时隧道工作暂停以外）有利于印度铁路的修建，但另一方面，霍乱和热病等致命流行病时常暴发，劳工们由于普遍体质虚弱、吃住条件恶劣，极易感染疾病，白白浪费了好天气带来的便利。

正如著有铁路和大英帝国相关书籍的作家安东尼·伯顿（Anthony Burton）所说："人们似乎从来没有考虑过，生命和工作时间的损失完全可以由提供合适的居所和良好的工作条件来弥补。"

铁路在印度推广的代价是高昂的，但这不妨碍它所取得的伟大成就。达尔豪西的计划在他离任乃至去世之后得到严格的遵守，他设想的比金字塔还要雄伟的工程变成了现实。在塔那线开通后的25年内，印度境内建成四通八达的干线网络，分布全国。20世纪初，该国轨道总长达到惊人的4万千米，绝大部分线路沿用至今，成为全国基础设施的关键部分。

早期印度铁路

从19世纪50年代开始,印度次大陆的铁路建设得到迅猛发展。按照达尔豪西的建议,连接印度重要城市的一系列干线相继建成。第一批铁路建于西海岸边的孟买港口、南部的金奈、东部的加尔各答。小型的区域铁路从干线处呈扇形往外辐射,并出于警戒考虑设置了不同轨距。到20世纪早期,印度拥有轨道总长达4万千米。

早期印度铁路 083

穿越河流
一艘平底船载着蒸汽机车穿过印度北部卡尔皮的亚穆纳河。在19世纪末桥梁修建之前,工人们只能采取这种临时措施运输机车。

筑路工的生活：
掘路、酗酒、斗殴

吃苦耐劳是每个铁路修建者所必备的品质。首先，线路地点通常选在荒山野岭，工作条件恶劣艰苦。其次，因为铁路本身是门崭新的行业，所以机器设备和工作方法尚处于开发阶段，然而每项任务都离不开新技术。从承包商到工程师乃至铺设铁轨和挖掘隧道的工人，所有人都只能在筑路过程中摸索着学习前进。令人惊讶的是，早期铁轨与现代高速铁路所使用的铁轨并无太大区别。在试验过一些花岗岩和木制轨道以后，人们又尝试着将铁制（后期改良为钢制）轨道铺设在有道砟承托的枕木之上，从此，铁轨的设计模式基本定型，并在全世界范围内得到广泛应用。

在19世纪的大部分时间里，铺设铁轨是一项劳动力极为密集的行当。勘测员完成实地勘察后在地图上绘出大致路线，然后承包商开始雇用大量劳工进场修路。人们认为这些劳工和一个世纪前修建运河的工人们同样技艺精湛，筑路工人们深深以此为傲，然而，并不是所有工人都是如此。特里·科尔曼（Terry Coleman）关于筑路工历史的著作《铁路筑路工》中曾写道："即使同样一起出去劳作喝酒，打斗闹事，也决不能将他们与那些稳定的普通劳动者混为一谈。"劳工们来来去去，农忙时节经常返乡务农。即使不返乡，他们要想成为合格的筑路工也需花上一整年的时间。筑路工被视为上等工种，负责所有艰巨的任务，比如开凿隧道和爆破，而非简单的铲土。他们必须与其他工人一起随工地扎营而驻，另外，他们还需要适应每日消耗1千克牛肉和4.5升啤酒的饮食习惯。筑路工们来自英国各地，着装风格各具特色。据科尔曼考察，他们喜欢穿戴"斜纹棉布裤、双层帆布衬衣、平绒方襟外套、平头钉靴、华丽的手帕和翻檐的白毡帽"。这身装扮其实并不适合如此繁重的体力劳动，却代表了一种另类风格。人们给筑路工取的绰号五花八门，折中些的有"英雄柏勒洛丰"或"渔人"，更广为人知的还是"流浪汉乔"或者"好斗杰克"。

筑路工在使用制砖机
虽然筑路工们暴躁、酗酒和好斗的坏名声常常确有其事,但同时他们也顶着恶劣的工作条件和生活环境进行了长时间的辛苦工作。

在某种程度上,修筑铁路所需的技术经受住了反复的尝试与考验。它们与修建运河和开挖煤矿有相似之处,但从规模的角度考虑,恐怕只有教堂建筑才能与之相比较。然而大教堂的建设长达数世纪,铁路的完工却只需短短几年。铁路建设中仅土方工程一项的范围和规模之大就前所未有。桥梁和隧道是筑路工们最显而易见的作品,但其实运送数目庞大的土石才是他们的核心工作。相对笔直平缓的地面是铁路运行的基本条件,因此,在铺设路轨之前必须将地面整平。伦敦—伯明翰铁路项目的助理工程师彼得·勒肯特(Peter Lecount)曾经计算过,修建这条铁路总共开挖了7.08亿立方米土,规模大过埃及的吉萨大金字塔。有时还需采用全新技术克服特殊地形,如在沼泽地里铺设路基,或在大河之上修筑桥梁。铁路工地上常常聚集着数百名工人,他们手持近乎原始的工具与土地搏斗,将挖出的泥土装进手推车运走。在相对平坦的路段上,搬运工作也可以借助马车和货车。铁路史学家R. S. 乔比(R. S. Joby)这样描述道:

相貌粗鲁的工头们威逼利诱手下的工人们进行繁重的土方搬运工作,有时候也会基于整个团队的表现及时给工人们加薪。

铁路修建过程中使用了大量火药,爆破工和筑路工们蹲伏在任何可能的遮蔽物后面,一波刚完,另一波又起。安全措施几近于无,敢于冒险被认为是男子气概的表现,这也就不难猜出筑路工们多半早逝的原因。在伦敦—伯明翰铁路的基尔斯比隧道中,3名工人在玩一个名曰"跟头儿走"的游戏时,一个接一个地掉入隧道竖井而死。在"大西部铁路"建设现场,一名工人不听警告,坚持在一块悬着的大土块下继续工作,结果几分钟后即被活埋。在无数次大大小小的事故中侥幸活下来的人,也很快被过度的劳作和放荡的生活方式所摧毁。40岁出头的筑路工看上去就像50岁,极少数活到60岁的人则活像80岁高龄的老者。参与铁路建设的工人数量之巨大,远超此前的任何一个行业。1847年春天,总共有169 838名工人参与了英格兰和威尔士的铁

走进黑暗
19世纪60年代,筑路工正在伦敦黑衣修士桥下开挖隧道。隧道工作是筑路工们艰险生涯的一个缩影,各类事故频发。

路工程，而当时的总人口数为1 600万。起初雇用这些筑路工的承包商大多为当地小公司，但强大的承包商很快崛起，成千上万的工人被招进工地，铁路被塞缪尔·派托和托马斯·布拉西等权贵巨头铺到了世界各地。

毫不奇怪，当地居民并不欢迎这些初来乍到的筑路工们。他们制造的麻烦不断，商人们又因为需求的增加乘机哄抬物价。线路所在的偏远地区根本没有歇脚之处，筑路工只能住在肮脏的工棚里，与牲畜害虫相伴。工人们常常两两拼床而睡，一个人睡觉的时候另一个人干活儿。就像一位作家所说的，他们的身边还常常伴随着一群"不是妻子的女人"。结果，工人中疾病盛行，骚乱斗殴屡见不鲜。特别是在发薪日，还有因某些原因工资没有到位的时候。英国萨默塞特的小镇威弗利斯科姆就曾发生过一起暴乱事件。1866年，当地一家铁路公司宣告破产之后，70名筑路工人联合起来要求给他们发放啤酒和面包。当德文郡的筑路工们发现铁路修好之日就是他们失业之时，一场骚乱就此开始。一位当地居民这样描述当时的场景：

周一，有一百多人被解雇。好一群乌合之众，除了在草地上扭打近一小时的夫妻二人，其他的都在同醉同殴……当晚这群坏蛋偷遍了鸡舍，连一枚鸡蛋都没留下。

相同的场景也出现在其他国家。英国筑路工虽然举止粗鲁，但他们能完成工作，所以不少欧洲铁路工地上都能看到英国工人的身影。1843年，大承包商托马斯·布拉西受托负责在法国北部修建鲁昂—勒阿弗尔铁路，工地上热火朝天的场面给参观现场的当地记者留下了深刻印象：

我认为即使对于看惯了工作场面的人来说，眼前路堑上的景象也精彩绝伦：二十来辆货车全面开工，工人们各司其职，每个人都敞开衬衫，在炎炎烈日下奋力劳作。工头们环顾察看，一切井然有序。这场体力的完美展示吸引了许多法国绅士赶往巴黎—鲁昂铁路工地，亲眼见证这些英格兰人（其实大部分是苏格兰人和爱尔兰人）的魅力并且惊叹："天啊！这些英国人！瞧瞧他们是怎么干活儿的！"这帮肌肉发达、毛发浓密的英国壮汉就像一道美丽的风景。

  劳动力短缺一直是美国铁路建设面临的难题，于是他们不得不从其他国家招募工人来修筑铁路。19世纪30年代末到40年代初，伊利铁路的修建过程中恰逢爱尔兰移民潮，大批从爱尔兰逃荒而来的新移民急于寻找铁路相关的工作，可不幸的是，这些人分别来自爱尔兰北部地区和科克区，而前者因为薪水低于后者而心生不满，在随后的冲突中，北部人向科克人发动了长达数日的一系列袭击，战斗在砍毁科克人的小屋，掀翻他们的屋顶中达到高潮。即使这样，他们还是奇迹般地按计划完成了任务。

  19世纪60年代，由于移民人数减少，再加上暴利的采矿工业吸引走不少劳工，中央太平洋铁路公司在修建从加利福尼亚往东的跨洲铁路时遭遇了严重的劳工短缺。一位名叫查尔斯·克罗科的投资人想到了引入华工的点子。起初，工地经理们对外表瘦弱的华工还有所质疑，但很快他们便发现华工不但工作出色，还能接受比相同工种的白人更低的薪水。受到鼓励的克罗科很快又从中国组织了一批数千人的华工队伍。铁路华工还与令人生畏的底层智利工人一起参与了史诗般的南美铁路开发。

  在俄国，19世纪90年代修建西伯利亚大铁路时，同样需要从其他地区招募人手。这条线路迄今为止仍是世界上最长的铁路，修筑过程耗费大量人力，顶峰时期在册工人多达8万人。以部落居民为主的当地工人不愿也无力进行如此繁重的体力劳动，当线路推进到更东边的荒原深处，劳工短缺问题变得更为严峻。于是，在押犯人被抽调去修路，建设高峰期有1.3万名囚犯和流放者在铁路上工作，招募的工人们

筑路工每人每天挖土量
2 000 千克

筑路工的生活：掘路、酗酒、斗殴　089

草原上的铁路
20世纪初，在押犯人在俄罗斯远东地区修建西伯利亚大铁路的乌苏里路段。

不仅来自俄国，也来自遥远的土耳其、伊朗和意大利等地。

类似的招工问题一直延续贯穿整个19世纪，直到其后出现的机械化减少了大规模劳动力转移的需求。然而在那之前，铁路工作就属于挥舞着原始工具辛勤劳作的强壮男人。无论是在已经实现现代化的铁路线路上，还是在已关闭线路残存的路堤窄道中，仍能看见他们留下的宝贵遗产。他们的艰苦劳动改变了全世界的地形和景观。

轨道结构

轨道由钢轨、路基、道砟等组成。在铁路建设的前期，人们常会先铺设一些临时轨道以便快速运送修路所需物资，当轨道下部结构基本完工后，这些临时轨道将被"永久线路"所取代。轨道下部结构又称基床。为了确保列车平稳运行，所有的坡度必须保持一致，所以首先需要将路面制备成路基。在铺上道砟之前，还可在路基上方覆盖一层砂石"盖层"。铁轨的轨距（两轨之间的宽度）和轨向也需要仔细检测，以确保直线和曲线路段的全程一致性。

铺设轨道
一列专用火车正在新铺好的枕木上放置铁轨，工人们紧随其后。在20世纪中期以前，这项工作都是由筑路工们徒手完成的。这些双头轨上下轮廓一致，当头部磨损时可以倒转重复使用。

轨道材质
木制轨道广泛应用于17世纪的马拉轨道时期，然而，19世纪出现的蒸汽机车要求轨道材质性能更为持久和耐用。19世纪20年代，坚固的铸铁轨道在第一条铁路线上试用成功。19世纪50年代，强度更高的钢轨开始投入使用。碎石制成的道砟仍然被广泛用作路基的材料，但性能更为稳定耐用的混凝土块也开始得到越来越多的应用。

轨道结构
大多数铁路轨道由固定在木制或混凝土制轨枕上的平底钢轨组成。铺于其下的道砟层可以帮助减少列车震动及噪声，但随列车荷载反复作用易发生位移，需及时维护。

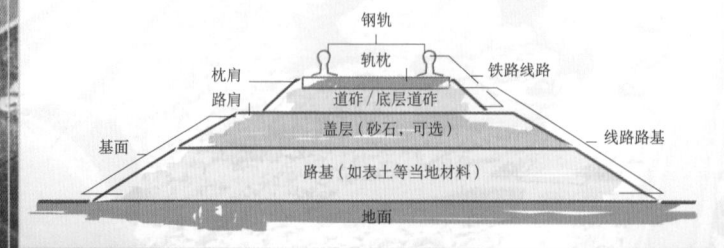

```
                        钢轨
              枕肩      轨枕      铁路线路
              路肩   道砟/底层道砟
        基面         盖层（砂石，可选）         线路路基
                   路基（如表土等当地材料）
                        地面
```

轨距

轨距是指两条钢轨内表面之间的水平距离，它直接决定了通行列车的车轴宽度。在19世纪铁路修建之初，轨距类别各式各样，但一旦需要将这些单独的线路连接起来，并形成全国乃至国际铁路网络时，标准轨距的制定便显得十分必要了。因此，全球范围内大约60%的铁路使用了1 435毫米的标准轨距或国际轨距。

通用轨距

- 1 435毫米
- 1 520毫米
- 1 000毫米
- 1 067毫米
- 1 676毫米
- 1 668毫米
- 1 600毫米
- 950毫米
- 其他轨距

古巴蔗糖铁路

鲜有国家在 19 世纪的铁路浪潮中未被波及,然而,不同国家所受影响的程度相去甚远。作为拉丁美洲第一个修建铁路的国家,古巴的铁路建设与欧美等国截然不同,铁路存在的主要目的是运输蔗糖(一种广泛种植用来满足发达地区所需的农作物),普通大众从铁路中的获益少之又少。18 世纪末,糖价上扬,给甘蔗种植带来丰厚的利润,从而引发了大面积推广,古巴也因这个偶然的机会成为蔗糖大国。到了19 世纪初,主要依赖奴隶劳工的甘蔗种植业发展迅速,但由于恶劣的路况,甘蔗园到炼糖厂之间的运输费用十分昂贵。事实上,从 5 月开始到 11 月的雨季,泥泞的道路和泛滥的洪水使甘蔗运输几近停滞。种植园主们急需一条铁路快速且便宜地将甘蔗从种植园运到加工厂,进而运至港口发往海外。这条线路如期建成,甘蔗这种在 1493 年由克里斯

古巴蔗糖铁路
修建位于哈瓦那与贝胡卡尔之间的古巴第一条铁路雇用了无数来自种植园的奴隶和爱尔兰移民劳工。

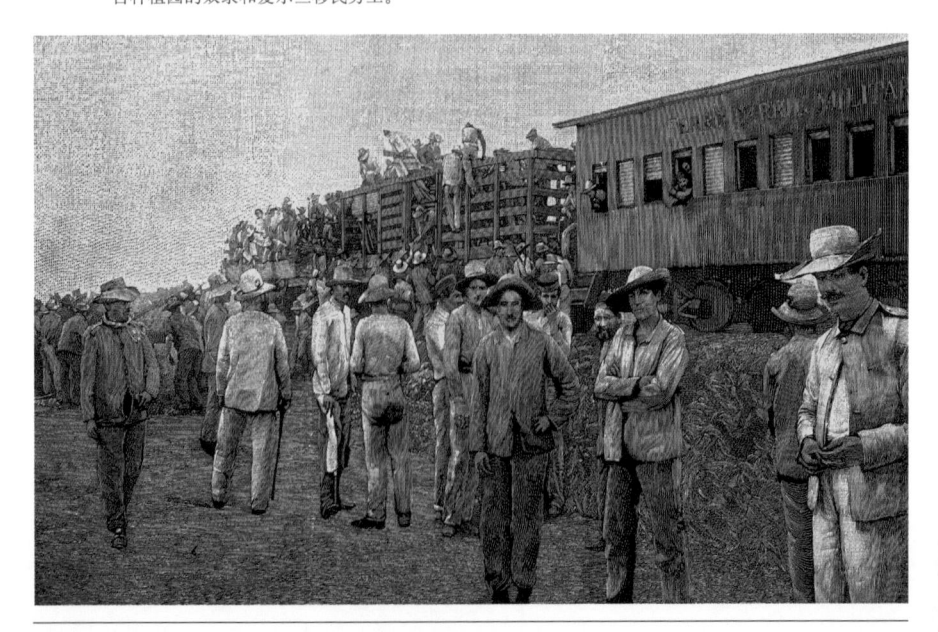

古巴铁路 150 周年

图示为 1987 年为纪念古巴第一条铁路开通 150 周年而发行的纪念邮票。这条线路也是全世界最早的铁路之一。

托弗·哥伦布带到古巴的作物，这时以前所未有的形式和数量回到发源地，为古巴的蔗糖大亨们带来滚滚财富。

虽然古巴在整个 19 世纪都处于西班牙的殖民统治当中，但其铁路的开通运行远早于作为帝国主人的西班牙。事实上，当时极为贫困落后的古巴是世界上最早修建铁路的国家之一。1837 年古巴第一条铁路开通时，全球仅有 6 个国家拥有铁路。在 1830 年英国的利物浦—曼彻斯特线始开之际，古巴的主要种植园主们成立了一个委员会专门讨论兴建铁路事宜。1834 年，就在线路勘测和资金筹备完成后不久，一条总长 74 千米的铁路旋即开工，将港口边的首都哈瓦那与玛雅贝克河上的圭内斯谷地相连。

这项工程复杂而浩大。从哈瓦那到贝胡卡尔的 26 千米起始路段海拔高达 98 米，对于当时的铁路建设来说，倾斜程度相当之大。线路中还需修建为数不少的桥梁，其中最长的一座横跨阿尔门达雷斯河，需要 200 个桥墩方能支撑。此外，与其他早期线路不同，古巴铁路从一开始就设计为双轨线路。除了铁路公司所有的数千奴隶，外国劳工也被招募进来共同修筑铁路。其中大部分是新移民美国的爱尔兰人，以及来自同属西班牙殖民地的加那利群岛的人。这些初来乍到的人日子并不好过，尤其是爱尔兰人，他们对热带气候特别是雨季极不适应，糟糕的伙食和居住条件又使情况进一步恶化，大批工人死于热带疾病。许多人还染上了酗酒的恶习，最终在肮脏的殖民地监狱里悲惨地死去。侥幸活下来的人们很快便发现，合同结束后，铁路公司并没有兑现承诺将他们送回美国，而是任由他们穷困潦倒地在哈瓦那街头流浪。来自加那利群岛的新移民们虽然没有语言上的障碍，但待遇上并没有受到多少优待，雇主担心这些人更容易逃跑，像对待囚犯一样对待他们，并强迫他们每天工作16小时，不少人因过劳而死。

工程曾一度耗尽资金，但幸好有新的投资者及时加入。贝胡卡尔线的初始路段于1837年完工，距离开工之日仅3年。火车设备和司机均来自英国本土。等到次年圭内斯路段开放之时，铁路产业开始蓬勃发展。虽然这些建设项目的主要目的是货物运输，但铁路还是吸引了许多客流，在早期阶段带来的经济收入可比肩蔗糖产业。每天双向均开行两趟车次，分别为30节编组货车和7节编组客车。

首条线路的成功促进了铁路建设的进一步发展。1840年，运送蔗糖、糖浆和朗姆酒等物资到卡德纳斯港口的第二条铁路首节路段开通运营。此后，古巴的铁路系统飞速扩张。经过10年开发，哈瓦那周边地区已建成纵横交错的铁路网络，与邻近的所有区域相连，蔗糖行业也借此得以兴旺繁荣。到1846年，仅哈瓦那地区就拥有169家蔗糖加工厂，年产蔗糖4万吨，糖浆4.5万桶。连接这些加工厂的铁路也因此利润丰厚。然而，因铁路设计之初只考虑了蔗糖业，其他行业或是乘客从中受益很少。蔗糖商们修建这些线路单纯为了出口产品，并没有将其当成一种商业模式运营。不同于欧美等国，古巴的铁路交会点并没有快速发展为繁荣的城镇，铁路本身对城市发展的促进作用微乎其微。

截至1852年，9家公司共修建了总长为565千米的铁路。随着蔗糖价格的下跌和奴隶制度的取缔，古巴铁路发展的进度有所放缓。然而，随着糖价的回升，铁路建设又进入第二次高峰期。1853—1856年的克

被运往古巴的非洲奴隶人数：
800 000

古巴蔗糖铁路网

里米亚战争助推了糖价的进一步高涨。糖作为全球供应的大宗商品，原有亚洲供应航线被战争切断，导致了本地区需求的上扬。蔗糖大亨们赚进大量金钱，进而投资到更多铁路的建设之中。最终，到了1868年，这个加勒比海上的贫瘠岛国总建成铁路长1 288千米，仅次于少数几个主要欧洲国家，成为全世界铁路网络最密集的国家之一。古巴的人均铁路保有量全球第一，甚至高于铁路的发源地——英国。

19世纪末期，古巴铁路总长达到惊人的8 000千米，其中半数为标准轨距铁路，负责蔗糖在种植园、糖厂及港口之间的运输。余下的多是粗制滥造的窄轨铁路，只在种植园内部运送甘蔗。可惜的是，古巴铁路不仅没能造福乘客，对该国的经济增长也并未起到促进作用。由于

早期轨道

古巴糖厂

1857年,一列火车正等在古巴一家糖厂的锅炉房外。这些火车将蔗糖从加工厂运至码头以供出口。

对欧美技术的过度依赖，古巴甚至没有建立起相关的供应链体系。如果非要说出铁路对古巴整体经济的影响，那么它的影响也是负面的，即加剧了地区之间的贫富分化。发达地区得益于铁路而继续繁荣，而落后地区则更被忽视。铁路建设集中在相对富裕的岛屿西部，东部地区因为甘蔗种植园稀少而仅有屈指可数的几条线路。最关键的是，由于政府补助迟迟未能到位，连接东西部的铁路线直到20世纪才开工建设。正如古巴铁路研究学者所说："头十年的铁路开发，缺乏促进国家铁路网络发展的长远眼光。"实际上，铁路对经济发展的影响与人们的希望背道而驰，它使得种植园主们大发横财，本该崩溃的奴隶制度也因此得以苟延残喘。

过度依赖蔗糖贸易的古巴铁路最终自食其果。因为缺少其他运输模式的竞争，在制糖业兴旺发达时期，铁路公司的生意稳赚不赔。然而，19世纪末期的另一次糖价暴跌对古巴经济造成了严重冲击，直接导

哈瓦那的乞讨者
在蔗糖经济繁荣的鼎盛时期，大量外国劳工涌入古巴，他们中的绝大多数人从此永别家乡，最后沦为哈瓦那街头的乞丐。

古巴蔗糖铁路 099

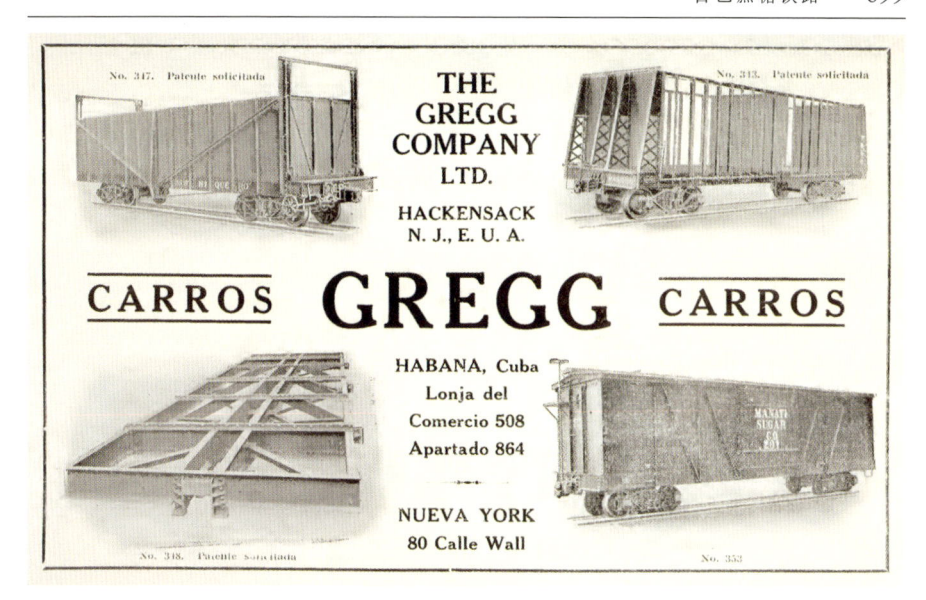

格雷格公司铁路车辆
同古巴的绝大多数铁路技术一样,运输甘蔗的货车也是从美国进口的,当时,古巴未发展本国的火车制造工业。

致铁路所有权被英国投资者夺走。绝大部分线路生存困难,大批路网被迫关闭。20世纪早期,美英两国公司将古巴境内所有线路全部收归己有,并分别垄断了东西两地的铁路网络。制糖工业的停滞使铁路行业陷入危机。受汽车普及和路况改善的影响,铁路面临的困难进一步加剧。这种情况一直到20世纪50年代古巴铁路国有化后才有所好转。

铁路的推广

TAHAO, No.20
V&T RAILROAD
STEAM, 1875

随着火车出行的日渐普及和铁路网络优势的突显，铁路推广的势头看起来已经不可阻挡。无论是资金、地势还是人文环境，铁路似乎可以克服一切障碍。不管是在印度，还是在万里以外的奥匈帝国，铁路翻越高山，深入地底，跨越河流，无处不在。为了修建火车站，许多城镇中心的房屋建筑遭到拆除。虽然付出了惨重的代价，但铁路建设者们还是征服了疫病猖獗的丛林地带，巴拿马地峡处的沼泽区即为明证。整整4条跨洲铁路迅速出现在美国西部大漠中，加拿大也紧随其后建成3条。铁路还给城市交通带来了革命性的变化，世界首条地下铁路——伦敦地铁于1863年开通运营，并成为许多国家类似系统的规划蓝本。

　　虽然火车越来越普遍，但列车的服务质量却并没有随之提高。这其中绝大部分原因是多数乘客别无其他选择，所以他们的需求往往不被重视。当然也有例外情况，如乔治·普尔曼（George Pullman）开发的豪华车厢，在提供美味佳肴的同时还为旅客配备了舒适的卧铺。但总的来说，火车旅行远谈不上愉悦舒适，它的安全性能也是饱受诟病的问题之一。起初，火车的数量很少且速度较慢，不太可能发生碰撞，可随着铁轨数量的激增和车速的提升，事故的发生也在所难免。

　　铁路公司很快成为当时的工业翘楚，规模大于任何其他行业。因其地域特性，公司的经营范围极为广阔。长期以来，铁路公司热衷于修建气势恢宏的车站以彰显他们的重要地位。这些车站在当时都成了如大教堂般的标志性建筑物，并给铁路公司和其所在的社区带来了无比的荣耀。

穿越阿尔卑斯山

大多数欧洲的早期铁路都由城市开往港口，方便货物出港。然而随着铁路网络的进一步扩展，处于大陆中心的阿尔卑斯山成为进程中的一道主要屏障。早在建设初期，致力于铁路推广的各国政府就意识到这个棘手的问题，而这一难关给铁路建设者们带来了前所未有的巨大挑战，工程师们必须开发全新的技术，挖隧道于群山之中，竖桥梁于深谷之上。

作为第一条跨越阿尔卑斯山的铁路，塞默灵线由奥地利帝国主持修建，翻过塞默灵山口，连接帝国首都维也纳和奥地利唯一的海港城市的里雅斯特（Trieste，现属意大利）。这条路线原本考虑绕道匈牙利平原，但铁路的主要支持者，奥地利的约翰大公决意要征服山脉。与这项伟大工程同样出类拔萃的是项目设计和建设负责人卡尔·冯·盖加（Carl von Ghega），他曾担任斐迪南大帝北方铁路（今捷克境内）的总工程师，拥有丰富的山区道路建设经验。1842年，盖加受命主管奥地利全国的铁路建设，他深知塞默灵铁路的要义在于打通奥地利与亚得里亚海之间的通道。肩负这一使命，盖加前往美国学习修筑铁路的方法，并不断探索如何有效地将现有经验运用在山区铁路的建设中。待盖加考察归来，他已经具备了让铁路穿越塞默灵山口的足够信心。

自中世纪以来，塞默灵山口就是旅行者徒步或骑马翻越高山的必经之路。虽然它是阿尔卑斯山脉中最低且冬季开放时间最长的一个山口，但海拔高度仍达到了900米以上。若没有非凡的创造力和创新精神，要想在此处修建翻山铁路几无可能。帝国政府

卡尔·里特尔·冯·盖加

盖加出生于威尼斯的一个阿尔巴尼亚家庭，原名卡罗·盖加。1851年，他被授予"Ritter"（骑士）爵位，以表彰他在塞默灵铁路奇迹中所做的杰出贡献。

首条穿越阿尔卑斯山的高山铁路，1857

支持铁路建设是因为，1848年，欧洲革命的熊熊烈火遍及全欧洲，新任奥皇弗兰茨·约瑟夫（Franz Joseph）意识到，铁路不仅有助于统一处于动荡飘摇中的国家各部分，还能在国家经济低谷时期为民众创造就业机会。从政治和经济两方面来看，修建维也纳与入海口的连接线路势在必行。

盖加选择的路线从下奥地利州的格洛格尼茨开始，穿越阿尔卑斯山，直达施泰尔州的米尔茨楚施拉格。虽然铁路首尾两端的空中直线距离仅为21千米，但由于山路崎岖弯折，最后的线路长度竟达到了直线距离的两倍。铁路穿过跨越在广袤山谷之上的高架桥，进入漫长的隧道。全线总共修建了14条隧道（其中最长的有1 400米）、16座高架桥（其中不乏双层高架）和100多座石拱桥。为了防止落石和暴雪侵害，山坡沿线还修建了雪崩防护棚。尽管如此，整个线路的坡度仍达到了惊人的1∶40，弯度也比其他线路更大、更急。为了克服重重困难，盖加又在机车选型上下足了功夫。1851年，他发起了一场与22

年前的"伦希尔大赛"类似的比赛来寻找最佳机车。不过,当时胜出的"巴伐利亚"号在实际负载后却无法爬坡,最终,格拉茨大学工程学教授威廉·弗里尔·冯·恩格尔斯(Wilhelm Freiherr von Engerth)设计的新型机车取代了"巴伐利亚"号,成为塞默灵铁路上的动力来源。

塞默灵铁路所有的建筑工作均由筑路工借助火药徒手完成。来自德国、捷克、意大利和奥地利的劳工团队人数庞大,顶峰时期曾达到两万人。在这样的工程环境下,事故的频频发生或许并不令人意外。1850年10月,14名工人遭落石砸中丧生,这也是单次伤亡最为惨烈的事故。约有700人在修路过程中失去了生命,其中的很多人都死于斑疹伤寒和霍乱等疾病。后来统一了德国的"铁血宰相"俾斯麦在青年时代曾代表德国来现场监察,不料架于峡谷间的临时跳板在其脚底断裂,幸好他在坠落瞬间抓紧岩脊才侥幸捡回性命。

塞默灵铁路
总长41千米,穿越从前无法逾越的崇山峻岭,塞默灵铁路代表了土木工程建设史上一项惊人的壮举。

1853年10月，首列货运火车驶过塞默灵山口，客运列车也于次年7月开通。1857年，连接维也纳与的里雅斯特的关键线路全线完工。虽然建造成本是原预算4倍之多，但作为一条至关重要的贸易连接线，塞默灵铁路在奥地利帝国的衰败期间证明了自己的价值。此外，它还因与自然景观的巧妙融合而被联合国教科文组织列入《世界文化遗产名录》，双层高架石桥的绝美景致便是其中的代表。

塞默灵铁路用工总人数：
20 000人

圣哥达基线隧道现用工总人数：
2 000人

随着塞默灵铁路的成功修建，其他穿越阿尔卑斯山的线路也纷纷开始进入筹备阶段。1848年，曾有人提出建一条向下穿过西阿尔卑斯山的路线，但因为当年的欧洲革命和意大利独立战争而被搁置。1861年意大利王国成立以后，修路计划再次被提上议事日程，这条规划中的铁路将穿过塞尼山，连接意大利巴多内基亚和山另一侧的法国莫达纳，并进一步将意大利城市米兰和都灵与法国的格勒诺布尔和里昂相连。

在前人的眼里，要从海拔高度2 081米的塞尼山口处翻越高山，显然是一项不可能完成的任务。然而1868年，一条临时性齿轨铁路塞尼山线开通运营。这条全长80千米的线路具备良好的爬坡性能，它的启用加快了英印两国之间经意大利巴里港的邮递速度。塞尼山线是世界上第一条基于下山铁路系统的齿轨铁路，由英国司机操控机车，并采用第三条齿轨驱动机车在陡峭的山坡爬行。不过，1871年此线路即被弃用并拆除，取而代之的是效率更高的弗雷瑞斯隧道。总长13.6千米的弗雷瑞斯隧道修建于海拔1.2千米的高山之上，是当时世界上最长的隧道。在当时原始的技术条件下，工人只能徒手凿洞再放置炸药进行爆破，项目初期进展缓慢。自1857年开工5年后，工程才完成了不到2千米。就在这时，德国工程师杰尔马诺·索梅莱（Germano

Sommeiller)发明了风动凿岩机,新设备的使用立刻加快了工程进度,在团队的双向努力之下,1870年12月26日隧道被打通。测量小组采用了当时新式的间接测量法,在山体多处确定方位,从而使隧道打通时的对准误差仅有不到半米。1871年10月,塞尼山铁路开通运营,弗雷瑞斯隧道连接起两国边境,成为全世界第一条国际铁路。

圣哥达隧道是第二条穿越阿尔卑斯山的主要隧道。由于该地山势险峻,这条线路的建设同样遭遇了重重困难。项目施工从1871年开始,直到10年后的1881年方告结束。线路总长15千米,较弗雷瑞斯隧道略长。1867年,阿尔弗雷德·诺贝尔(Alfred Nobel)发明了硝酸甘油炸药,项目的进度因此有所加快,但即便如此,如何翻越高山仍是亟待解决的棘手难题。杰出的瑞士工程师路易斯·法弗雷(Louis Favre)设计了一项创新技术,可将铁路引到海拔1 100米的隧道口上。他在山体中开凿出坡度平缓的环形隧道,顺山势盘旋向上,一直到达山顶。比如,在瓦森路段处,南行的乘客们会发现,刚刚还位于自己上方的教堂尖顶,几分钟后就会出现在脚底。这些盘山道增加了不少旅行时间,瑞意边境卢塞恩和基亚索之间的线路就长达225千米,其中约1/5的路线由盘山道组成。

遗憾的是,法弗雷没能亲眼见证他的创举变为现实。1879年,他在一次工作检查中突发心脏病,不幸去世,时年54岁。他的死亡很有可能与项目带来的压力有关。法弗雷并不是唯一在工程中丧生的人,总共有200多名工人在隧道建设中被夺去生命,有些工人在开凿过程中遭遇地下暗流被卷走,有些工人死于运送岩石的货车轮下,还有些工人因落石等事故而丧生。

1882年圣哥达隧道开通后,又有其他的铁路通过隧道成功穿越阿尔卑斯山。1906年开通的辛普朗隧道以19千米的总长位列世界第一,之后勒奇山隧道也于"一战"前夕开通。由于蒸汽机车散发的浓烟可能会给隧道通行带来危险,瑞士还开发出电力机车为火车车辆提供牵引动力。

如今,瑞士政府正在修建一系列极具挑战的铁路隧道穿越山脉,以

夏蒙尼勃朗峰铁路
随着第一条高山铁路的成功运营，乘火车出行成为阿尔卑斯山旅游的流行风尚。1908年开通的勃朗峰铁路将游客们带上法国最大的冰川——德格拉斯冰川。

减轻陆路运输的压力。现有的老圣哥达隧道过于缓慢蜿蜒，早已不堪重负。为了绕过它，瑞士政府发起了规模宏大的阿尔卑斯枢纽计划项目，旨在通过大型的全新隧道提高铁路运能。项目中最长的路段为圣哥达基线隧道，建成后的长度超过日本青函隧道（23千米），位居全球之首。圣哥达基线隧道由两条隧道组成，各长57千米，于2016年通车。新建的圣哥达铁路枢纽还包括尚未完工的兹牟堡基线隧道和预计在2020年投入使用的切纳利基线隧道，这三条隧道的建成将意味着，铁路可以在最高海拔仅550米的高度穿越阿尔卑斯山脉，为建设高速客货运输线路创造了条件。圣哥达基线隧道建成后，苏黎世和米兰之间的旅行时间将由现在的4小时减少到2.5小时。阿尔卑斯枢纽计划还涵盖了2007年正式投入使用的勒奇山铁路隧道，线路连接瑞士首都伯尔尼和瓦莱州，总长35千米。

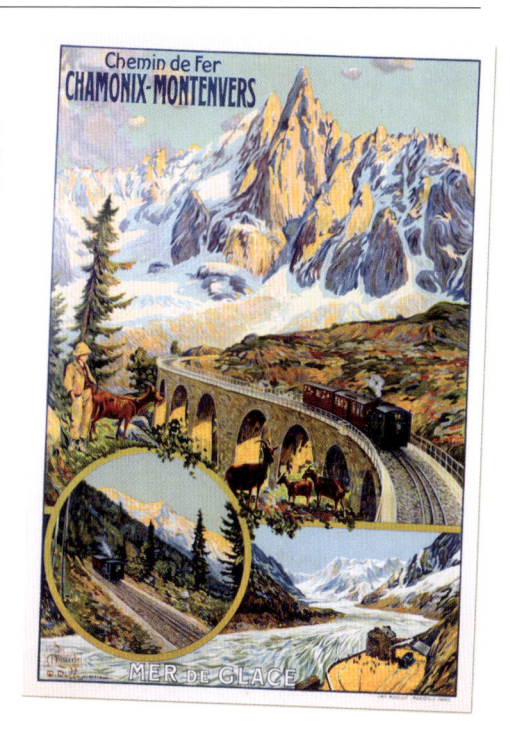

穿越阿尔卑斯山脉是铁路建设者丰功伟绩中的代表之作。事实证明，尽管列车运行条件极为严苛，但自竣工以来，这些线路罕有事故发生，行车安全状况表现良好。

攀登山峰

在铁路开发的早期阶段，人们就已经开发出辅助机车爬升倾斜轨道的技术。1811年，约翰·布伦金索普（John Blenkinsop）在英国米德尔顿煤矿为他的新型蒸汽铁路申请了专利，该系统采用带有减速齿轮的发动机与置于两轨之间的齿轨相连，但直到19世纪60年代它才被真正运用到山区铁路运输上。齿轨铁路可将列车拉上坡度达48%的陡峭斜坡，而传统铁路即便在额外动力的协助下，可攀爬的斜坡坡度也仅为10%。此特制轨道在辅助爬坡的同时还能提供必要的制动力，确保列车的安全下行。

里根巴赫和洛克系统

从布伦金索普的首个设计开始，各种各样的齿轨系统被开发出来并得到实际应用。

里根巴赫（Riggenbach）系统（1863）

里根巴赫系统是最早开始广泛使用的齿轨系统，但由于构造中必须焊入"梯轨"，此系统的后期维护成本高昂。

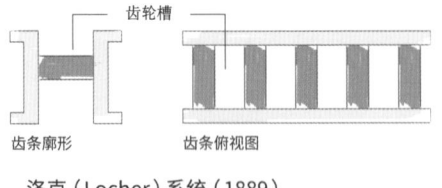

齿轮槽
齿条廓形　齿条俯视图

洛克（Locher）系统（1889）

洛克系统于1889年首次被采用，它的齿平行铣割在钢轨的两旁，适合攀爬特别陡峭的斜坡。这种系统非常稳定，能够帮助车厢抵御侧风。

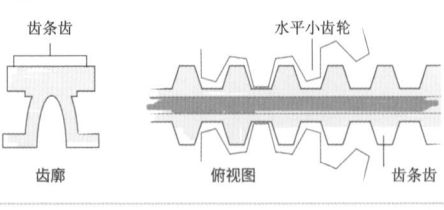

齿条齿　水平小齿轮
齿廓　俯视图　齿条齿

登山先锋

世界上最古老的齿轨铁路位于美国新罕布什州的华盛顿山上，它于1868年开通，全长4.8千米。铁路爬升高度约1 100米，可到达美国东北部最高的华盛顿山山顶。这条线路采用的仍为创始人西尔维斯特·马什（Sylvester Marsh）设计的梯形齿轨。设计师为发动机的锅炉也留出了一定的倾斜度，以便机车在陡坡上保持水平。

攀登山峰 109

工作原理

齿轨铁路上的蒸汽机车配有一个或多个齿轮与齿轨啮合行走，并由汽缸通过连杆提供前进的动力。有些设计将齿轮放置在两轮之间的车轴中心，也有部分设计选择将齿轮装在单独的车轴上。大多数此类型机车还备有带凸缘的行驶轮以适应标准铁轨。蒸汽机车推动车厢上坡，下坡时再倒车向下，最大限度地利用制动力。今天，绝大多数齿轨机车的动力都由电力或柴油发动机提供。

阿布特系统（1885）

瑞士工程师罗曼·阿布特（Roman Abt）发明的阿布特系统被认为是里根巴赫系统的改良版。此系统的齿轨经常是两或三排齿条平衡使用，每排齿条与相邻排错开，确保齿轮始终可与齿轨啮合上。

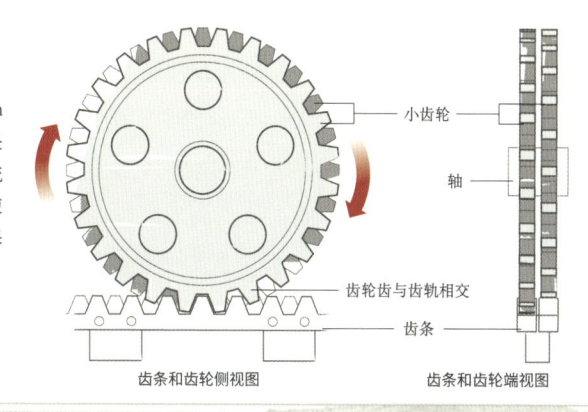

小齿轮

轴

齿轮齿与齿轨相交

齿条

齿条和齿轮侧视图　　齿条和齿轮端视图

巴拿马铁路：致命淘金热

尽管巴拿马铁路全长不超过80千米，但它的修建过程却极具毁灭性。总共有1.2万名工人因恶劣的条件和致死的热带疾病命丧于此。铁路为美国东西海岸创造了一条关键的连线，使其成为美国统一的重要因素。这条线路也为它的所有者和股东赚取了巨额财富。

1848年1月24日，穿越巴拿马地峡的交通需求变得急迫起来。当天，詹姆斯·W. 马歇尔在加利福尼亚的萨特磨坊处发现黄金，引发了第一次淘金热。然而，从美国东海岸到达加利福尼亚的旅途并不平坦。淘金者们可以选择三种方式：一是乘船经过美国最南端的合恩角，全程2.4万千米，需在狂风暴雨的险恶水域中航行至少85天；或者乘马车穿过3 200千米的陆地，这意味着至少6个月的危险行程；还可以先航行至今巴拿马运河境内的查格雷斯河河口，再乘独木舟往上穿过狭窄的地峡，然后骑骡子翻过丛林，到达巴拿马城和太平洋海岸，这条路线全长仅80千米，但需花费整整8天。

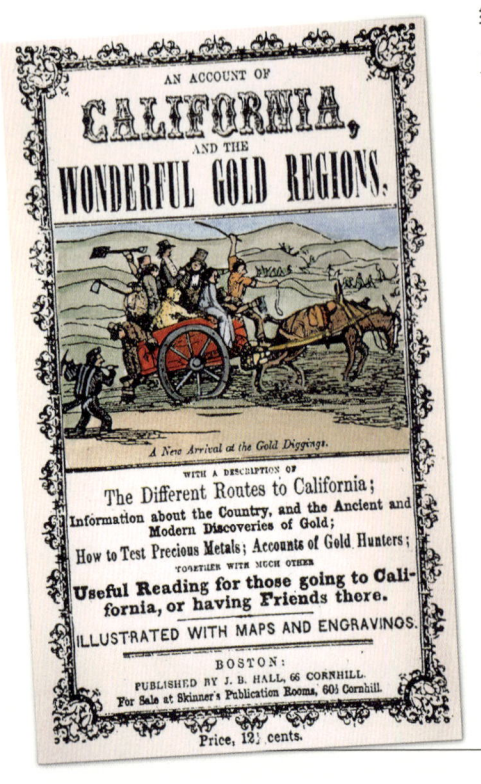

直到1848年，关于穿越地峡的各种运河或铁路方案被一一提出，又分别被大哥伦比亚、美国和法国否决。实际上，早在1520年，西班牙政府就曾考虑过开凿运河的方案，但后来还是转而开辟了卡米诺里奥驿道。在第一批淘金者到来之时，这条骡行小路仍处于使用当中。1846年，美国政府与新格拉纳达共和国（哥伦比亚和巴拿马）达成协议，以美国在巴拿马地峡

1849年淘金热
这张1849年出版的加利福尼亚"黄金胜地"指南涵盖了前往金矿区的不同线路信息。

1855年巴拿马铁路图

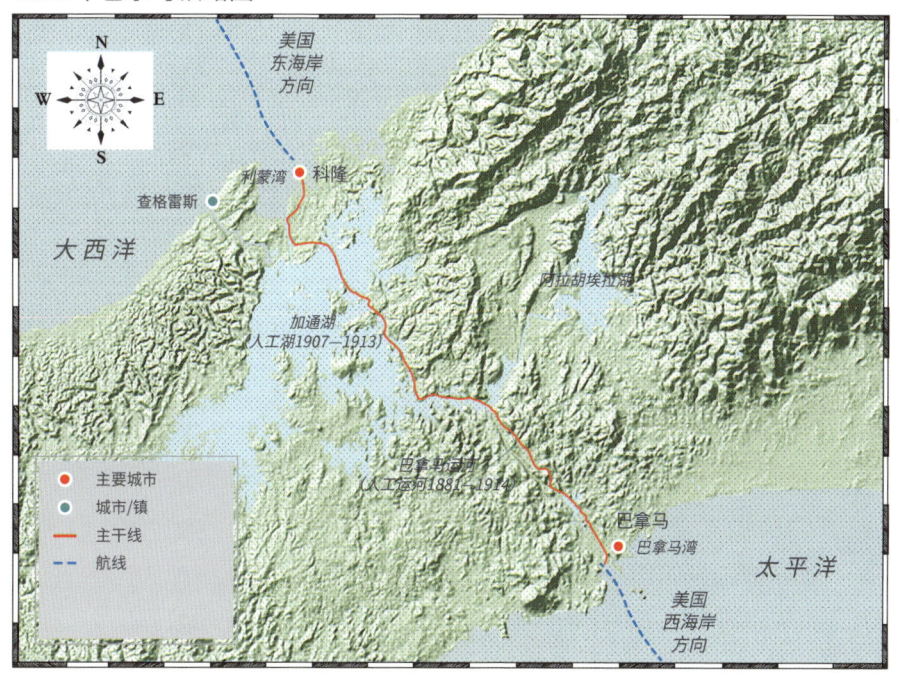

的通行权换取新共和国的主权,此举为接下来的跨洲铁路建设铺平了道路。一年后,在美国国会的资助下,一艘提供邮政和客运服务的蒸汽船开始往来于东西海岸之间,从纽约到查格雷斯河,再从巴拿马城开往俄勒冈,乘客和货物均可由此更为便捷地到达巴拿马。

随着淘金热的开始,已经获得太平洋轮船建造和运营权的美国企业家威廉·H.阿斯平沃尔(William H. Aspinwall)摩拳擦掌,准备着手修建一条横穿巴拿马地峡的铁路。为了评估线路的可行性,他与曾游历中美洲的律师和作家约翰·L.斯蒂芬斯(John L. Stephens)一同前往巴拿马和哥伦比亚考察。两人共同创立了巴拿马铁路公司,并获得巴拿马地峡49年的铁路、公路或运河修筑的独家特许权以及1 012平方千米的公地。在此背景之下,精明的阿斯平沃尔通过出售公司股票筹到资金100万美元,而后他又说服美国国会同意缴纳25万美元的邮政船运服务年费。与此同时,开通客运铁路的必要性也日益显现,截至

1849年5月底，共有55艘客船搭载4 000多名急着赶往加利福尼亚的乘客到达查格雷斯河。

　　来自美国军方的乔治·W. 休斯（George W. Hughes）在线路勘查结束之后对铁路建设表现得盲目乐观，在他看来，横穿该地域并不是什么难事。但他的报告中并没有指出线路所经之处深不见底的沼泽、茂密的丛林和险峻的山峰。阿斯平沃尔本以为从查格雷斯河最远的通航点到太平洋海岸之间全程只需32千米，于是他与来自美国的乔治·托滕（George Totten）和约翰·特劳特怀恩（John Trautwine）签下合约，正式开始铁路的修建工作。然而，两位经验丰富的工程师很快意识到前期测量是一个灾难性的错误，休斯从一开始就多估了查格雷斯河通河段的长度。为此，托滕和特劳特怀恩还曾一度退出合约，不过最终还是被铁路公司雇用参与了项目建设。后来的事实证明，这位保守的托滕先生成了此次商业冒险行动的功臣。

　　正当托滕和特劳特怀恩准备在查格雷斯河河口开始动工之际，所有适合的土地已经被经营东海岸美国邮政业务的企业家乔治·劳（George Law）买下。他们只好转移到河流终端，并在更北边的曼萨尼约岛找到了一个新的地点。但这意味着他们必须首先修建一条堤道连接大陆，然后在可怕的"黑沼泽"地带施工。成吨的石灰石从查格雷斯河上游废弃的波希奥采石场运到工地，为沼泽地上的铁轨铺设打牢基础。只有线路进行到"希望山"处的稳固陆地后，项目组的第一台机车和货车车厢才能派上用场。然而，在河流往上不到2千米处，工人们碰到了更多似乎深不见底的沼泽地，除了继续沉入大量岩石别无他法。很快，另一个麻烦也冒了出来，由于木头在热带气候下腐烂得很快，在此处修建木制桥梁看来毫无意义。

　　铁路建设者们对当地气候的应对准备也有所欠缺。该地年降水量约为3.5米，雨季从6月一直持续到12月。查格雷斯河的水位在几小时内就能上涨15米，这不仅对半淹在水中工作的工人来说十分危险，也导致了热带疾病肆虐和昆虫横行的可怕局面。蜘蛛、蝎子、蜈蚣、蜱虫以及五颜六色的各种虫子都有致命的可能，携带疟疾病菌的蚊子也对工人们造成了永久的威胁，沼泽里还时常有鳄鱼出没。

巴拿马铁路：致命淘金热　113

到达时的景象
急于横穿巴拿马地峡的乘客们坐船到达查格雷斯河河口，这幅图展示了他们到达时的景象。从这里他们乘坐独木舟或骡子——或者坐火车，继续前行。

　　修路工人则是名副其实的"外籍军团"，他们来自世界各地，通常以绰号或是工资单上的号码来称呼。关于他们的记录几乎空白，死亡的确切人数也不得而知。但一段时间以内，每个月每五个人中就有一人死亡。还有一种算法认为铁路的每根枕木都有工人为之而死，这个数字大约达到了难以置信的7.4万人。负责铁路医务的J. A.托滕（J. A. Totten，乔治的弟弟）发现，尸体的处理成了个大问题。历史学家约瑟夫·L.斯考特（Joseph L.Shcott）在《穿越巴拿马的铁路》（*Rails Across Panama*）一书中这样描述托滕的解决办法：

> 尸体被放在大桶里放置一段时间，待无人认领以后将它们成批卖至世界各地的医学院……尸体售价不菲，所得利润用来维持工地医院在铁路建设时期的开支。

来自世界各地的铁路工人们时常处于紧张的关系之中。某天，一群法国劳工突然罢工，他们升起法国三色旗，唱起《马赛曲》，并且要求必须用法语来讨论问题。这可难住了他们的爱尔兰工头。然而，会说法语的铁路公司董事长却坚持要用英语来谈判。最后，董事长用停止供应食物的方法打破了这一僵局。这场纠纷以工人们的复工而宣告结束，他们的诉求至今仍是不解之谜。

此外，整个地区的社会秩序一片混乱，完全落入当地匪帮的手中。他们疯狂抢劫黄金并将受害者残忍杀死。阿斯平沃尔只得求助于著名的前骑警伦道夫·鲁诺，鲁诺本已在一次宗教转化中退隐，但有预言说他会被征召到一片"奇怪的土地，那里有条充满魔鬼和怪兽的大河"，而巴拿马地区正好符合这一描述。鲁诺开办了一家骡子货运公司，作为一股治安力量，他们被称为"地峡守卫者"。1852年年初，他率领队伍袭击了正在放松作乐的匪徒，并将其中的37名绞死在巴拿马城海堤边。

巴拿马铁路运营的前12年运送黄金总额：7.5亿美元

如果说恶劣的环境、致命的疾病、烦躁的劳工和混乱的秩序还不够糟糕的话，在刚修完13千米路段以后，铁路公司资金耗尽了，项目只能被迫停工。与此同时，航运巨头科尼利厄斯·范德比尔特开始在尼加拉瓜开凿一条竞争路线，幸好由于其自身的问题，此线路没能修建成功。

铁路命运的转折点出现在1851年

当地匪帮

如图所示，1853年出版的《图解历史》讲述了冷血歹徒在巴拿马地峡抢劫、谋杀以及制造各种恐怖事件的故事。

12月，两艘共载有1 000名淘金者的轮船在查格雷斯河河口靠岸，当他们听到机车的汽笛声，立刻一拥而上要求搭乘火车通过已修好的路段。在他们看来，火车的舒适程度远胜过可怕的骡行之旅。为了阻止这些淘金者，托滕将票价设为每英里50美分，每45千克行李3美元。然而出乎意料的是，他们对此高昂的费用居然欣然接受。很快，排队乘车的人越来越多，托滕和工程师詹姆斯·鲍德温（James Baldwin）利用车票所得迅速将路线推进至采石场，更多的岩石被运送到施工现场加固线路。因为需求强劲，铁路公司也成功地在股票市场再次募得400万美元的资金。

然而，接下来的事情并非一帆风顺。1852年夏天，许多工人和他们的工头死于一场神秘的瘟疫。同年，卷土重来的匪帮让鲁诺不得不再一次出马并将他们绞死。接着，托滕要求使用钢材代替木头作为查格雷斯大桥的材料，没想到却引发了与一名新任公司高层的纷争（斯蒂芬斯的离世使他失去了最主要的支持者）。托滕因此被解雇，余下的34千米被交给一位名叫迈纳·C.斯托里（Minor C.Story）的工程师。斯托里对如何在巴拿马修建铁路茫然无知，他选择了曾经成功应用在新英格兰地区的材料，可这种木制桥梁在热带气候中很快腐烂倒塌。面对失败，斯托里选择了逃跑。用历史学家斯考特的话来说，斯托里"财政破产、名誉扫地、意志崩溃"。一年后，托滕被重新聘用，这次他从欧洲、印度和中国招募了更多劳工进行线路建设。项目进程中依然事故不断，曾有一列火车在行驶过程中撞上进入轨道里的公牛而翻下山谷。尽管如此，到1853年年底，托滕终于完成了关键桥梁的建设，为

1859年的巴拿马铁路
工人们使用手摇车运送乘客。在太平洋铁路开通以前,巴拿马地峡是从美国东海岸到达太平洋的最快捷通道。

线路最后的竣工扫平了道路。

大约同期的这个时候,一起悲剧在中国劳工之中发生。一直以来,中国劳工都以勤奋可靠著称,他们比爱尔兰同行更加整洁和冷静,而后者还因为他们每天的洗澡习惯对其进行嘲讽。但是,这群中国劳工吸食鸦片成瘾,当纽约公司的一个会计因为成本和来源问题切断了他们的鸦片供应后,百余名绝望的中国劳工选择了自杀。一些人选择在树上上吊身亡,或者身系石块投河自尽,还有些人则乞求马来劳工将自己砍死。

铁路虽然尚未完工,却已经开始赢利。1854年,总长50千米的铁路从3万多名乘客手中收取的车费超过100万美元。1855年1月27日，相向推进的两队人马终于会合。15年间，垄断了巴拿马地峡和美国东西海岸通行权的巴拿马铁路公司利润惊人，得益于一群精明的会计人员设置的票价标准，铁路在短短4年之内便收回了成本。线路完工后，头等车厢的票价为25美元，同比远超当时的任何其他线路。在开通运营的前12年里，巴拿马铁路运送的加利福尼亚黄金总值超过7亿美元，并成功送达50多万个包裹。不过，高昂的维护成本侵吞了不少利润，例如将腐烂的松木枕木全部换为硬质愈疮木就所费不菲。巴拿马铁路的辉煌岁月一直延续到1869年，直到美国第一条跨洲铁路开通以后，客源才慢慢流失。不过，10年以后，某法国公司的高层计划在此地开凿运河，并以2 000万美元的价格买下了这条铁路，公司股东们因此又大赚了一笔。

　　托滕在铁路总工程师的位置上一直干到1875年，全面负责管理线路的改进和维保工作。铁路完工后不久，他又为穿越地峡设计了一套带船闸的运河方案。当苏伊士运河的背后英雄斐迪南·德·雷赛布（Ferdinand de Lesseps）准备在此地修建运河之时，托滕即被任命为该项目的总工程师。另外，他还抽空建设了委内瑞拉境内一条险峻的高山铁路。然而，他的丰功伟绩仅被记录在巴拿马火车站一块朴素的纪念碑上。诚如斯考特所说："刊登在《纽约时报》上的简短讣告只提到他是一位退休工程师，却没能说出这个人曾经负责修建了世上前所未见的第一条跨洲铁路。"

科隆车站的火车，1885

一列运行于巴拿马铁路上的火车停靠在科隆车站内。围绕着曼萨尼约岛上铁路工人聚集的棚户区，科隆镇逐步兴旺发展起来。

巴拿马铁路：致命淘金热

穿越美洲

作为一个勤奋上进的年轻人，西奥多·朱达（Theodore Judah）立志修建一条横贯北美大陆的铁路干线，把美国东西两地连接起来。朱达出生于牧师家庭，热爱弹奏风琴，是个满头黑发的不安分子。他的认真劲头给人们留下了深刻的印象，人称"疯子朱达"。奥斯卡·刘易斯（Oscar Lewis）在其著作《四巨头》（The Big Four）中也说过，"他从未被认为是一个完全正常的人。"其实，西奥多·朱达是一名经验丰富的铁路工程师，曾经负责修建位于纽约州的伟大铁路工程尼亚加拉峡谷铁路，以及加利福尼亚州的第一条铁路萨克拉门托谷铁路。

心怀梦想的朱达并不缺少志同道合之人。从第一列火车驶过巴尔的摩—俄亥俄铁路的那天开始，无数早期铁路开发者就开始酝酿着修建跨洲铁路的雄心。这条铁路不仅能够促进经济发展，还能将美国境内的广袤疆土联结在一起，假如没有这条纽带，或许美国的统一都难以实现。

然而，朱达比其他人更进一步，他几乎单枪匹马地说服了国会立法修建这条长达3 000千米的铁路。1862年，美国总统亚伯拉罕·林肯签署了《太平洋铁路法案》。彼时美国南北战争已全面展开，首都华盛顿已进入战争状态，在这样的情形之下，法令的签署实为难得。法案给予开发商格外慷慨的奖

西奥多·朱达，1848年
朱达为了实现铁路之梦努力奋斗，连朋友们都用"狂热"来形容他。但另一方面，朱达也是位足智多谋、勤奋刻苦的人。

励：为了保证线路的修建，开发商每完成1.6千米，便可视路段难易程度从政府手中拿到1.6万美元到4.8万美元不等的津贴，还能被奖以铁轨一侧16千米之内的所有土地。

法案一经颁布，朱达便启程前往加利福尼亚进行线路勘探，并开始制定方案，准备在海拔4 420米的内华达山脉上修建这条铁路。然而，许多持怀疑态度的人都认为这项任务不可能完成。除了政府的补助，他还需要筹集到更多的资金来支持项目的建设。朱达的突破性进展出现在一次投资募集会上。会议在萨克拉门托一家不起眼的杂货店二楼举行，四位有魄力且无比幸运的小镇商人：利兰·斯坦福（Leland Stanford）、柯林斯·P.亨廷顿（Collins P. Huntington）、马克·霍普金斯（Mark Hopkins）、查尔斯·克劳克（Charles Crocker）决定对朱达的疯狂计划给予支持。这群被后人称为"四巨头"的商人成立了中央太平洋铁路公司，并赢得了从加利福尼亚往东的铁路修建合约。

可惜的是，与许多铁路先锋的命运一样，朱达没能活着品尝他的劳动果实。因为四巨头企图凭借弄虚作假从项目上榨取尽可能多的金钱，朱达愤而返回纽约。当时前往东海岸的唯一方法是穿越巴拿马地峡，他在途中不幸染上了黄热病，于37岁英年早逝。

与此同时，中央太平洋公司遭遇了一系列的困难，先是大雪封山，后来又因为四巨头的贪腐行为导致建设资金不足。当地居民都不愿意在铁路公司工作，因为挖矿和掘金都比修铁路更赚钱。于是，数千名华工远渡重洋被送来此地做工。项目初期进展缓慢，直到1867年，穿越内华达山脉的唐纳山口路段终于修建成功。这是整条线路中工程难度最大的路段，接下来的平原地域施工就容易多了。1865年美国南北战

> 我要去加利福尼亚，
> 做一个太平洋海岸的先锋
> 铁路工程师。

——西奥多·朱达

争结束以后,另一家从艾奥瓦州康瑟尔布拉夫斯开始修路的联合太平洋公司,也逐步取得长足进展。南北战争退伍士兵的加入极大促进了项目建设,他们中的许多人与获得自由的奴隶一起组成了一支纪律严明的工人队伍。

与中央太平洋公司一样,联合太平洋公司贪污现象严重,彻底沦为银行家造富的机器。公司副总裁托马斯·C.杜兰特(Thomas C.Durant)和其同伙的腐败行为尤为突出。两家公司从大众口袋里赚取财富的伎俩都相当简单,先成立独立的建筑公司,而后将线路工程溢价转包给这些公司,转包公司获利后再向身为铁路公司所有人的股东大肆分红。这样一来,所有铁路公司的主要投资商都由政府埋单成为千万富翁。

在人烟稀少的美国西部修建铁路需要非凡的组织能力,高峰时期,共有1万名工人在现场施工。项目采取分段建设:先头部队首先勘测线路,再由平路工进行地形平整,移开数目庞大的岩石泥土,修筑堤坝和桥梁。铺设枕木和铁轨的工人最后进场。

工人住在随线路前行的移动工棚里,形成了人称"车轮上的地狱"的虚拟城镇。他们以斯巴达式的住处和酒吧闻名,不少后期的西部片就取材于此。打斗和枪战频频发生,工人们还面临着被印第安人袭击的风险。当地原住民苏族和夏安族人想要夺回原本属于他们的土地,铁路公司则以武力来报复他们的行动,无数包括妇孺在内的印第安人被逮捕并遭到屠杀。工人们与波尼族的关系较好,波尼族人被允许免费使用铁路,还和他们结盟共同抵抗苏族。

工人群体内部也争斗不断。政府合约并没有明确线路的会合点,仅指出要两家公司就修路长度进行竞赛。当两条线路在某个山头相遇以后,联合太平洋公司的爱尔兰工人故意不通知附近的华工就进行爆破,被激怒的华工愤而还击,最终两家公司出面才将这场纷争平息。经过协商,双方一致同意将会合点定于犹他州的海角峰。1869年5月10日,斯坦福和杜兰特轮流在此钉入了一颗金道钉。这个历史性的时刻被迅速电传至美国各地,人们纷纷以各种方式庆祝线路的完工。在芝加哥,11千米的游行队伍把大街挤得水泄不通;在纽约,人们鸣响了100门礼炮；在萨克拉门托，30辆专为完工庆典组装的机车汽笛长鸣。尽管建设过程中出现了贪污和种种技术问题，整个线路仅用时6年就修建完毕，短于原计划的10年。不过，直到1872年康瑟尔布拉夫斯和奥马哈之间的密苏里河大桥完工以后，横跨美国的连续路线才真正成为现实。

一直以来，海角峰上的"铁路联姻"在美国历史上都被当作国家统一的欢庆节日。这一成就的重要性无论如何评估都绝不过分。得益于铁路的开通，从前在严寒酷暑中冒险跋涉6个月之久的旅程如今仅用几天便能完成，该路线还引发了西部大迁移和移民潮的西进。

时隔不久，美国和加拿大的其他跨洲铁路也投入到建设当中。1883年，开往加利福尼亚州洛杉矶的南太平洋铁路（几乎所有铁路公

海角峰会合，1869
中央太平洋铁路公司的塞缪尔·S.蒙塔古（Samuel S.Montague，图中左边）与联合太平洋铁路公司的格伦维尔·M.道奇（Grenville M.Dodge，图中右边）握手。工人们庆祝时手拿的酒瓶在某些版本的照片里被去掉了。

金道钉

1869年犹他州海角峰上象征着"铁路联姻"的金质道钉。这一天被看作美国东西部统一的日子。

司都以太平洋命名)和到达另一端华盛顿州海岸城市西雅图的北太平洋铁路相继开通。慷慨的政府对新线路建设许以增地的刺激,并用预期的移民潮来使铁路公司们坚信巨大的利润即将到手。

第四条跨洲铁路的建设没有任何政府资助的背景,而是要归功于一位非凡的独眼拓荒人,人称"帝国建造者"的詹姆斯·J.希尔(James J. Hill)。作为最伟大的北美铁路建设者之一,希尔相貌奇特,体瘦羸弱,鼻大嘴小,眼窝深陷,还因年轻时的一场射箭事故失去了一只眼睛。他同时也是位雄心勃勃的生意人,梦想着可以建设一条铁路通往加拿大,将蒙大拿的辽阔草原开发给移民定居,进而将谷物出口到远东地区。为了实现这一宏大愿景,希尔奋斗了整整30年。此外,他所修的大北方铁路于1893年落成,将明尼苏达州的圣保罗与华盛顿州的西雅图市相连,这条路线的质量标准远高于其他竞争对手,行驶坡度更为缓和,也鲜有导致火车突然减速的急弯。

为了完成铁路公司在美国的"配置",艾奇逊—托皮卡—圣达菲铁路开始悄悄向西推进,并通过出售政府赠予的土地来自筹建设资金。1884年铁路开通,并与加利福尼亚州其他铁路相连,将物资直接运送至洛杉矶港口,它最终成为所有跨洲铁路中运营最为成功的一条。事实上,虽然大部分铁路的主要收入来源于货运,但大量涌入的移民潮也能为它们带来可观的利润。为了吸引移民落地自己所在的地域,以便变现手中的大量存地,各大铁路公司展开了激烈的竞争。有些铁路公司甚至将推广办公室直接开到了欧洲,并编出各种说法引诱绝望的人们去往"土壤肥沃,气候温和"的新大陆。然而,新移民中的很多人在见识到当年冬天的暴雪或夏天的干旱后,便放弃了寻求美好新生活的念想。

当时还是英国殖民地的加拿大也决心修建一条属于自己的跨洲铁路。除了经济方面的考量，也是为了统一分裂边缘的国土，特别是威胁要退出联邦的不列颠哥伦比亚省。值得一提的是，加拿大首条跨洲铁路——加拿大太平洋铁路所取得的成就要大于南部边界的其他线路。项目的负责人威廉·科尼利厄斯·范·霍恩（William Cornelius Van Horne）也是位不同凡响的人物。他经常亲自在工地之间巡查，在摇摇欲坠的栈桥上闲庭信步，试图以这种方式鼓励他的工人们像他一样勇敢无畏。

从安大略城区到太平洋海岸全程长4 300千米，虽然面积仅为美国太平洋铁路所覆盖面积的一半，可地形同样险峻。加拿大太平洋铁路从五大湖区以北通过，起始路段相对平坦，但由于加拿大地盾的花岗岩外壳极为坚固，工人们必须在坚硬的岩石中实施大量爆破工作。线路原计划在途中的落基和塞尔扣克两大山脉上修建4.5%的陡坡，但最终还是被螺旋向上的隧道所替代。在困难的施工环境下，总共有1.5万名劳工投入了项目建设，其中半数为华人。至少有800人因为缺少必要的安全措施在爆破中丧生。13年后的1885年，在范·霍恩的示意下，加拿大太平洋铁路低调地举办了竣工通车典礼。

从更北端穿越山脉的第二条加拿大跨洲铁路——加拿大北方铁路30年后方才开通。加拿大北方铁路的建设按照阶段逐步进行，旨在吸引人们前往西加拿大广袤的平原定居。两条铁路之间的竞争推动了大干线太平洋/国家跨洲铁路的建设。作为第三条跨洲铁路，大干线太平洋从温尼伯的东面和西面分头推进，工程难度为三条铁路之最。但从

> 如果他还活着的话，
> 他会成为一个像詹姆斯·J. 希尔
> 一样伟大的人。
>
> ——弗朗西斯·斯科特·基·菲茨杰拉德
> 《了不起的盖茨比》

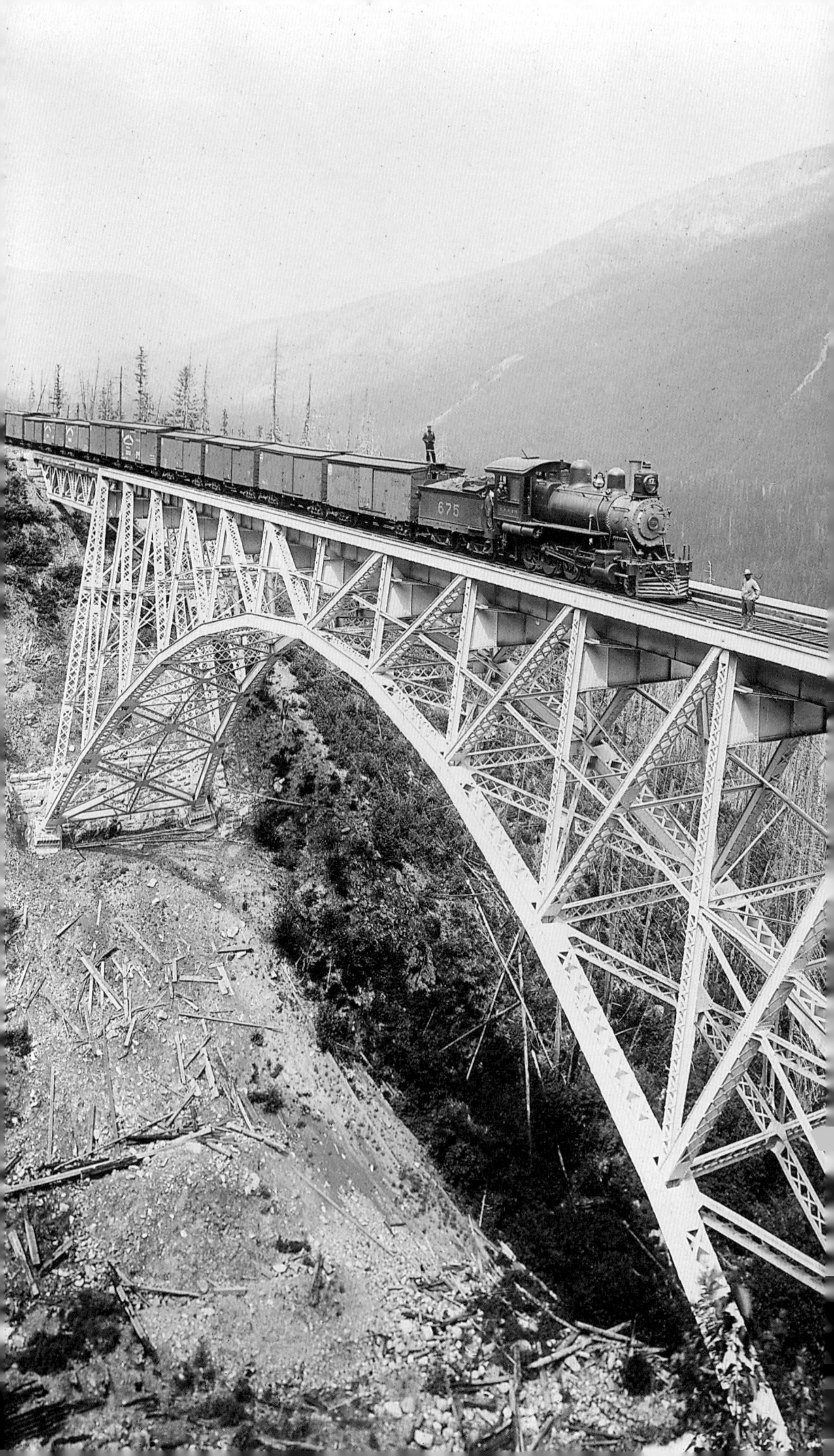
675

很多方面来说，因为有几百千米的路段与加拿大太平洋铁路完全雷同，这条线路的必要性其实并不大。

到19世纪末期，狂热的铁路建设为全美总共增添了至少5条跨洲铁路，加拿大的3条跨洲铁路也在第一次世界大战结束时全部完工。然而，地广人稀的加拿大高估了自己对铁路的需求，它的后两条跨洲铁路在完工后不久便宣告破产。不少美国的跨洲铁路也遭遇了相同的命运。无论如何，尚在运营中的铁路成为各国至关重要的交通纽带，也是政府刺激人口增长和经济发展的中流砥柱。铁路已经征服了西部。当年的大部分线路留存至今，并在货运交通中扮演着重要的角色。

加拿大太平洋铁路
一列货车正穿过不列颠哥伦比亚省冰川国家公园的惊河桥。其原版是一座木桥，是架设在沿途深谷上的数座桥梁之一，在1894年被新的钢制桥梁所代替。

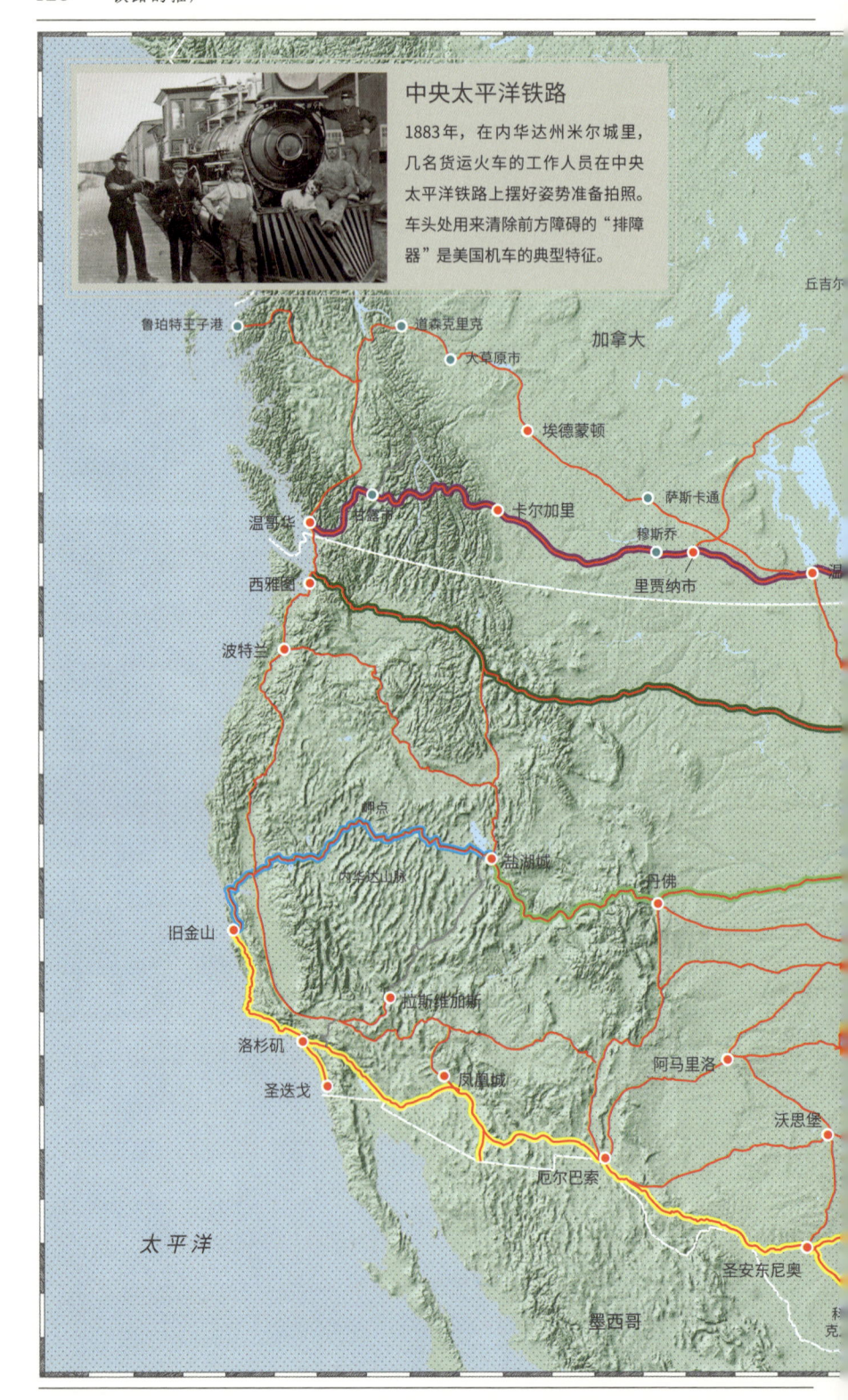

中央太平洋铁路

1883年,在内华达州米尔城里,几名货运火车的工作人员在中央太平洋铁路上摆好姿势准备拍照。车头处用来清除前方障碍的"排障器"是美国机车的典型特征。

北美跨洲铁路

由联合太平洋铁路和中央太平洋铁路结合而成的太平洋铁路是穿越北美洲的第一条铁路线，它将芝加哥与加利福尼亚相连，帮助发展初期的美利坚合众国第一次真正实现了统一，为国家人口迁徙和进一步的开发打开了局面。这条线路的成功催生了多条类似铁路和横跨加拿大的三条跨洲铁路，美国也因此成为世界上铁路网络最为密集的国家。

图例

- 城市
- 城镇
- 国界
- 主干线

历史线路
- 南太平洋铁路
- 联合太平洋铁路
- 大北方铁路
- 中央太平洋铁路
- 加拿大太平洋铁路

深入地下

在地底修建铁路的奇思妙想源自一位梦想家——伦敦律师查尔斯·皮尔森（Charles Pearson）。早在19世纪40年代，他就意识到必须为市区的拥堵和混乱找到解决办法。随着工业革命的兴起，伦敦的经济飞速繁荣，成为世界首个大都会城市。19世纪上半叶，伦敦人口从100万激增至250万。城市的不断发展使得交通问题不断恶化，行人、出租马车、马拉公车同时出现在有限的路面上争夺地盘。

皮尔森发现，由于当时的通勤只能依靠步行，人们不得不挤在市中心可怕的贫民区里方便上班。因此，他计划修建一些越过城市边界的铁路线，并将其中心路段设置在中央城区街道的地下，以避免拆除房屋所带来的麻烦。皮尔森希望，他的新路线可以帮助人们搬离城中心的"窝棚"，在花园围绕、空气清新的居住环境下生活。

皮尔森曾倡导过一系列活动，如为普选权奋斗、为犹太人争取公民权利，以及推动刑法改革，但最为人所铭记的还是他的突破性成就，即后来为人们所熟知的地铁。1845年，皮尔森在一本宣传小册子上首次提出了在伦敦国王十字区与法林顿之间修建一条铁路的想法。当时的各类发明家也表达了类似的观点，其中一个方案是将环绕伦敦的摄政运河河水抽干，然后改建为铁路。还有人提议在城市上空修建高架铁路，此类建筑后来出现在纽约和芝加哥的街头。另有一种时髦的提案是围绕伦敦城修建一条"水晶铁路"，位置在街道上方或地底均可，两旁是商铺住宅林立的步行道，上盖为一个巨大的玻璃拱廊。

19世纪40年代是铁路建设的高峰期。曾有人提议在伦敦东区的法林顿修建一座整个城市的中央火车站，但由于担心建设可能对城市造成的破坏，此提议在1846年遭到否决。然而，现有主干线的车站多设于中心城区边缘，站内潮水般下车的人群不但没能绕开中心城区，反而加剧了拥堵。毫无疑问，皮尔森的地下铁路连线是这一难题的有效解决办法。在他的坚持之下，伦敦市政府和现有铁路公司同意为他提供建设资金，1853年，该方案也最终得到国会的批准。皮尔森修建地铁的动机并不是出于经济利益，这种品质在早期的铁路先锋中颇为罕见。

1854年，大都会铁路公司成立。但直到19世纪60年代早期，帕丁顿、尤斯顿和国王十字车站三大主要车站至伦敦市区的连接线路才开始动工。项目采用了一种被称为"挖与盖"的

> 参与第一条地下铁路为时两年的修建的筑路工总人数：
> **2 000**

新方法进行施工，工人先挖掘出一条路堑，铺设好铁轨，然后在将隧道盖在铁轨上方。这种方法通常会造成地面的损坏，而且还只能遵循原有的街道路线行进。位于伦斯特花园23号的一座房子因修路需要拆除，为了不影响美观，房屋原址处重建了一个外立面，可背后却是蒸汽机车的通风口。于是，叫新手送信到这个地址变成了邮差们乐此不疲的一个玩笑。

尽管这是一项前无古人的全新探索，但整个施工过程中只发生了一次重大事故。1862年6月，弗利特河岸坍塌，3米深的洪水直接灌进了工地。除此之外，项目进展顺利，1863年1月，全长7.5千米的地下铁路宣告完工，比原计划仅推迟了数月。项目总花费100万英镑。遗憾的是，皮尔森已于完工前一年9月离世，未能目睹法林顿车站举行的盛大通车仪式。

新式铁路黑暗的车站里仅靠煤气灯照明，而配备了特殊冷凝设备的蒸汽机车依然喷发着滚滚浓烟。这种种景象引发了有关人们是否愿意冒险乘坐新线路的质疑。不过，事实证明了怀疑论者的眼光是错误的，伦敦人对于世界上第一条地下铁路的风险毫无顾忌。尽管《泰晤士报》警告说旅途中要经过黑暗恼人的隧道，还是有3万名勇敢的市民在1863年1月10日登上了首发的列车。大都会铁路一炮而红，后来世界各地的地铁系统都冠以此名。地铁为低收入工人提供的早班车受到了欢迎，在此之后的班次票价稍高，乘客多为在伦敦市区工作的办公室职员。列车共分三个等级，全天运营的模式吸引了各种类型的乘客。

"挖与盖"

19世纪60年代,筑路工人在连接伦敦各主线车站的大都会铁路路段施工。这种"挖与盖"的施工方式给城区造成了严重影响。

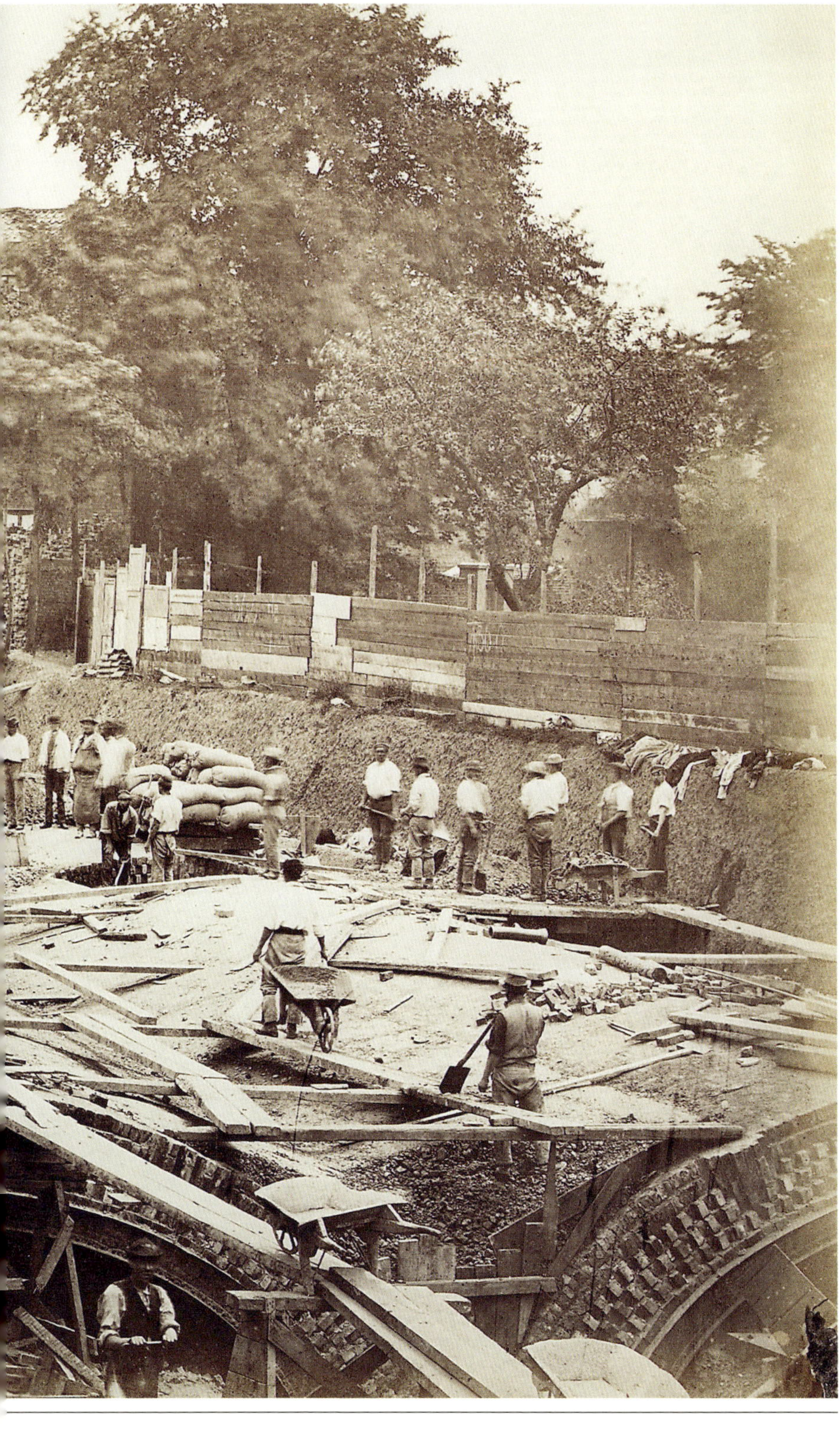

鉴于机车本身自带大量污浊空气，大都会铁路原本禁止乘客在车厢内吸烟，但来自国会的一则投诉迫使铁路公司取消了这项禁令。事实上，为了抵御糟糕的车内环境，火车站周围药店里一种名为"大都会混合物"（超强气味嗅盐）的防熏灵药生意火爆。但总体来说，安全还是乘客们选择乘坐地铁的原因之一。在关键性的开发早期，地铁没有发生任何重大事故，这在整个铁路发展历程中实属罕见。第一条地下铁路开通后的12年间，每年均有7 000万名乘客选择了后来为人熟知的"地铁"出行。

伴随着线路的巨大成功，大都会线的拓展工程立即启动。铁路公司在国王十字和法林顿车站之间加修了两条名为"城市扩大线"的线路，而后又进一步将其延伸至市中心。其他铁路开发商也对参与地铁项目跃跃欲试。其中，大都会区域铁路公司（后来的"区域线"）被选中与大都会铁路公司共同开发地铁网络。公司老板詹姆斯·斯塔茨·福布斯（James Staats Forbes）是大都会铁路公司主席爱德华·沃特金（Edward

地下视察
1862年，地铁开通的前一年，财政大臣威廉·格莱斯顿（William Gladston，前方右者）在铁路公司董事和工程师的陪同下视察大都会铁路。

从国王十字车站到贝克街的旅程
堪称温柔的折磨。

——《泰晤士报》，1884年

Watkin）的老对手，他俩从提交拓展计划时就开始互相竞争，福布斯掌管伦敦—查塔姆—多佛铁路，而沃特金则供职于其在肯特的竞争对手东南铁路公司。

随后的30年间，两家铁路公司迅速将地铁网络扩展到伦敦北部和西部。由于经营理念的不同，大都会线一直延伸到20世纪二三十年代开发的市郊地铁城区，而区域线则只修到了较为中心的温布尔登、里士满和伊林区。然而，正是因为这二者的活力与干劲儿，伦敦地铁网络飞速发展，远远超出了原有地界，线路所及之处快速涌现出大片新兴住宅区。

尽管成就斐然，两家公司之间的意见分歧一直存在，其中就包括关于环线地铁的修建权属问题。经过重重讨论，环线铁路最终交由两家共同开发并分别负责运营管理。1884年完工的环线将几乎伦敦所有主干线的终点站相连，顺时针方向的车辆由大都会铁路运营，而反方向的则交给了区域线铁路。乘客们必须选择其中一家购票，那些无意间买错车票的就只好自认倒霉地在伦敦城里绕上一大圈。

1890年，第一条以全新方法修建的深层隧道地铁线"城市与南伦敦线"完工，经泰晤士河底连接斯托克韦尔与伦敦市区。由于地道深处缺乏足够的通风，这条线路使用了电力机车代替蒸汽机车。它还因为两便士的统一车费被戏称作"两便士管道"。虽然运营此线路的火车车窗极为狭小，并以"沙丁鱼罐头"之名著称于世，但线路刚一开通便立即取得了成功。其他的类似线路也紧随其后，到了1900年，早期线路中最为成功的滑铁卢与城市线、中央线均已通车运营。

一个又一个的开拓者在地下铁路开发的道路上接力前行，接下来出场的查尔斯·耶基斯（Charles Yerkes）是个有过入狱记录的美国人，他曾在芝加哥经营有轨电车生意，后来又以其远见卓识蜚声交通运输界。在伦敦地下电气铁路有限公司（UERL）的主持下，耶基斯将几条现有地铁和计划路线聚合在一起，并实现了大都会线、区域线和环线地铁的电气化。最为出色的是，他在5年之内修建了3条深层隧道铁路，分别是皮卡迪利线、贝克鲁线和北线的哈普斯特路段。截至1907年，除了维多利亚线（1968年开通，1972年完工）和朱必利线（1979年开通，1999年延伸工程完工），所有途经伦敦市中心的深层隧道线路全部修建完毕。

在耶基斯之后，地铁的发展重心慢慢转移到市场推广方面。1906年，法兰克·皮克（Frank Pick）加入地铁公司，与公司主席艾伯特·斯坦利（Albert Stanley，即后来的阿什菲尔德勋爵）并肩作战到1940年，树立了伦敦地铁的公众形象。皮克和斯坦利是一对成功的搭档，前者勤奋执着，专于细节，后者则从战略层面加以把控。他俩的成果延续至今，伦敦地铁取得的伟大成就受到了世界范围内的广泛认可。

在皮克的鼓励下，伦敦地铁极具辨识度的标志——著名的红蓝白三色圆盾图案设计成功，哈里·贝克设计了创新且被广泛模仿的地铁线路图。贝克是在地铁公司供职的电子工程师，他基于电子线路图的设计，利用业余时间开发了伦敦地铁图示。皮克还委托他人为地铁公司设计了专门的约翰逊无衬线字体，并邀请各类艺术家为地铁创作宣传海报和设计新车站的建筑风格。斯坦利则游说政府为地下系统向郊区的延伸项目提供资金。在两人的共同努力下，伦敦地下电气铁路公司迅速成长为几乎涵盖伦敦所有地铁和巴士线路的庞大机构，从1933年成立到第二次世界大战的这一段全盛时期，负责国有伦敦交通局的经营管理。

虽然战后的线路建设有所荒废，但地铁网络在20世纪70年代得以重振并兴盛至今。一群富有远见的人打造了伦敦地铁，让它不仅仅是一种交通体系，更是伦敦得以发展到现有规模不可或缺的关键机制。如皮尔森所愿，地铁延长了人们的居住距离，同时也保持了中心城区的紧凑和开放。今天，地铁乘客人数再创新高。新增的东西向横贯铁路（Crossrail）建成后连接起已有的全部线路，大大缓解了现有路网的交通压力。

地铁标志

受法兰克·皮克的委托，1908年伦敦地铁标志以红色圆盘图案首度亮相。设计师爱德华·约翰逊（Edward Johnston）后来将其改进为牛眼符号，最后演变成沿用至今的独特圆盘标志。

伦敦地铁成了伦敦的一道独特风景线。多亏了皮尔森和后继开发者们的努力，伦敦成为全世界最早拥有地下铁路的城市，英国又一次走在了时代的前端。直到19世纪末，其他城市才开始地下铁路的开发进程。匈牙利首都布达佩斯的地铁于1896年开通，落后伦敦30余年。巴黎、纽约和柏林等大都市紧随其后，从20世纪早期开始地铁建设。如今，从亚美尼亚共和国的埃里温，到委内瑞拉的洛斯特克斯，绝大多数主要城市都拥有自己的地铁系统，全球范围内的铁路网络总数已有约200条。

轨道上的死亡

在现代社会，搭乘火车是非常安全的出行方式，然而情况并非总是如此。事实上，驯服这匹桀骜的"铁马"耗费了一代又一代人的努力。在这头陌生而性情凶险的怪兽周围，还有许多其他的危险因素。如一位早期铁路人所说："事故的发生绝非偶然。"除了以制动系统为主的自身问题，其他如信号错误、轨道故障、人为过失和组织失误都能成为事故的元凶。由于现今火车众所周知的安全性，任何铁路事故都会引起媒体和公众的大规模报道。然而，那些实实在在将生命置于铁轨之上的早期铁路工人们命运几何，却鲜少有人问津。19世纪60年代的英国，每年都有800名铁路工人死于各种事故，为死难乘客人数的10倍。虽然此后死亡率稳步下降，但铁路工作，特别是轨道工作仍然是一项高危职业。

铁路事故的残酷无情带给受害者的不仅仅是身体折磨，还有挥之不去的心理创伤，今天人们将其称为"创伤后应激障碍"。英国小说家查尔斯·狄更斯就是早期的受害者之一。1865年，他曾亲历并记录下肯特郡斯泰普尔赫斯特火车事故。事故初起，他帮忙照料伤员，表现得无懈可击。用他的话说是"当时毫不慌乱"，然而事后当他爬进车厢坐好时却忍不住浑身颤抖。回顾这场经历时他仍感身临其境："当我写下这些字时，那重新涌来的恐惧使我不得不停下手中的笔。"狄更斯终其一生都没能从创伤中恢复过来，他在余生里不敢乘坐火车出行，并非常蹊跷地于事故五周年的当天去世。

火车事故的唯一正面影响是促进了安全措施或程序的改进。这个过程常被残忍地称为"墓碑技术革新"。此类事件可以追溯到1842年。全球首例铁路灾难发生在法国巴黎至凡尔赛铁路线内默东站。事故中的大部分受害者并非死于撞车本身，而是因为被反锁在车厢内无法逃生——反锁是为了防止逃票。此后，封锁车厢的规定被废止。同样，1889年北爱尔兰阿马铁路惨剧促使政府立法加强了铁路督察的执法权，并引进了性能更为优越的刹车系统。由于遇难者多为儿童，更为这场事故添上了悲剧色彩，也因此才促进了司法部门的强力介入。然而，英国著名的智者西德尼·史密斯牧师认为，可能一位显要人物的死亡才能真正改变当时忽视铁路安全的情况。他曾说："直到如今，我们对铁路法规仍然如此漠视。第一个有身份的死者（他认为此人可以是他特别讨厌的主教之流）能够使一切归位，并能衍生出一套最为谨慎的规则。"

即便到了今天，铁路安全检查员仍然认为"铁路的安全性逐步提升，每一次事故都能使我们对安全措施做进一步的改进"。在过去的几十年里，火车上安装了电动门，乘客无法自行打开，此举解决了人们在车辆行进时就跳上或下车的问题。据英国铁路局在20世纪80年代的报道，这个愚蠢的行为是半数站台死伤事故的起因。但"墓碑技术革新"并未在所有情况下得到应用。长期以来，人们知道木制车厢将会增加事故中的火灾风险，可迟至1928年，在英国布里斯托附近的一场撞车事故中，老式车厢因可燃性气体导致燃烧，15人不幸葬身火海。即便如此，木制车厢仍在英国一直沿用到了1945年。技术故障

阿马铁路惨剧
1889年6月12日，一列满载乘客的火车由于缺乏足够的制动，后溜下坡撞上随后上行的火车。这起爱尔兰历史上最严重的火车事故造成89人死亡，多为儿童。另有几百人在事故中受伤。

也可结合其他因素引发悲剧，1981年印度比哈尔邦的铁路事故就被认为由洪水和刹车失灵共同造成。事故中，脱轨的火车和车上800名乘客一起掉入附近的河中，造成了铁路历史上最惨重的灾难之一，死亡人数多达500余人。

有时候火车本身无懈可击，是其他的结构缺陷带来了灾难。钢轨的使用虽然增强了轨道性能，但连接轨道的"鱼尾板"[1]强度却偏低。正是一块有问题的鱼尾板导致了2013年法国巴黎附近的布雷蒂尼铁路事故，7人因而丧命。通常来说，铁轨只有在支撑结构安全的情况下才是保险的。最为知名的第一架铁路桥建于苏格兰泰河之上，但设计者在1878年修建之初并没有考虑到抗强风问题。一年以后，大桥因为暴风雨而发生坍塌，连同一列满载乘客的火车坠入河中。大名鼎鼎的"糟糕诗人"威廉·麦戈纳格尔（William McGonagall）用诗歌记录了这一悲惨的时刻：

> 银色泰河上的铁路桥是如此美丽！
> 唉！我悲伤的叹息，
> 九十条生命转瞬即逝，
> 在1879年最后一个安息日，
> 此刻人们将长久铭记。

1. 鱼尾板俗称道夹板，在轨道接头处起连接作用。——编者注

2004年海啸火车灾难
2004年12月26日印度洋地震引发沿岸巨大海啸。行驶在斯里兰卡西南海岸的一列火车被海浪掀翻。

平均而言，每50亿千米铁轨死亡人数为1人

有些事故是人类掌控范围之外的。2004年12月26日发生的致命地震和海啸摧毁了南亚沿岸，并同时制造了世界上最严重的火车事故。1 700人在斯里兰卡海岸铁路事故中丧生。还有一些事故则纯属人为因素导致的。针对铁路的破坏行动普遍存在，英国上校T.E.劳伦斯（T.E.Lawrence，人称"阿拉伯的劳伦斯"）更是个中好手。部分破坏行动被视作英雄行为，如法国铁路工人在"二战"中德国占领后期捣毁本国铁路的行动；而致使平民伤亡的破坏行动则完全是恐怖事件，1947年，一部分法国人策划的巴黎—里尔主干线撞车事件直接导致了21名乘客的死亡。最近，波及马德里、伦敦和孟买等世界各地针对车站和火车的袭击事件层出不穷，这也反映出铁路系统易受作恶分子攻击的脆弱性。

正如飞行员通常被认为是飞机坠毁事故的原因，火车司机也常常成为人们关注的焦点。在法规制定以前，12小时或以上的连续疲劳驾驶是事故发生的最主要原因。除了司机，其他工作人员也易受这种疲劳综合征的影响，1988年伦敦克拉罕火车惨剧即因一位超负荷工作的信号维修工人引起。早在1879年，任何限制工作时间的意图都遭到当时铁路公司的反对。国会调查处曾报道过一起司机忘记刹车导致的事故，原因是此人已经连续工作长达19个小时。当然，司机的个人因素也会不可避免地引发事故。许多人都认为1975年沼泽门撞车事件正由自杀倾向严重的火车司机造成，共有43人在这场伦敦地铁史上最严重的事故中丧生。

传奇的凯西·琼斯

20世纪50年代，美国邮政局发行了纪念"美国火车技术员"的系列邮票。凯西·琼斯（Casey Jones）是其中之一，被人们盛赞为"铁路英雄"。

　　超速行驶是引发火车事故最常见的原因。几十年间，成千上万的人因此而命丧黄泉。当今社会已有更多的控制手段来防止司机的超速行为，一旦发生也会有警告系统发出提醒信号。然而，超速问题仍没能得到完全解决。2013年夏的西班牙西北部地区，一列开往圣地亚哥—德孔波斯特拉的火车在进站前夕因车速过快发生出轨事故，造成79人丧生。美国芝加哥快运线上的火车司机凯西·琼斯深受后世敬仰，其光辉事迹在民间广为传唱。1900年4月，他开车"踏上了应许之地的告别之旅"。由于速度过快，大雾中他的车同另一辆滞留在铁轨上的列车相撞。琼斯在最后一刻减缓了车速，挽救了全车乘客和工作人员的生命，自己却不幸当场身亡。华莱士·桑德斯（Wallace Saunders）在《凯西·琼斯之歌》中唱道：

　　凯西微笑着说：我感觉很好，
　　我要乘着火车到那终点，
　　翻过山岭和桥梁，
　　我越跑越快，一直跑到时间的前头。

　　值得庆幸的是，全世界，特别是发达国家的火车事故发生率正呈下降趋势。实际上，最有可能引起事故的因素并非火车或司机，而是行进中的汽车。这种情况在铁路道口尤为明显。美国的这一问题比其他国家更为严重，原因在于美国全境的道口有20万个之多，每年发生事故约4 000起，死亡的500人中基本都是汽车乘客。一份官方报告指出，约有3/4的事故都是由"肇事汽车驾驶员过于性急"而起的。单靠改善道口设计和警告标识收效甚微,火车司机在经过哪怕再次级的道口时都必须鸣响汽笛,以至于人们在美国常常能听到火车经过的声响。载重卡车也是道口安全的一大威胁。1997年在法国某乡村铁路上,一列柴油火车将缓慢行进中的油罐车撞成两半,造成31人死亡。这也是素以铁路安全为傲的法国所发生的最严重的铁路事故。

公众对于铁路的管理一直以来都颇有微词。有位19世纪的美国律师在一场关于撞车的事故诉讼中说道:"铁路运营的方式简直糟糕透顶。"由于人们前期对铁路一无所知,最初阶段的运营和操作方式毫无章法可言。如作家和工程师罗尔特(L. T. C. Rolt)所言:"当我们回想铁路早期的操作方式时,最令人震惊的是,彼时竟然没有发生更多的重大事故。"然而在过去的几十年中,铁路组织架构变化带来的风险也在逐步上升。其主要原因包括铁路工程与维护保养的外包、优先考虑列车性能、准点率和成本等。这类制度上的缺陷直接造成了欧洲现代史上最惨烈的铁路事故。当时,德国急于追赶在欧洲高速铁路领域处于领先地位的法国,企图通过捷径达到悬浮平衡、车轮设计和轨道弹性等方面的技术要求。虽然曾收到过相关安全警告,但或许出于自尊心和急于求成的复杂心态,德铁并没有对此引起足够重视。1998年6月,德国高速列车出轨,101人在事故中丧生。

现代铁路时期最严重的系统性问题因20世纪90年代英国铁路私有化引起,并直接导致了多起致人死伤的重大事故。英国原有的铁路系统被94个不同机构所取代,其中多数缺乏铁路运营的相关经验。轨道维护工作也被分包给了多个厂商。2000年,伦敦北部哈特菲德的火车事故导致4人死亡,70人受伤。事后的调查表明,罪魁祸首是一根断裂的钢轨。事故暴露了私有维修公司的缺陷和不足。此后的一年多里,全英国的火车时速降至32千米,给乘客和铁路公司都带来了不小影响。此次事故还促使部分轨道维护工作在2002年重新收归国有。

与19世纪一样,铁路和火车乘客在21世纪依然面临着自然或人为的灾害,然而统计表明,在现代科技的帮助下,铁路仍是最安全、最环保的出行方式。

火车制动

在铁路工业的起步阶段，火车的制动器无非是几块作用于车轮上的木块，并通过火车全车的几处手动控制点达到停车的目的。然而，随着车速的提高，如何在更短的距离内将车停住，已成为一项亟待解决的大难题。人们尝试了多种方法来制造一种能够在司机驾驶室中统一操作的刹车器，1875，英国举行了一场比赛来寻找最佳解决方案，当时已在美国广泛使用的西屋公司自动空气制动器以绝对优势胜出。此前英国采用的是效果较差的真空制动系统，后来空气制动成为全球标准。

刹车块

最早的简易刹车块很快便发展为"连续"制动器，在此系统中，每节车厢均配备刹车块，从机车驾驶室中通过绳索、链条或管道沿列车车身进行控制。刹车块由一根或数根杠杆支撑悬于车轮与制动缸之间。随着科技的发展，后来的刹车块的材料往往由铸铁制成。虽然现代铁路也开始使用各种复合材料，铸铁刹车块的使用仍然十分广泛。

诺福克—西方铁路公司521号机车上的刹车块，1958年

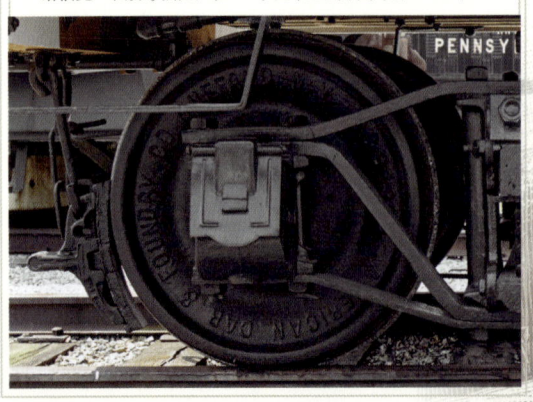

火车制动　145

危险的工作

在由机车驾驶室统一控制各制动器之前,许多火车都备有专门的制动车,由制动员手动操控螺杆制动器,按司机笛声号令协同操纵。

空气制动系统

在19世纪70年代的"制动器竞赛"中,空气制动器能将运行时速为80千米的列车迅速停下,耗时仅为真空制动器的一半。西屋公司的自动空气制动器的制动距离为237米,相比真空制动器的450米,安全性能大为提高。如今,空气或气动制动器已成为全球范围内的统一标准系统,它以压缩空气作为原动力来达到车轮制动的目的。

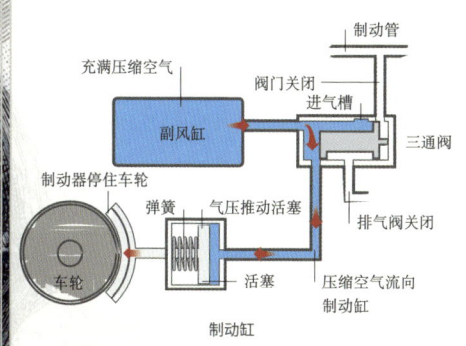

空气制动作用

空气压缩机产生的压缩空气贮存在风缸中,由司机通过三通阀操纵。刹车时,压缩空气进入制动管,气压推动活塞连带制动缸中的弹簧运动,压紧制动器,从而实现车轮制动。

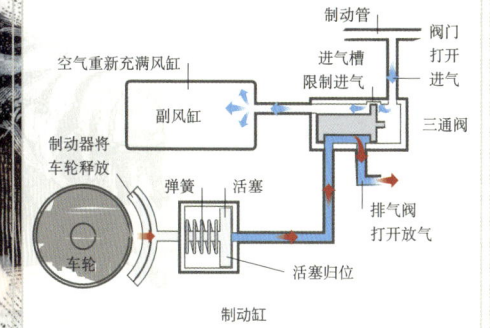

空气制动缓解

司机松开制动阀使空气从制动管中离开,并从排气口逸出,制动缸中的弹簧将活塞推回原位,使制动器与车轮分离。副风缸中的空气同时得到补充。

旅途体验

早期铁路的乘车体验远谈不上安逸舒适。整个欧洲的火车车厢均基于马车的形状设计，没有任何附带设施，构造极为原始。每个隔间两侧开门，里面可面对面坐6位乘客，车厢则是两根车轴支起的小房间，仅配备基本的悬挂系统。一开始，所有的上部结构均为木制，火灾隐患严重，在事故中更无法起到任何保护作用。

在利物浦—曼彻斯特和其他早期铁路上，车票的价格不尽相同。如果乘客愿意或有能力支付价格稍高的车票，则可以享用座位较舒适和隐私度较高的邮递车厢。而另一方面，乘客也可以选择便宜的车票而坐在露天的货车厢里。随着客运的进一步普及，等级车票开始出现。厢式货车的车票便宜，但通常没有座位，地面还有直通车外的排水孔。这类车票在很多欧洲铁路上都有销售，乘客们苦不堪言。还好，由于其巨大的安全隐患和糟糕的乘车体验，货车车票很快即遭到废止。取而代之的是二等及三等隔间式车厢，座位狭窄，座椅也不如一等车厢舒适。

西伯利亚大铁路上的某些服务堪称"奢华"，如列车员会为客人清空痰盂，车厢温度一直保持在温暖的14℃等。然而，实际上它的整体服务质量并无突出表现。列车晚点已成常态，而到站后大批农民涌上站台煮汤食用使得延误情况更为严重。尽管铁路穿过7个时区，餐车的配餐时间仍统一按照圣彼得堡时间。在东向行驶的旅行中，乘客们下午两点才能吃上早饭，而晚餐则在凌晨三点准时供应。

顶级富豪们可以将自己的交通工具带上火车。他们只需乘坐专属马车到达车站，然后列车工作人员会用链子将马车固定在一节平板货车上，类似在今天某些火车上的汽车托运服务。这样一来，贵族们就不用担心他们的锦衣华服被普罗大众坐过的垫子弄脏了。然而，他们无法逃脱的是笼罩在所有早期火车乘客身上的烟雾和灰尘。在热天的旅途中，乘客们常常会碰到一个两难的局面：到底是冒衣服被煤渣烧坏的风险打开窗户，还是关上窗忍受酷热。英国社会改革家和废奴主义者

旅途体验　147

关于三等车厢的讽刺漫画
这幅法国漫画家奥诺雷·杜米埃（Honoré Daumier）的作品展示了搬运工人正把冻僵了的三等车厢乘客搬下火车。

哈丽雅特·马蒂诺曾抱怨道，在美国的一次火车旅行中，她的衣服被烧了至少13个洞。

在铁路出行的早期阶段，乘客无论坐在哪个等级的车厢，感受到的都是同样的颠簸崎岖。座位的弹簧很脆弱，甚或根本没有弹簧缓冲，早期短轨道的连接亦不平顺。更糟糕的是，车厢之间并非硬式连接，而由一串链子相连，每当火车启动或减速时，车厢里的乘客都被甩得东倒西歪，更没有安装制动装置来防止车厢之间的互相碰撞。尽管高级别的车厢中配备了软垫座椅，但这些富裕的旅客们有关恶劣乘车体验的抱怨仍然层出不穷。好在当时车速缓慢，相对减缓了旅途颠簸的严重程度。然而，车厢连接链断裂的情况时有发生，留下一些可怜的乘客被困在原地。后来，人们在火车最后一节车厢里安装上红色信号灯，方便信号员判断整列火车是否完整。

隔间系统的设置方便了乘客上下列车,但它的主要缺陷在于乘客不能在列车内走动,从而无法使用盥洗室或补充食物。随着旅行路程的延长,火车不得不在中途车站进行短时停留,以便乘客能够稍作"舒适的休息"或用餐。大西洋铁路的车厢设计从一开始就有所不同。有趣的是,一些早期美式车厢以运河船只而非马车作为设计原型,其在实用性和舒适性上均强于欧洲同类产品。火车车厢的长度更长,并取消了隔间,改为全开放式设计,从一个侧面反映了美国崇尚平等的民族精神。(但此种平等仅针对白人乘客,直到20世纪下半叶,对黑人乘客的隔离制度才得以解除。)一些车厢甚至还配有完全开放的车顶座位,不过这种做法很快即被废止。

美式车厢的布局类似于长途巴士,内有靠背可翻转的成对座椅,乘车环境还算舒适。从一开始,火车上就配有附属的小房间,内有直通外部轨道的洞口以解决乘客的生理需求。但这也仅仅解决了部分问题。由于车轮的位置太过靠近,车厢首尾两端摇晃剧烈,乘客们特别是儿童

车厢内部
英国画家托马斯·马斯格雷夫·乔伊(Thomas Musgrave Joy)在1861年的画作,名为《请出示车票》,描绘的是列车员正要登上一节拥挤的三等车厢。

时常感到眩晕甚至发生呕吐。车厢平衡性能差的另一个原因是早期车辆仅配备四个车轮，幸好人们很快对此进行了改进，后来六车轮、八车轮结构的采用极大改善了火车的稳定性。

1840年美国轨道总长 4 500千米

小说家查尔斯·狄更斯在英国有多次乘车经验，他对美国的铁路模式不以为然。1842年搭乘波士顿—洛厄尔铁路时，狄更斯对于未能分级乘客感到十分不满："列车没有分为一等和二等车厢，但分有男士和女士车厢，而两者最大的区别是前面车厢里的人全都抽烟，后面却一片安静。"他同时也注意到列车上还有一节"黑人"专用车厢。可最令狄更斯反感的还是美国人随地吐痰的习惯，同行的一位作家也说列车中间的走道就像个"加长版痰盂"。另外，邻座乘客完全忽略了英国人民不与陌生人交谈的惯例和对谈话主题的挑剔，居然欲友好地与狄更斯就政治等问题聊上两句，使得狄更斯更加退缩和为难。

冬季火车的取暖设备为一个壶型的大炉，一方面在事故发生时极易引发火灾，另一方面对车厢空气造成了严重污染，正如狄更斯所说的冒着"魔鬼的烟雾"。炉子的保温效能很低，炉旁的乘客热得冒汗，座位离得远的又丝毫感受不到热度。照明条件也差强人意，一开始是由列车员负责将烛灯点亮，并悬于每个座位上方，光线昏暗异常。到了19世纪60年代，光照度较好的煤油灯取代了蜡烛，并挂在车厢顶为全车提供充足照明，但这种方式仍存在着较大的火灾隐患。

美式火车的开放式布局吸引了小贩沿走道叫卖各类杂志、小食和饮料。最开始的小贩是一些嗅到了商机的个体户，但他们很快便得到官方许可，其中不少人隶属庞大的联合新闻公司。这些小贩穿行于各节车厢之间，兜售日报、杂志、糖果、汽水和香烟等商品，每到之处，他们都捏着嗓子恨不得一口气把所有商品喊出来，"糖果香烟雪茄"或者是"新闻报纸杂志"。另一位英国作家罗伯特·路易斯·斯蒂文森（Robert Louis Stevenson）在几年后也搭乘了美国火车，他对这些小贩印象深刻，并讶异地发现他居然能在火车上买到"肥皂、毛巾、洗脸盆、咖啡、茶、糖和各类罐装食品"。据他所言，美国的乘车经历要比英国丰富有趣得多。但并不是所有的小贩都受人欢迎，还有一些专门在火车上欺诈旅客的骗子，他们最常用的骗术就是将原本只值25美分的小说以两倍价格捆绑销售，然后谎称其中一本中藏有一张10元美钞。

美式车厢的模式还创造了另一个与欧洲火车的不同之处，那就是列车员可以通过宽敞的车厢走廊查票或售票并对乘客进行监督管理。列车员是个令人生畏的群体，他们中的一些人每天或每星期都在同一列火车上服务，渐渐地为一些常旅客所熟知，而其中的老前辈当属人称"博比"的亨利·艾尔斯，一个"牛高马大，体重近300磅的大家伙，对乘客的管理可谓恩威并施"。在伊利铁路上，与火车司机有关救生索的激烈争吵使得艾尔斯名声大噪，一举奠定了由列车员而非司机管理火车的国际惯例。艾尔斯后来继续在伊利铁路上服役达30年之久。他最爱吹嘘的是他曾说服一位老太太相信她遗忘在车站的伞已经通过电报送回去了，而其实艾尔斯只是在行李车里的失物堆中找到了这把伞，并在下一站还给了它的主人。

相比欧洲，美国在火车出行的早期年代为乘客们提供了更为舒适的乘车体验。人们可以在车厢内四处走动，最后一节车厢里还有露天区域，为夏天的旅途带来急需的新鲜空气。一开始，乘客要安全地穿过车厢之间的连接处还比较困难，但由于改善措施的落实，人们很快便可自由通行于整列火车。直到19世纪的后25年开始引入车厢通道后，欧洲的火车才配备了类似设施。然而，不同于美国的开放式布局，欧洲火车的通道被设计在车厢的一侧，而且开始时并不在车厢内部，仅供工作人员或者某些胆大的乘客使用。通道的引入是乘客舒适度提升过程中

公司徽章
列车员需要在制服上佩戴公司徽章。这一枚为1880年巴尔的摩—俄亥俄铁路公司徽章。

体面的旅行
1870年美国火车车厢的豪华内饰,就像一个移动的优雅会客厅。

的一个重大进步,火车上有了厕所等设施,乘客们也可以经过通道前往餐车用餐,火车也不再需要为此而中途停车。虽然带通道的车厢已成为常态,某些欧洲本地和通勤线路上,仍有些厢式火车直到20世纪的后半叶在运行。

道岔和会让线

道岔是一种使机车车辆从一股道转入另一股道的线路连接装置，其中包括两根可使列车转向或保持原有路线的可移动尖轨。道岔的常见作用在于控制列车进入会让站或岔道，以便在另一辆列车通过时做短暂停留。铁路行车线以外的低速分支轨道统称为铁路侧线，会让线则为其中一种。侧线还可用于列车编组、存放、装卸车和放置维修设备等。

道岔设置
传统上，道岔由信号楼进行远程控制。然而，直到20世纪，某些道岔，特别是控制侧线和车场出入的道岔仍需手动操作。

共享线路
会让线可允许多列火车共用一条路线。这类装置通常在车站里使用，将列车从主道移开，为快车让路，或者用在更长的轨道上，方便速度更快的客车超车。安全信号系统确保会让线内每次只能停留一辆列车。

一列货车正停留在会让线内，保证主线路的畅通无阻。

轨道转换

道岔装置是现代铁路的关键组成部分，于1832年由英国工程师查尔斯·福克斯（Charles Fox）发明。此类装置通过控制杆带动拉杆将道岔移开。电动道岔在今天得到了普遍应用，但仍有些路网，特别地铁线路也使用气动道岔。

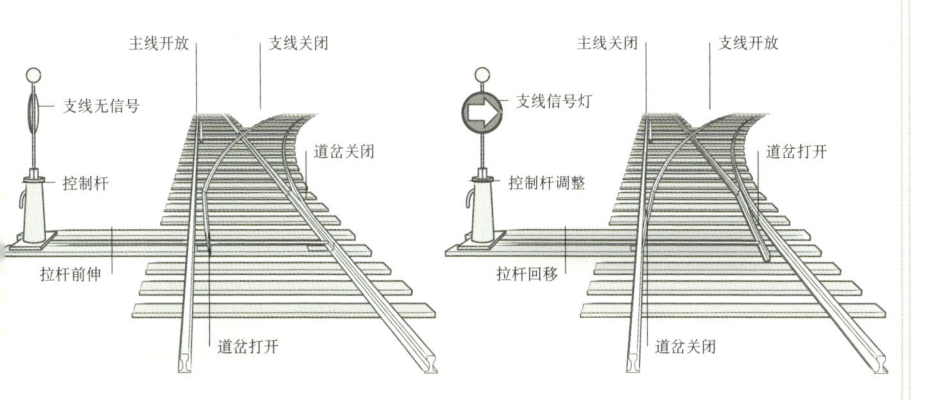

正线行驶

道岔是为了保持列车在正线上行驶而设置的。此时控制杆压进，带动道岔拉杆前伸，将可移动尖轨推过轨道，左侧道岔与正线分离，右侧道岔也随之平行移动。

支线切换

道岔设置的目的是为了将列车转移至支线。此时调整控制杆，带动道岔拉杆回移，使左侧道岔回到正线之同一平面，右侧道岔随之与正线分离。显示右侧支线开放的信号灯亮起。

信号楼

信号站是列车运行的控制中枢，列车进出站和道岔开闭的信号都由这里发出，实现对铁路交通运输的遥控指挥。一位信号工可以单独操控整个控制杆架，激活所有相关信号和道岔。

蒸汽殿堂

19世纪的后70年被普遍认为是"铁路时代",然而将这一时期称为"火车站时代"或许更容易理解。对于乘客来说,车站是具有高可见度的标志建筑物,也是每个地方留给新造访旅客的第一印象。

作为深入大众日常生活的革命性产物,铁路带给人们一个快速、嘈杂且喧闹的全新世界,颠覆了以往马蹄嗒嗒的安稳生活。然而,绝大多数旅行者并没有注意到线路途中的轨道、拱桥、高架桥、隧道和其他形式的工程奇迹,只有车站才是旅客与铁路的接触点。建筑师在设计过程中必须直切要害:为了能给史无前例的冒险旅程蒙上一层舒缓的面纱,车站首先得具备坚实可靠的形象,其次还要反映出车站所属铁路公司的重要地位,以及它所服务城镇或社会群体对它的认可。

1830年铁路工业开始启动之后,一批称得上"蒸汽殿堂"的火车站在短短10年间拔地而起。这些殿堂的创始人即现代长途铁路的两位先驱:罗伯特·斯蒂芬森和伊桑巴德·金德姆·布鲁内尔。为了确保伦敦—伯明翰铁路的起始站和终点站能够配得上这项伟大的工程,斯蒂芬森要求著名建筑师菲利普·哈德威克(Philip Hardwicke)在伯明翰市柯曾街上修建了一座雄伟的希腊风格建筑。在伦敦的尤斯顿,哈德威克建起了一座高贵典雅的大厅,带有世界第一个上层会议室。不过可惜的是,与车站前方巨大的多利安式拱门相比,这座比例优美的大厅则显得有些黯然失色了。

布鲁内尔绝不愿让斯蒂芬森抢了风头。19世纪40年代早期,他亲自设计的布里斯托尔车站反响平平,可10年后,他与杰出的建筑师马修·迪格比·怀亚特(Matthew Digby Wyatt)携手为伦敦帕丁顿修建车站。布鲁内尔独创了玻璃屋顶的列车棚,怀亚特则负责其他建筑细节。车站前方的大西方酒店是一座富丽堂皇的文艺复兴风格建筑,拥有130个房间,是当时英国最大的酒店。酒店、车站和分离的列车棚形成了当时大多数火车站建筑的典范样本,最为成功的当属圣潘克拉斯火车站,其巨大的玻璃顶车棚和对比强烈的新哥特式酒店瞩目于世。

除了作为全新铁路时代的神殿,火车站还与市政大厅一道向世人展示了所在城市或小镇的特色风貌。铁路公司及其建筑师们在继续强调建筑的可靠性之余,各个国家也借由不同的火车站设计风格反映"自我本色"。苏格兰人偏好高地风格,德国人选择了厚重的日耳曼式外观,而西班牙和葡萄牙的火车站让人联想起古老的摩尔时代。美国人则将这种风格差异发挥到了极致。铁路历史学家卢修斯·毕比(Lucius Beebe)曾略带夸张地说:"乘客们置身于童话世界、希腊神庙、摩尔拱门、法国城堡、埃及古墓、土耳其清真寺、帕拉第奥式门廊、哥特宫殿和意式古堡之中。"富丽堂皇的比利时安特卫普中央车站糅合了各种风格,20世纪初期的新西兰达尼丁车站则彰显了鲜明的佛兰德文艺复兴风格。然而,反对者们对任何形式的车站都厌恶无比。19世纪的英国艺术评论家约翰·拉斯金(John Ruskin)对这些实质代表工业却自诩艺术的建筑大为惊骇,在他看来,此类建筑从本质上都是可怖的。

整个19世纪,全世界范围内兴建了成百上千座火车站,宏伟壮观的大型车站仅占其中的一小部分。小一些的车站通常都是代表当地风格的怡人建筑,有时由铁路公司统一修建,如遍布西法大部分地区的清新小屋。在俄国的西伯利亚大铁路上,车站层级被分为五等,最高级别的车站由砖石建成,候车室内还配有暖气,而最低的则与简陋棚屋无异,仅为乘客提供等车时的遮蔽场所。

美国的火车站普遍建于城市中心。数千小镇因穿城而过的铁路为世人所知。位于社区中心的车站挤满了"退休绅士、各类闲人、高谈阔论的演说家和哲学家"。在欧洲,虽然在城市中心修建铁路和车站的计划遭到了强烈反对,但古老的约克镇也不得不自破城墙来迎接这匹铁马。科隆火车站则毗邻历史悠久的大教堂而立。不过,即便火车站

车站是我们通向光荣与
未知之门。

——E. M. 福斯特
作家,1910年

没能修建在中心城区，在它周围也会很快形成一片崭新的重要城市区块。铁路公司凭借开设大量火车铸造和维修工厂便能在该地创建属于自己的新城镇。

　　欧美地区以外的火车站外形通常反映了帝国君主或欧洲移民的审美趣味，其中以完美结合了法国风情和苏格兰传统的加拿大火车站尤显突出。而英国殖民者设计的印度火车站及机车棚等附属建筑，则部分构成了该国社会形态与西方工业的奇妙组合。1888年完工的孟买维多利亚火车站（现更名为贾特拉帕蒂·希瓦吉火车站）就是一座让人印象深刻的伟大建筑。南美洲的车站有着多样的形态。由英国出资兴建的阿根廷火车站一般依照资方的喜好而建，而邻国乌拉圭则更多地采用了自己本国的建筑风格。火车站有时也会沦为战争的牺牲品。1871年，当普鲁士军队从法国人手中重新夺回阿尔萨斯和洛林以后，德国

维多利亚火车站，孟买
摄于1910年。雄伟壮观的维多利亚火车站以伦敦圣潘克拉斯火车站为原型，直至今日仍在使用中。

人按照自己的风格新建了洛林的梅茨火车站，并在其间竖起了条顿骑士雕像。

火车站内曾上演了一幕幕感人至深的悲欢离合。战争期间，伦敦滑铁卢车站和巴黎东站里即将开往西线的士兵人潮让人尤为难忘。1939年，第二次世界大战爆发，欧洲境内数百万儿童被他们悲恸欲绝的父母送上火车，从城市往乡间撤离。电影制片商们没有错过车站所具备的情感力量，从催人泪下的家庭温情电影《铁路少年》(The Railway Children)到发生在车站餐厅的爱情故事《相见恨晚》(Brief Encounter)都以火车站为故事素材，就连全球第一部电影的名称也和火车有关。在路易·卢米埃尔执导的《火车进站》(A Train Entering a Station)影片中，列车笔直驶来的镜头把观众们吓得惊惶四散。艺术家们也从火车站汲取创作灵感，就在与印象派好友们时常碰面的巴黎咖啡馆楼下，克劳德·莫奈完成了名作《圣拉扎尔火车站》组画。

火车站还成为新兴市场的孵化基地。英国WH·史密斯公司和法国阿歇特集团即在乘客的阅读需求下应运而生，同期诞生的还有恶评如潮但读者者甚多的"铁路小说"。然而，一个大型车站的光辉形象可能会因为缺少餐饮服务而大打折扣。在餐车出现以前的大半个世纪里，乘客们只能靠车站里提供的点心甚至一日三餐聊以果腹，这自然给经营者们提供了垄断商机。以法国为代表的欧洲火车站走在了饮食行业的前列。在作家伊恩·弗莱明的小说《金手指》(Glodfinger)中，詹姆斯·邦德就因火车站餐厅的美味佳肴而留宿车站旅馆。直到今天，巴黎里昂火车站内奢华气派的蓝色列车餐厅，还有纽约中央车站的牡蛎酒吧餐厅仍吸引了无数人慕名前往。

到了19世纪末，建筑师和他们身后的铁路公司已经不满足于单纯的功能设计，而是将火车站作为政治、社会和国家愿景的表现形式。1919年，出自著名设计师埃利尔·沙里宁(Eliel Sarrinen)的赫尔辛基中央火车站轮廓清晰，外形明快，不仅昭示着现代主义运动的到来，同时也宣告了芬兰的独立(1917)。第一次世界大战以后，法国人将本土的诺曼和布列塔尼风格融入许多省级车站之中，而在加泰罗尼亚地区的佩皮尼昂，人们在车站内竖立起一座西班牙超现实主义艺术家萨尔瓦多·达利的雕像。意大利米兰的中央火车站也见证了墨索里尼时期的法西斯专政。

许多伟大的火车站都毁于"二战"的炮火，但最后一座名副其实的蒸汽殿堂——意大利罗马中央火车站从战后重建项目中诞生。随着火车出行逐渐让步给汽车，火车站也开始淡出人们的视野。很多国家的铁路规模锐减，线路和车站被永久关闭。在一些车站得以翻新的同时又有不少遭到拆除，其中纽约佩恩车站成为最具悲剧色彩的受害者。最严重的官方破坏行为发生在比利时，当地铁路公司为了连接南北两端，在布鲁塞尔城中央凿出一条通道，对城市景观造成了永久破坏。然而，一些废弃的车站也焕发了生机，如巴黎的奥塞车站已被改建为国家级美术馆，当年的曼彻斯特中央车站被改造为举行会议和音乐会的多功能展览中心。在美国，穿行在原圣路易斯联合车站中的不是火车，而是在这里购物休闲的人群。

许多在20世纪60年代的汽车浪潮中幸存下来的火车站，仍然带着厚重的建筑文化遗产在当今社会中蓬勃发展。伦敦圣潘克拉斯车站成为火车乃至车站复兴的光辉典范。直到20世纪末期，它还只是一个从拆毁命运中侥幸逃脱的幸运儿，华丽的建筑外表逐渐腐朽，旅馆凋敝，平台老旧。今天，得益于2007年完工的大改造，圣潘克拉斯车站以举世无双的崭新面貌展现在世人眼前。在西班牙，马德里阿托查火车站的重建历程颇为独特。20世纪90年代，建筑师与法国工程师古斯塔夫·艾菲尔（Gustave Eiffel）合作，别具匠心地将车站大厅打造成一个海龟游弋的热带花园。大型车站如圣潘克拉斯、纽约中央车站、日本东京站、德国柏林中央火车站、加拿大多伦多联合车站等，已经不仅仅是乘客的中转站，还是观光客们的旅行目的地。

蒸汽殿堂　159

纽约中央车站

1930年的纽约曼哈顿中央火车站。经过精心修复，今日站内雄伟壮丽的大厅景象与当年别无二致。

铁路信号电报

电报改变了铁路信号的传输模式，列车工作人员可以通过它将信息先于列车发送出去。美国发明家塞缪尔·莫尔斯设计出了最早的实验性电报，而后由英国库克和惠特斯通制造的针式电报机被英国大西部铁路公司采用，于1838年正式投入商业运营。1845年，一个英国谋杀犯约翰·托厄尔刚在斯劳登上火车，他的行踪就被通过电报迅速传到了前方的帕丁顿车站，托厄尔因此被捕。经过这一戏剧化的事件，电报系统得到了广泛认可和应用。1844年，莫尔斯将"上帝创造了何等奇迹"转成电文向华盛顿成功发出，并为美国铁路工业带来了一场革命。

针式电报机

1837年，发明家威廉姆·福泽基尔·库克（William Fothergill Cooke）和科学家查尔斯·惠特斯通（Charles Wheatston）为他们发明的五针电报机申请了专利。磁针排列在电报机的接收器上，利用电磁效应控制磁针指向刻度盘上的字母。这个机器只能传送20个字母，J、C、Q、U、X、Z是没法表示的。这一局限还给追捕逃犯（见上文）的行动造成了一定困扰，因为只能用替代的字母描述他穿着的外套。

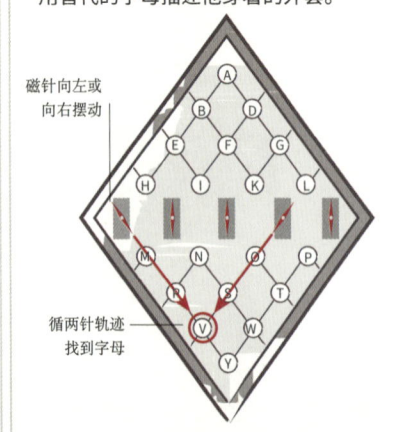

库克和惠特斯通公司生产的五针电报机（1837）

磁针向左或向右摆动

循两针轨迹找到字母

阅读电文

五针电报机广受欢迎的原因是，使用者无须知晓任何代码：五针中的两针指向菱形刻度盘上的字母即可拼出文字。随着时间的推移，为了减少更换电线的成本，磁针的数量最减至两根，最后变为单根。然而，针数的减少意味着代码复杂度的增加，拍发电报也就成了一门专业化的工作。

莫尔斯电报机

1835年，莫尔斯发明的第一台电报机使用了一个铅笔尖与电磁摆相连。1838年，他的合作者阿尔弗雷德·威尔改用控制杆和电枢，将"耐心等待者不会失败"这句话通过点和划组成的代码成功发出，这也是摩尔斯代码的前身。1840年，莫尔斯电报系统取得专利，并很快在美国铁路和其他部门得到广泛采用，新建铁路沿线都修建了电报专线。较之针式电报机，莫尔斯电报成本更加低廉、使用更加简便，后来加入的声频系统更突出了这一优点。

莫尔斯电报关键发声器（1875）
莫尔斯电报机中有一根电线和一根接地线，通过操控单根电流的开关发送出点或划的代码。

线路检修
1932年，在英国埃塞克斯郡的比勒里基车站，线路工正在检修电报线路。电报在铁路信号系统中得以完整保存，直到20世纪70年代仍在使用。

行业垄断与铁路巨头

在铁路国有或垄断化的今天，人们很难想象早期的铁路是由数百家小公司管理的，分别管理一小块地区。当地企业家修建铁路也只是为了便于货物运输，并没有太多宏伟的愿景。然而，随着铁路的延伸，企业家们对扩大铁路规模的野心逐渐膨胀，随之而来的规模效应也日趋明显。行程中无须转乘给长途旅客带来了不少便利，对铁路公司来说，这种运营模式的盈利能力也更强。更长距离的货运还可以省去频繁装卸货物的高昂费用。

随着时间推移，铁路线路逐步延长。英国的伦敦—伯明翰铁路成为第一条超过160千米的线路，也是该国有史以来最大的土木工程项目。1833年，乔治·斯蒂芬森之子罗伯特·斯蒂芬森被任命为项目总工程师，5年后的1838年，伦敦首条主线宣告通车。其他路程更长的线路紧随其后，例如伊桑巴德·金德姆·布鲁内尔修建的大西部铁路和1840年完工的伦敦—南安普敦铁路，前者连接伦敦和布里斯托尔，耗时6年建成，共投入资金650万英镑（3 200万美元）。1833年开通的查尔斯顿—汉堡铁路全长219千米，和1830年部分开通的巴尔的摩—俄亥俄铁路，均从大西洋海岸港口城市深入内陆，项目规模颇具雄心。

铁路公司的管理者们极富开拓进取的精神，并成功预见到铁路网络的深远意义。现有线路一旦完工，他们便继续朝更宏大的目标迈进，而铁路投资人负责为他们的新计划筹措资金。长距离线路开始形成分支，铁路公司不断发展。鉴于大型路网的各种优势，各公司本应在第一时间联合起来提供协同服务。然而，即便经营范围扩大了，他们仍然各自为政。激烈的竞争终于使人们意识到唯有垄断才能获取更大利益，铁路公司的合并这才逐步开始。在铁路工业衰退的困难时期，某些身处困境的公司被竞争对手兼并，更进一步加快了合并的进程。

合并后的铁路公司一跃成为全球最大的企业。它们的成长在很多方面预示了资本主义的发展。在铁路工业形成之前，除了类似荷兰东印度公司这样的准政府机构，任何行业都不存在大型公司。工厂仍是

巴尔的摩—俄亥俄铁路

在美国的早期线路中,巴尔的摩—俄亥俄铁路还是铁路巨头全盛时期的重要组成部分,并见证了首批大公司的激烈竞争。图为19世纪30年代巴尔的摩—俄亥俄铁路上行驶的"大西洋"号机车。

小规模的地方企业,产品也只供应当地市场。这些公司的雇员都是当地居民,自身也是当地社区的一部分。

而铁路公司则是截然不同的一种全新企业。首先,他们的经营范围绵延几十甚至几百千米,跨越多个不同地区;其次,铁路公司需要一种新的模式来管理错综复杂的组织架构;再者,公司领导者必须能力突出,富有远见,并且勤劳肯干。在英国,规模较大的铁路公司合并工作已然开始。新公司能力强大,主要城市中宏伟车站的成功修建更证明了他们的实力。作为第一家大型铁路公司,由乔治·哈德逊在1844年创立的米德兰铁路公司从众多小企业中脱颖而出,一连兼并了北米德兰铁路公司、米德兰郡铁路公司和伯明翰—德比枢纽铁路,三线均在德比郡交会。合并后的新公司提供了一条从伦敦直达约克的核心路线,免去了乘客频繁换车的麻烦。哈德逊还兴建了纽卡斯尔—达灵顿枢纽铁路,借道约克将余下网络连接起来,形成了超过1 600千米的铁路版图。19世纪40年代,他继续兼并米德兰地区的小型铁路,为整合网络布局不遗余力。1842年，精明的哈德逊设立了铁路结算中心，如果乘客在途中搭乘了多个铁路公司的火车，相关公司可以通过结算中心互相收取费用。而在此之前，乘客们必须分段换车并重新购买车票。可惜的是，哈德逊没能将上天赋予他的商业才能用于正途，他的铁路帝国在其沦为诈骗犯之后分崩离析。然而他所提出的车票共享计划仍长久保存了下来。

尽管合并的好处显而易见，英国的政治家却不愿看到铁路的进一步整合，他们担心公众会被垄断企业利用。然而，由于经济下行期财政困难并且某些路线的资金状况捉襟见肘，政府不得不接受合并计划。铁路兼并运动贯穿了19世纪中期。

作为铁路合并的受益者，伦敦西北铁路公司（LNWR）曾一度成为世界上最大的公司，高峰时期雇员人数达1.5万人。公司经理马克·休斯上尉是一位才华横溢的前印度陆军军官，他在收购谈判中表现得精明强干，对公司的经营管理锐意创新，并针对公司规模引进了全新的会计方法。西北铁路公司于1846年建立，由大枢纽铁路、伦敦—伯明翰铁路和曼彻斯特—伯明翰铁路合并而成，网络总长达到560千米，通过其核心路段将伦敦与伯明翰、克鲁、切斯特、利物浦和曼彻斯特相连。虽然西北铁路公司所涵盖的区域不及米德兰公司等竞争对手广阔，但它辖有伦敦和英国西北部各重要城市之间的最佳路线。

强势地位一旦取得，西北铁路公司马上开始对竞争对手施压，强迫他们接受合并，或签订霸王条款使用他们的轨道。然而这种流氓战术并不总能得逞。有两家联合运营的铁路公司，因其从伯明翰到切斯特的路线短于西北铁路公司，遭到了休斯的蛮横警告："我无须说明你这样做有多么不明智，结局只能是失败。"然而，两家小公司抵挡住了他的威胁，在法庭上与西北铁路公司顽强斗争了3年，并出人意料地最终取胜。不过，这只是个罕见的例外，在绝大多数的合并案中，规模较小的公司都被铁路大鳄们无情吞并。

在欧洲大陆，主要铁路网络也从众多提供铁路服务的公司中逐步建立，1858—1862年，在政府的支持下，法国的六大区域铁路公司初具雏形。雄心勃勃的巴黎—里昂—地中海铁路（PLM）很快将线路延伸出国境，直达瑞士和意大利，形成国际路网。罗斯柴尔德财阀家族控制的巴黎—里昂—地中海铁路与另一家法国公司诺德一起，一度要将自己打造成欧洲铁路的统治者，甚至还曾经控制了包括塞默灵铁路在内的奥地利南部铁路以及多条意大利铁路。但意大利在统一之后立即遏制了罗斯柴尔德的扩张行动，并有效阻止了"有史以来最大铁路公司"的诞生。取而代之的是意大利本土四大公司的创建，可由于当时国力衰弱，再加上横贯大陆的亚平宁山脉地势崎岖，铁路运营难以盈利，以至于每隔几年，意大利就要经历一次铁路危机。出于保护国家资源免受外资收购的命运，1905年，意大利成为首批实施铁路国有化的国家之一。同期在瑞士，财阀阿尔弗雷德·埃舍尔预见到铁路建设的高速发展，抓住机遇，声名大噪，成为人们口中的"阿尔弗雷德国王"。

美国铁路很快就在规模上完胜其他国家。由于铁路覆盖的地域太过广阔，一些大型铁路公司如伊利铁路和宾夕法尼亚铁路在早期就开始合并。1869年第一条跨洲铁路开通之后，联合太平洋公司和中央太平洋公司成为行业中的翘楚。此后，又有一系列被誉为铁路巨头的公司将已有网络进行了更深层的整合。

截至1900年，几乎所有美国铁路都归七大公司所有。这些公司的所有者因为对财富的疯狂攫取而变得臭名昭著。其中包括杰伊·古尔德和其子乔治、J.P.摩根（J.P.Morgan）、爱德华·哈里曼（Edward Harriman）和范德比尔特等人。范德比尔特家族的第二代掌门人威廉在

巴黎—里昂—地中海铁路
巴黎—里昂—地中海铁路是法国六大铁路公司之一，也是最早的跨国公司中的一员。为了向旅客推广行程路线，巴黎—里昂—地中海铁路还与当时的艺术家合作，共同设计宣传海报。

接受采访时显示出了新一代铁路巨头对乘客们的态度。当记者问到一列颇受欢迎的快车缘何停运时,据称他是这么说的:"该死的大众,我根本不相信这些为他人服务的鬼话,我们只为自己服务。"

1870年,《大西洋月刊》首次使用"强盗贵族"来描述这些新一代的资本家,丹尼尔·德鲁(Daniel Drew)就是其中一员。作为伊利铁路公司的财务人员,德鲁多次同意公司通过新发行的股票融资,然后利用他的身份进行内幕交易,从中获取暴利。彼时内幕交易尚未受到监管,他也因此而大发横财。

J.P.摩根是这群企业家中的佼佼者,他通过接管和重组迅速建立起横跨美国的铁路帝国。与德鲁不同的是,摩根对所购铁路的发展确实起到了促进作用。被称为"美国最强铁路大亨"的爱德华·哈里曼亦是如此。与当时的大多数巨头一样,哈里曼的背景平平无奇,他从送报小童起家,将从股市中赚来的钱投资到铁路行业,通过购买车辆、改善轨道性能和建立良好的管理体制使自己的资产逐步增值。他的第一个收购对象是伊利诺伊中央铁路公司。其后,由于行业盛衰周期引起的大萧条导致了美国1893年大恐慌,而哈里曼趁此机会将"巨无霸"联合太平洋铁路公司收入囊中。他将原承建商为了获取政府补助而故意修建的弯路全部修直,并降低了路轨坡度,此举令联合太平洋铁路公司变成了哈里曼手中的摇钱树。

我们的强盗贵族
《帕克》(PUCK)杂志,1882年
在《帕克》杂志上刊登的这则讽刺漫画里,"铁路垄断者"杰伊·古尔德、威廉·范德比尔特和其他巨头在"垄断城堡"外瓜分赃物。

> 当前，社会各界都在讨论"强盗贵族"，这一称谓正成为某些大资本家的代名词。
>
> ——《大西洋月刊》，1870年

等到世纪之交时，他所掌控的轨道数量超过了美国铁路历史上任何一个人，成为巨头中的巨头。

然而好景不长，汽车时代的到来引发了铁路工业的衰败，原来的铁路帝国面临崩溃或求援于政府救助。不过，美国的最后一对铁路大亨出现在20世纪20年代，他们是范·斯维林根兄弟（the Van Sweringens）。这对行踪古怪的房地产开发商先是买进了一家颇具潜力的铁路公司，继而将其发展成为规模庞大的铁路帝国，旗下囊括了伊利铁路、切萨皮克—俄亥俄铁路，以及拥有五大湖区多条线路的皮尔马奎特铁路。1929年经济大崩盘之后，范·斯维林根的帝国灰飞烟灭，其倒下的速度甚至超过当年的崛起时期。而属于铁路巨头的时代最终也随之走向了终结。

修建桥梁

为了使进一步扩张中的铁路能够尽可能地遵循最直接路径,铁路桥梁被引入路线建设之中。从跨越山谷的拱顶砖制高架桥,到悬于河流峡谷之上的钢铁吊桥,工程师们设计出一系列建筑和工程策略来克服当地的地形障碍。现代桥梁多选择钢材和混凝土作为造桥材料,但其独创性也不亚于集功能与美观于一身的早期桥梁。

檀吉瓦伊(Tangiwai)惨剧

新西兰有史以来最严重的铁路桥梁事故发生在1953年平安夜。当天,在新西兰北岛中部的檀吉瓦伊附近,有151人因旺阿伊胡河大桥的灾难性故障而死亡。由于受到溃坝处泥石流的冲击,梁桥的支撑桥墩遭到损毁,并在一列快速列车通过时因不堪重负而最终倒塌。

工程奇迹

1890年完工的苏格兰福斯铁路桥是当时世界上最长的钢铁桥。桥面高于水位46米，由3个高度为100米的梯形悬臂梁支撑，跨越福斯湾入海口，全长达2.5千米。

桥梁类型

工程师开发出不同类型的铁路桥梁以解决地形和经济条件的限制。虽然每种设计的组合变化不尽相同，但桥梁的基本类型总体可以分为梁桥、拱桥、悬臂桥和吊桥4种。

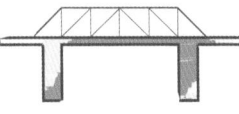

下承式桁架

上承式桁架

梁桥

梁桥是所有桥梁种类中结构最为简单的一种，主梁横跨于两端桥墩之上，通常还配有桁架加强桥梁承重力。下承式桁架采用铁制或钢制支柱相接，形成一个三角形截面的承重上层建筑，轨道铺设在梁桥之下。上承式桁架采用了同样的桥墩结构，只是它的支撑方向改为由下至上。

下承式拱桥

悬臂桥

拱桥

传统的拱桥在桥面下方支撑铁路，而在结构更为复杂的下承式拱桥中，拱圈顶部高于桥面，铁路由垂直的吊索或支柱悬挂至拱肋。

悬臂桥

悬臂桥采用分段建造的方法，每段只需一个支撑点。这类桥梁避免了脚手架的使用，因此特别适合宽度较大的路段。

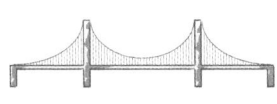

传统吊桥

斜拉桥

吊桥

吊桥利用悬索支撑桥面，非常适合在露天且多风的长跨径地段使用。传统的吊桥将线缆拉伸至一个或多个索塔之间，由垂直方向的悬索支撑桥面，而斜拉桥则通过一系列斜拉悬索将桥面直接悬于一个或多个索塔。

普尔曼现象

直至今日,火车卧铺车厢仍以它的发明者,工程师乔治·普尔曼(George Pullman)的名字命名。19世纪末期,这位美国"轮上卧室的天才"击败了所有竞争对手,在美国建立了自己的垄断帝国。与很多类似的传奇故事一样,卧铺车厢的点子最早是由其他人提出的,不过普尔曼将它变成了自己的制胜法宝。

美国的火车旅行路途漫长,途中的急弯和陡坡又延缓了车速,这也就不难理解为什么卧铺车厢首先出现在美国而非欧洲。一开始,过夜火车只是停在车站,由乘客们自行前往当地酒店和旅馆住宿,这种做法显然既不尽如人意,又降低了效率。于是,1839年,宾夕法尼亚州的坎伯兰峡谷铁路引入了首列卧铺车厢。可惜的是,新式车厢并没能给人们带来舒适的睡眠。住宿环境由几节车厢组成,每节配有四张三层铺位的睡床。床铺与一块硬木板没什么区别,不提供寝具和床垫,日间即被折叠收起。

若干年后,纽约—伊利铁路设计的新方案同样不甚舒适。在两节因车窗形状而得名的"钻石车厢"中,铁路公司在面对面的座椅之间安装了铁制拉杆,放上床垫以后即为一个简单床铺。用马鬃布做成的垫子不但坚硬得几乎要刺透所有衣物,更是各类昆虫滋生的温床。短小而胡乱铺设的铁轨更是糟糕。据一位早期的乘客所说,轨道的恶劣状况让人感觉活像"躺在一列脱轨的列车上"。

19世纪50年代,卧铺车厢的条件开始逐步改善。韦伯斯特·瓦格纳(Webster Wagner)设计的改良方案得到不少铁路公司的推广。

乔治·莫蒂默·普尔曼
出生于1831年的普尔曼成名较早,他在30岁之前便成功开发出第一部铁路卧铺车厢。

1875年普尔曼的专利价值
100 000 美元
（现在的200万美元）

这位纽约中央铁路的车站站长进而创立了"瓦格纳豪华车厢公司"，与普尔曼的公司竞争。瓦格纳的车厢中安装了单层铺位，两端均有可放置床上用品的壁橱，住宿条件较之以前大为进步。也有其他一些竞争对手制造出式样各异的卧铺车厢，但最终还是普尔曼将火车上的漫漫长夜转变成舒适体面的怡人之旅。

和许多半路出家的铁路行业企业家一样，普尔曼原本已在搬运房屋领域取得了一定成就。在纽约州扩建伊利运河期间，由于一些低洼地带的房屋需要搬迁，普尔曼与其父设法用车轮将房屋转移至高处，因而获利。后来，普尔曼移居芝加哥，并于1858年在这里开创了全新的车厢业务，为芝加哥—奥尔顿铁路公司制造了上下铺结构的两节卧铺车厢。

普尔曼设计与老式车厢最根本的不同之处在于上铺的布置。在普尔曼的车厢中，上铺被绳索和滑轮悬于天花板上，日间闲置时可以拉至车顶，为旅客留出大量乘坐空间；而以往的铺位则被固定在车厢里，导致旅客下床后行动十分不便。为了保护隐私，床铺四周还安装了围帘。但这类车厢仍然十分简陋，照明蜡烛和供暖柴炉在飘满帘布的车厢中极易引发火灾。每节车厢可容纳20名乘客，床品只有被子和枕头。普尔曼的尝试取得了成功，旅客很快便挤满了布卢明顿、伊利诺伊和芝加哥之间的夜班火车。唯一的麻烦是旅客们的脏鞋。乘客以男性居多，列车员必须说服他们在睡觉时将靴子脱掉以免损坏床上用品。然而，或许是出于被盗的担心，人们对这一要求很不情愿，以致多年间，每节普尔曼车厢上都挂着"请在就寝前脱掉靴子"的标语。

1861年，在芝加哥城市下水道系统的改进项目中，普尔曼与地方当局合作，负责了许多建筑的抬升工作。他最惊人的成绩出自特里蒙特酒

普尔曼豪华车厢
绰号"宫殿车厢"的卧铺车厢以乔治·普尔曼年轻时在伊利运河乘坐过的包船为原型。

店，它共计4层，是当时芝加哥最高的建筑。普尔曼想出一个绝妙的方案挽救了行将拆除的酒店，他将整个建筑架于5 000个千斤顶之上，然后组织了1 200名工人在他的指挥下每次将螺丝拧动180度。最后他们成功地将酒店抬升了1.8米，与此同时，房间里乐队的演奏持续进行，酒店里的客人们继续愉快地用餐。

也许特里蒙特酒店项目的成功激发了普尔曼为铁路乘客打造一个移动宾馆的灵感。1863年，他开始着手制造他口中最精致奢华的卧铺车厢。从某种程度来说，他的宣传也不无道理。普尔曼已经意识到吸引富商名流的重要性，他的努力也为他带来了好运。名为"先锋"号的普尔曼车厢建设成本达2万美元，为当时火车车厢的4倍。在1865年年初的一次来访中，第一夫人玛丽·托德·林肯被车厢中的雕花座椅面板和厚软地毯迷倒了，沉浸在豪华列车的优雅格调之中。几个月后，当她受命安排遇刺身亡的总统葬礼时，她记起了"先锋"号，并征用它作为送葬灵车驶过芝加哥—奥尔顿铁路。

"先锋"号引发了全国性的关注，很快普尔曼就开始为其他铁路公司供应卧铺车厢。密歇根中央铁路、伯明顿铁路和大西部铁路等许多铁路公司都在自家的火车上使用了普尔曼豪华车厢。普尔曼的公司还出售卧铺车票，虽然价格比铁路公司自己的铺位高出50美分，但乘车环境要优越许多。普尔曼的卧铺车厢将旅客们舒适地送往美国的各个角落。车厢形式统一，同时满足日间和夜晚行程的设备需求，并由普尔曼公司的员工提供服务。这是个相当不错的商业模式，因为无须为牵引火车或使用铁路支付任何费用，普尔曼的生意利润丰厚。

奇怪的是，尽管环境极尽奢华，普尔曼车厢在一个关键点上却不及欧洲同类车厢，那就是没有提供同等级别的隐私空间。车厢设计为全开放式，配备临时折叠座椅和下拉铺位，仅有帘布提供遮挡，也只能任由整个车厢的乘客被打鼾者吵醒。而欧洲的卧铺车厢保留了隔间，内置3层铺位，共6张睡床。不过在某些三等车厢中也引入了开放式设计，尤以西伯利亚大铁路为甚。美国的开放式车厢一直沿用至20世纪下半叶。此类场景在比利·怀尔德导演、玛丽莲·梦露主演的经典喜剧《热情似火》中得以呈现。尽管卧铺车厢广受欢迎，一些评论家却不赞成如此近距离的休息模式。

1867年，普尔曼开发出休息与餐饮相结合的车厢，一端配有厨房，用餐时间可将移动餐桌安放在座椅之间。虽然这并不是第一次在火车上提供餐食，但普尔曼的菜品质量较之以前无疑更胜一筹。糖腌火腿售价40美分，威尔士干酪50美分，牛排配土豆也只需60美分，以当时的物价来说非常便宜。精明的宣传大师普尔曼为了介绍他的首列酒店式车厢，从纽约出发一直到芝加哥，进行了为期7天的环东部之旅。接下来，他又推出了整节的餐车，并以一家著名餐馆"德尔莫尼科"的名字为其命名。普尔曼继续在他的主场芝加哥—奥尔顿铁路上尝试了新作并取得巨大成功。随后，普尔曼开始为其他铁路制造餐车，同时在某些线路上亲自运营。豪华列车上的餐饮选择丰盛至极。19世纪70年代，在芝加哥—奥马哈铁路的酒店车厢里供应的海鲜多达15种，另有包括了大量野味在内的37道肉菜。在食物如此丰富的

> 女人们躺在那里，一个陌生男人的光腿就在她们的鼻子前面摇晃，这种情形居然被认为是可以忍受的。
>
> ——卡尔·贝克
> 《指南书》作者，关于普尔曼车厢的描述

林肯的葬礼列车

成千上万的民众排在铁路两旁目送载有林肯灵柩的列车经过。这个绝佳的宣传机会为普尔曼带来了许多新客户。

普尔曼现象

情况下，服务员还不得不频繁地说："对不起，今天已经卖完了。"这简直太让人惊讶了。

普尔曼车厢里的优质服务诚然让旅客们无比享受，但如果有在车上悠然离世的念头可就大错特错了。普尔曼规定，如果在乘车期间有人死亡，那么无论下个站点是否有殡仪馆，死者的尸体都必须被送下车，留给同行的旅伴处理。幸好，大多数列车服务员都不像普尔曼这般冷酷，他们会将遗体保留到规模较大的城镇，以保证当地能有殡葬设施来安排此事。

此后，普尔曼又开发出结构更为简单的车厢，在售价降低的同时仍然保持了整洁舒适的乘车环境和高质量的服务。无论车厢等级高低，普尔曼的服务员都是清一色的黑人男性，并被统一称为"乔治"。一开始，服务员没有工资，仅靠小费为生。虽然此情况在日后得以改变，但小费仍是他们收入的一个关键来源。这可不是个简单的工作。一位历史学家说："服务员充当了一个集看门人、侍者、贴身男仆、管家、机修工、保姆和保安于一身的角色。"不仅如此，普尔曼还安排"秘密检查员"监督服务员的工作，确保他们严格遵守各项要求。这些检查人员故意将珠宝"遗失"，有些女性检查员甚至还会故意挑逗服务员以诱使他们违规，没能经受住考验的服务员将被立即解雇。虽然面临种种屈辱，但由于车厢服务员的工作稳定且收入颇丰，人们对这一职位仍然趋之若鹜。

到了19世纪70年代初，据某位铁路历史学家所说，普尔曼已经成为"美国最重要的工商巨子"，此名号一直延续了20多年。欧洲和亚洲也引进了普尔曼车厢，然而真正得以流行的还是餐车这一新颖的概念。虽然铁路公司意图推行自己的卧铺车厢或使用其他车厢厂商制造的产品，但普尔曼的影响力已蔓延到海外，印度的"轮上宫殿"、非洲的"蓝色列车"，以及最负盛名的"东方快车"承袭了普尔曼车厢引领的奢华风潮。

普尔曼还在芝加哥以东开发了住宅小镇来安置工厂的员工，并以自己的名字为之命名。虽然他的工厂早已废弃，但小镇上那些布局合理、赏心悦目的房屋都留存了下来。然而，住房问题却成为普尔曼与雇员

风尚旅行

这张1910年的海报旨在宣传芝加哥—奥尔顿铁路上舒适的普尔曼豪华车厢。普尔曼的铁路生涯即从这条线路开始。

之间的矛盾源头。普尔曼一方面宣布工厂裁员,另一方面又拒绝降低房屋的租金。一场大罢工随之爆发并席卷美国,共有2.5万名铁路工人参加了罢工以示声援,美国境内的一些城市暴力事件频发。虽然罢工最终得以平息,它留下的苦果却影响深刻。普尔曼在工人群体中名誉扫地,在他死后,因为担心愤怒的工会主义者会挖开他的坟墓,普尔曼的家人将他的棺材以铅灌封并用水泥填埋。对于一个为无数旅客带来了良宵美梦和丰盛热餐的人来说,这个结局着实悲惨。

铁路成熟期

TEE SAPHIR
CLASS VT 11.5
DIESEL (DMU), 1957

19世纪的最后25年，从铁路建设中大获其利的各大公司纷纷将前期利润投入到新线路的开发中。这一充满冒险的时代见证了许多非凡项目的开工建设，其中就包括全长9250千米的西伯利亚大铁路，它连接了俄国莫斯科和符拉迪沃斯托克两大城市，成为迄今为止全世界最长的铁路。

当时的筑路技术已得到充分的测试和检验，开发商们则将其进一步推向极致。在南美洲，人们修建了数条翻山铁路，只为开采安第斯山脉丰富的矿产资源，而建成之后的这些铁路不仅海拔高度雄踞世界之首，同时还凿山穿岭，以壮观险峻称雄于世。在印度，英国殖民者为了在炎炎夏日寻得些许清凉之处，在山间开辟了一系列窄轨铁路，以缓慢但仍远超公路的速度，沿陡峭山坡稳步前行。运行一条横贯整个非洲的铁路线是当时最具雄心的计划之一，开普殖民地（今南非境内）的总理赛西尔·罗兹（Cecil Rhodes）希望借由一条穿过英国殖民地的铁路，经开普敦与开罗两地，连接整个非洲大陆。但由于施工困难、资金匮乏以及英国政府对项目的不支持态度，他的计划受到了重重阻碍。

这一时期，列车服务质量大幅提升，吸引众多旅客（特别是富有阶层）搭乘火车出行。著名的"东方快车"从巴黎出发，横穿欧洲全境直达君士坦丁堡（伊斯坦布尔的旧称），它所提供的奢华之旅享誉全球。在美国，铁路公司之间竞争激烈，纽约与芝加哥相继推出与对手针锋相对的服务，为乘客们提供贵宾般的礼遇。在更南边的佛罗里达州，通往基韦斯特的史诗铁路"跨海特快"也由亨利·弗拉格勒（Henry Flagler）修建完成。这是一个令铁路开发者和乘客都激动不已的伟大时代。

西伯利亚大铁路

1827年,当玛丽亚·沃尔孔斯基公主从莫斯科出发,穿过整个俄国去与她被流放的丈夫相聚时,经过整整23天的日夜兼程之后,她才隐约看见东西伯利亚首府伊尔库茨克的教堂轮廓出现在茫茫大雪之中。然而,这个速度以当时的标准来说已经相当之快。冬季的跨西伯利亚道路通行还算顺畅,如果是在一年之中的其他时节,泥泞的道路能将抵达伊尔库茨克的时间最多拖延9个月。然而,从莫斯科到太平洋港口城市符拉迪沃斯托克的旅程才刚刚完成2/3。符拉迪沃斯托克后来成为西伯利亚大铁路的终点站。

西伯利亚长久以来就是流放之地的代名词。它远离俄罗斯本土,包括乌拉尔山脉以东所有疆域,地域辽阔。这片蛮荒之地人口稀少,并且主要集中在为数不多的河流和交通要道边,大多数人都受雇于国家从事养护道路或守卫疆土的工作。流放者有两种,免于监禁或死刑的罪犯,或是被放逐此地的政治犯。玛丽亚的丈夫谢尔盖·沃尔孔斯基就是因为卷入了1825年的一场失败政变而遭流放至此的。

西伯利亚与俄国西部之间恶劣的交通条件成为建设西伯利亚大铁路的最大推动力。早在17世纪,俄国就在太平洋海岸建立了基地,但它实际并没有严格掌握乌拉尔山脉和太平洋之间领土的控制权。从19世纪中叶开始,俄国在其欧洲区广袤疆土上的掌控能力日渐式微。19世纪40年代高效蒸汽船的发展,以及1869年苏伊士运河的建成打通了英法德等欧洲列强进入太平洋地区的通道,1885年,美国第一条跨洲铁路正式完工,同年,加拿大跨洲铁路开通运营。接踵而至的大事件在俄国精英阶层引起了一片恐慌,他们普遍认为东欧各国的入侵已经迫在眉睫。

早在19世纪50年代,人们就开始讨论如何能够修建一条铁路穿越西伯利亚地区。在随后的几十年里,一系列的方案被呈交到俄国政府,有些纯属外国投资者虚构的荒唐计划,企图利用俄国的无知大捞一笔,而另一些确实是理智且实事求是的建议。许多在此期间发生的历史事件都在后人的讲述过程中变了样。在一则广为流传的故事中,最早提

西伯利亚大铁路

跨西伯利亚之路
在西伯利亚大铁路建成之前，横穿西伯利亚的主干道是一条原始的土路，图示所见它已到达伊尔库茨克郊外。

出西伯利亚铁路计划的是位名叫笨先生（Mr. Dull）的英国人。可惜，事情的真相要平淡无奇得多，这位传说中的人物真名叫托马斯·达夫（Thomas Duff），他于1857年从中国回来后前往圣彼得堡，并在那里敲开了交通部长康斯坦丁·切夫金的大门，向其献策修建一条"有轨缆车"，从莫斯科往东426千米处的下诺夫哥罗德，一直通向乌拉尔地区。缆车线路采用马匹作为牵引动力，游荡在西西伯利亚的百万野马正好能派上用场。

达夫和之后众多的本国或外国企业家们统统被静悄悄地扫地出门。曾一手建立了俄罗斯在争议地带控制权的东西伯利亚总督尼古拉·穆拉维约夫—阿穆尔斯基（Nikolay Muravyov-Amursky），也曾设想修建一条连接太平洋与西伯利亚内陆的铁路，但他同样也未能如愿。遭受相同失败命运的还有三位英国人，斯莱、霍恩和莫里斯（身世不详），以及第一位横穿西伯利亚的美国人，纽约冒险家彼得·科林斯。另外，科林斯还提出过从东西伯利亚贝加尔湖以东400千米处的赤塔开始，修建一条通往黑龙江通航河段的铁路修建计划。

尽管俄罗斯政府否决了所有的修路方案，但这一时期，政府内部关于西伯利亚线路必要性的辩论十分激烈。虽然反对方提出种种理由，例如项目过程中所必然遇到的经费和技术困难，但支持者们从军事和民族主义立场出发，最终赢得了这场辩论的胜利。这条铁路在军事上攻守兼备，它不仅能对符拉迪沃斯托克所可能遭受的任何攻击给予快速反应，还有一个更大的隐藏动机，即由此建立俄罗斯对当时庞大但衰弱的南部邻国——中国——的控制权。

经过近30年的拖延推诿，在极度保守的亚历山大三世执掌政权的情况下，沙皇政府仍然于1886年迈出了修建铁路的激进步伐。据说当时大量中国人进入外贝加尔区域的情况引起了政府的忧心，虽然实际上这一说法并无任何现实基础，但是它莫名其妙地成为政府最终决定批准方案的关键原因。

不难想象，取得官僚政府的正式支持以及建设资金的筹措又将项目开工耽搁了5年。幸好，沙皇最后指派其子——未来的尼古拉二世亲赴项目建设地符拉迪沃斯托克。1891年5月31日，尼古拉二世挥舞铁锹铲起黏土，为日后的乌苏里铁路铺下了奠基石。即便如此，项目执行方案和融资渠道来源仍然没有定论。此时，当务之急是为项目寻得一位富有远见且持之以恒的行动家，而此人正是谢尔盖·维特（Sergei Witte）。他曾短暂出任过交通大臣，后来又在1892年被任命为财政大臣。这些职位通常来说都被一些目光短浅之人所把持，他们唯一在意的就是如何将钱包捂紧。然而，身为数学系高才生的维特不仅凭借其聪明才智出色地管理了国家财政，同时也为西伯利亚大铁路保障了充裕的建设资金。

维特出生于格鲁吉亚首都第比利斯的一个没落贵族家庭，出身高贵且胸怀大志的他选择了从底层铁路职员做起。他的能力很快得到了上级认可，并被迅速提拔为铁路公司经理，进而又在圣彼得堡得到了一个政府高级官员的职位。当维特入主财政部时，西伯利亚大铁路正因伏尔加地区的饥荒和建设资金的缺乏一度停滞。维特使出一步妙招，他成立了"西伯利亚铁路委员会"，并将年轻的皇位继承人尼古拉斯推举为委员会主席。此举有效地保证了新皇帝对于铁路项目的持续支持，维特也由此成为西伯利亚大铁路之父。他经常关心项目进度、确保建设资金到位，并击退政府内部的各种反对意见，同时还需安抚对铁路目的抱持高度怀疑态度的中国。

摆在铁路建设者面前的困难无法估量。虽然路线所经地域的条件不如阿尔卑斯或安第斯山脉那般险恶，也不如美国沙漠那般荒凉，但光就线路的长度、极端的气候和人手的缺乏，就足以给铁路建设带来前所未有的挑战。铁路全长9 250千米，比加拿大跨洲铁路整整长出3 200千米，而线路更短的美国跨洲铁路由于已经完成了东部大部分地区的建设，仅有2 800千米的新轨道需要铺设。相比之下，俄罗斯的铁路才刚推进至乌拉尔地区，这也意味着整整7 240千米的路段都需要铺设新的轨道。

虽然途中并无崇山峻岭，乌拉尔和西伯利亚地域较为易于穿越，但其他的困难仍然层出不穷。一望无际的大草原上找不到任何可以用作道砟的碎石，也难寻可用作枕木的木材。绝大部分筑路材料都必须从远处经水路运到工地，其中就包括产自乌拉尔和东俄罗斯工厂的铁轨及造桥所用的钢材。项目遇到的最大阻碍当属从莫斯科开始2/3路段处的贝加尔湖。作为俄罗斯乃至全世界最深、蓄水量最大的淡水湖，它的北岸蜿蜒曲折，地形复杂，而南岸两旁均为紧临水面的悬崖峭壁，需要动用炸药进行爆破施工。

谢尔盖·维特
绝大部分俄罗斯帝国的工业化进程由俄国财政大臣谢尔盖·维特负责。他也是修建西伯利亚大铁路的幕后推手。

苦役

工人正在克拉斯诺亚尔斯克地区的西伯利亚大铁路中央部分铺设轨道。这部分路段位于鄂毕河与叶尼塞河之间。

由于沙皇期待项目能在10年内完成,时间对于建设者们来说极其宝贵。因此,线路的勘测工作进行得十分草率,从未踏足西伯利亚的圣彼得堡官员们仅凭手中错误百出的地图就画出一条狭窄的线路,而勘查人员在此处稍作调查便匆匆结束。整个项目团队的风气就是敷衍了事,因为人们明白,尽善尽美需要太多时间。这种策略的确保证了项目的进度,但其后果却是建成的线路太过简陋,每天只能允许屈指可数的几列火车通行。项目建设的早期阶段还遭遇到不少技术问题。

为了加快建设速度,整条铁路被划分为三个主要路段,每段长约2 400千米,分别为西部、中西伯利亚和远东段,尤以远东段的建设难度最大。1891年,西部路段开始动工,起点位于现有铁路最东端的车里雅宾斯克。当地劳工的匮乏成为最主要的棘手问题。线路起始的两个路段大约需要8万名工人,于是大批工人从西俄罗斯被招募至此,还有些人来自遥远的波斯、土耳其甚至意大利。筑路工作虽然繁重,但报酬颇丰,在此做工的农民挣得远比种庄稼要多。然而即便如此,他们仍选择在农忙时节回到地里帮忙。说来奇怪,这个路段最缺的材料竟然是木头,工程师认为当地的木材无法满足项目要求,于是要求所有材料都必须从西俄罗斯运抵此地。

中西伯利亚路段于1893年开工,面对劳动力极度匮乏的局面,流放到西伯利亚的囚犯成为工人队伍的征召对象。后来的事实证明,这是一个英明的决定。囚犯们每在铁路上工作8个月便可获得一年的减刑,营地里提供烟草,偶尔还能喝酒。这些条件无疑激发了他们的工作热情。

虽然这些工人的工作条件依然恶劣,但已经普遍好于同期的其他铁路项目。主要是因为人手短缺,雇主们不得不想办法让工人们心甘情愿地留下来干活儿。在5月到9月的夏季,工人们的工作时间从早上五点一直到下午七点半,中途只有一次一个半小时的午休时间。冬季的工作只能集中在白天完成,但由于线路的地理位置偏南,与伦敦、柏林和布拉格大体处于同一纬度,深冬时节工人们仍需每天工作7~8个小时。

西伯利亚大铁路的工作环境危险重重,可计算出的死亡率达到2%。虽然这个数字低于巴拿马铁路和开罗—开普敦铁路等其他铁路项目,但按照今天的标准来看,仍然相当惊人。建造途中的主要桥梁被视为最危险的工作。特别是在冬天,没有任何安全装备的工人们高立于大河之上,饱受风吹雨打,时常有人因为严寒而失去意识后跌入冰冷的水中惨死。

美利坚合众国已经取得的工业化成就,我们必须在俄国同样做到。

——谢尔盖·维特

1899年，西部的两个路段建成通车，火车可以直接开抵伊尔库茨克。随着东部路段的建设难度加大，维特做出了一项重大的决定，取消原计划修建在俄国境内的阿穆尔铁路（后来在1907—1916年最终修成），转而绕行中国国界上的满洲里来完成铁路东段。虽然线路长度有所缩短，但随之而来的是日后的政治隐患。中国政府默许了铁路项目，但事实证明这条线路确实带来了政治上的麻烦，它完工后不久，1904年日俄战争爆发。

随着1901年11月中国东段铁路的建成，整个项目只剩最后180千米的环贝加尔湖路段尚未开工。线路地处贝加尔湖南岸，地形异常险峻。工程启动于1895年，但由于需要在悬崖峭壁处搭设承架，一直到1905年，此路段才正式完工。而在此之前，去往伊尔库茨克东部的乘客必须搭乘火车轮渡穿过湖区，在冬天则要使用雪橇。1916年，在完成了位于哈巴罗夫斯克（伯力）处整条线路中的最长桥梁后，阿穆尔铁路正式通车，也直到此时，从莫斯科到符拉迪沃斯托克的完整旅程才得以全部在俄罗斯领土上实现。

俄罗斯蒸汽机车
苏联的蒸汽机车于20世纪50年代停产，但有一些被西伯利亚大铁路的各大站点保留下来。图中所示的机车型号一直服役到20世纪70年代。

即便是最乐观的铁路开发商也无法预言西伯利亚大铁路对西伯利亚,乃至整个俄罗斯历史产生的深远影响。诚然,它所带来的并不都是正面效应。除了催生日俄战争之外,它还在其他一些主要军事冲突中扮演了关键角色,最为人知的就是两次世界大战。其次,沙皇政府为修建铁路付出了沉重的代价。由于将有限的资源过度集中于铁路项目而忽略了其他民生投入,经济发展的严重失衡最终引发了1917年推翻沙皇专制政权的革命,尼古拉二世一家在叶卡捷琳堡被处死。讽刺的是,此处正是西部路段的主要站点之一。尽管如此,如果不考虑高昂的成本和早期乘客们承受的某些特殊遭遇(见《旅途体验》),西伯利亚大铁路算得上是一个成功的项目。时至今日,它仍是连接西伯利亚与俄国其他地区的交通动脉。西伯利亚大铁路为双轨电力线路,客货运输均十分繁忙。它不仅是世界上最长的铁路,其重要地位在世界上也首屈一指。

俄罗斯时区

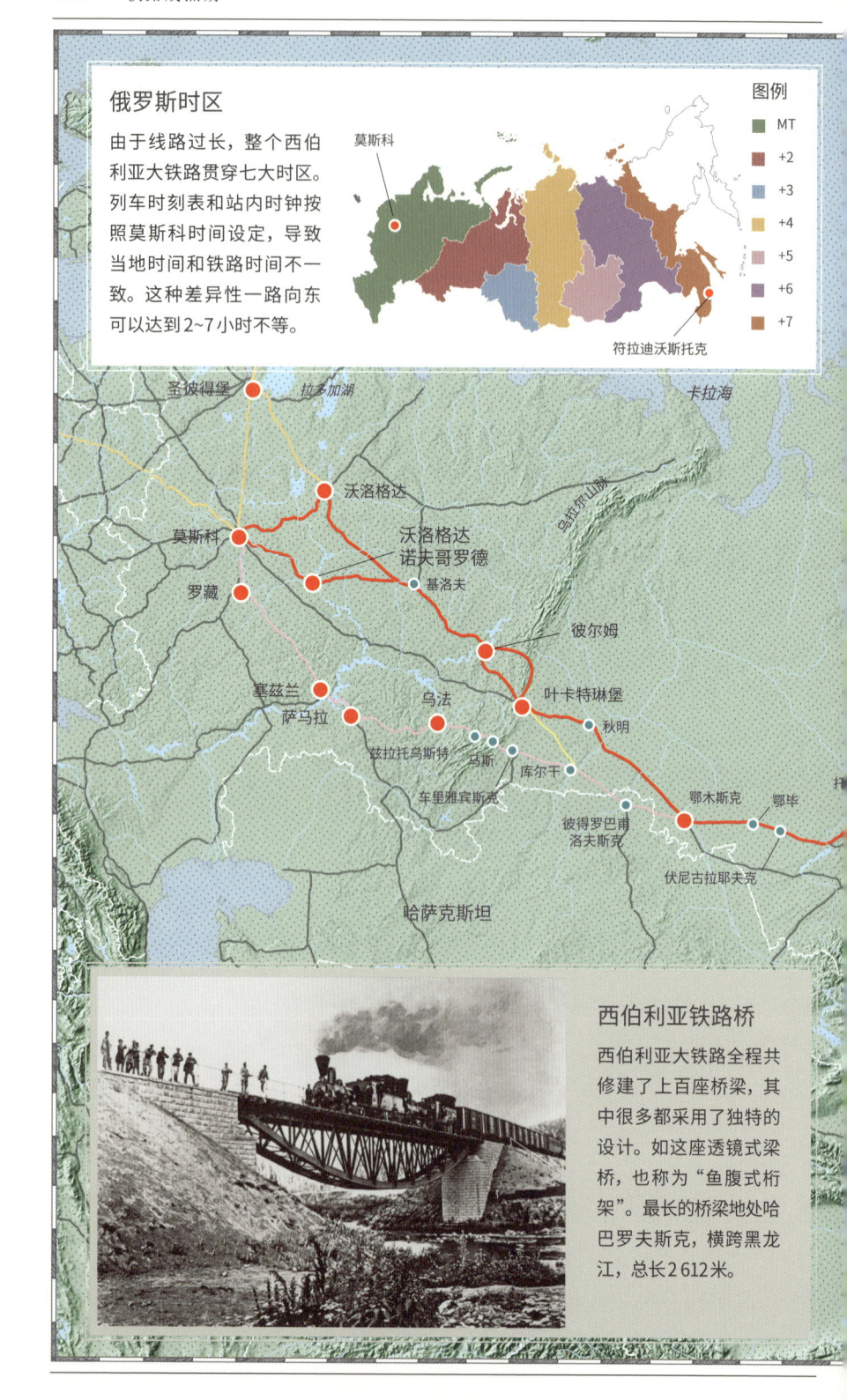

由于线路过长，整个西伯利亚大铁路贯穿七大时区。列车时刻表和站内时钟按照莫斯科时间设定，导致当地时间和铁路时间不一致。这种差异性一路向东可以达到2~7小时不等。

图例：
- MT
- +2
- +3
- +4
- +5
- +6
- +7

莫斯科　符拉迪沃斯托克

圣彼得堡　拉多加湖　卡拉海
沃洛格达
莫斯科　沃洛格达　乌拉尔山脉
诺夫哥罗德
罗藏　基洛夫
彼尔姆
塞兹兰　乌法　叶卡特琳堡
萨马拉　秋明
兹拉托乌斯特　鄂木斯克　鄂毕
车里雅宾斯克　库尔干
彼得罗巴甫洛夫斯克
伏尼古拉耶夫克
哈萨克斯坦

西伯利亚铁路桥

西伯利亚大铁路全程共修建了上百座桥梁，其中很多都采用了独特的设计。如这座透镜式梁桥，也称为"鱼腹式桁架"。最长的桥梁地处哈巴罗夫斯克，横跨黑龙江，总长2 612米。

西伯利亚大铁路线路图

俄罗斯的铁路网络规模仅次于美国和中国，它辖有世界上最长的铁路似乎合情合理。总长约9 250公里的西伯利亚大铁路横跨俄罗斯内陆，连接该国西部欧洲区心脏地带与东部亚洲地区腹地。铁路全线采用宽距双轨铁道并于2002年实现了电气化。西伯利亚大铁路是这片辽阔的疆土上经贸传播的重要动脉。

图例
- 西伯利亚大铁路
- 南乌拉尔铁路
- 贝阿铁路
- 中国长春铁路（部分）
- 其他铁路线路
- 国界
- 主要城镇
- 城镇

东方快车

可能某些读者要觉得失望了,因为"东方快车"上从未发生过谋杀案。但毫无疑问,阿加莎·克里斯蒂为她的推理悬疑小说找到了合适的场景。令人兴奋且充满异国情调的东方快车横贯欧亚大陆,享誉全球,将西方旅行者们送往神秘未知的东方世界。不得不说,它所提供的服务是那个时代的伟大传奇。而这一切,都要归功于比利时工程师乔治·纳吉麦克(Georges Nagelmackers)个人的不懈努力。

纳吉麦克是国际卧铺车厢公司的创始人,与普尔曼的开放式卧铺车厢不同,他的卧铺车厢里有单独的隔间分区。不过,除了为乘客们提供设备齐全的时髦车厢之外,纳吉麦克真正的天才之处在于他所创想的"无国界"跨欧洲大陆通道。为此,早在1872年,他就开创了比利时北部海岸城市奥斯坦丁与意大利"靴跟"布林迪西之间的铁路运营服务,线路长度达到1 600千米,并一举成功。随着奥斯曼帝国的衰落和东方及巴尔干半岛的开放,纳吉麦克嗅到了连通欧亚两洲的客运商机,于是他开始着手创建横跨东西大陆的东方快车,途经6个国家,从巴黎直达君士坦丁堡(今伊斯坦布尔),总长2 989千米。

同时与6国铁路部门打交道可不是件简单的工作。纳吉麦克使出浑身解数,发挥谈判专家的所有技巧来解决各种问题。最为重要的是,他还必须确保每个国家的轨道均为标准轨距,且各国都要有适合牵引东方快车的机车。另有包括从隧道宽度到储酒柜安保等问题,不一而足。虽然路线所经的巴尔干半岛正从无数场战争中复苏,并还处于与奥斯曼和奥匈帝国的独立纷争中,但作

乔治·纳吉麦克
比利时实业家乔治·纳吉麦克是国际卧铺车厢公司的创始人,该公司以东方快车服务而著称。

东方列车（路线图）

为一个卓越的宣传家，纳吉麦克仍然成功激发了人们对这场商业冒险的巨大兴趣。

满载新闻媒体和重要人物的首发列车于1883年10月4日晚从巴黎东站启程，计划三天半后抵达君士坦丁堡。《泰晤士报》记者亨利·斯蒂芬·欧泊尔·德·布洛维茨称纳吉麦克创造了"前所未有的方便和舒适"的体验。车厢里配备了吸烟室、女士梳妆室和图书馆，每个包厢均设有路易十四风格的小型客厅，地板上铺着土耳其地毯，还放置了嵌入式桌子和红丝绒扶手椅。傍晚时分，只需将包厢墙体放下，便可露出装饰精美的卧床。卫生间地面镶嵌着马赛克，列车后部还有一节提供冷热水淋浴的特殊车厢。这些设施在列车史上实属首创。据一份记录显示，当然在无数的传奇故事中也提到过，纳吉麦克的得意之作还是餐车。

它的天花板是来自科尔多瓦的压花皮革，墙上的挂毯出自"太阳王"

高山探险

第一次世界大战前夕,东方快车经过奥地利境内的阿尔卑斯山。在此处牵引列车的奥地利机车是全程中6架不同的机车之一。

路易十四创办的戈布兰织造厂,窗帘则以最精美的热那亚丝绒制成。

餐桌上盖着洁白的缎面桌布,手边摆放着折叠整齐的餐巾和装有香槟的冰酒桶。如果五道菜品的套餐不足以满足需求的话,每节车厢的尾部均配有装满山珍海味和冰镇饮料的冰箱。

纳吉麦克是个注重细节的完美主义者,他设置了一系列的规章制度来保持列车的高水准服务。他要求车厢乘务员在任何时候都要保持机敏,在某些特殊场合下,还须按照路易十四时代的风格来打扮,穿上蓝丝绸马裤和扣带鞋。连机车的乘务组工作人员也被要求穿着礼服,即使这身行头对于在锅炉间的工作人员来说极不实用。

东方快车的首次征途就像一场无尽的盛宴。在斯特拉斯堡、维也纳和布达佩斯,当地的铜管乐队和政要亲自迎接列车的到来,而一个吉卜赛乐团则在匈牙利车站登上火车,为乘客们一路演奏到罗马尼亚边境。这当中唯一的缺憾莫过于线路还没有完全修建完毕。由于多瑙河畔上的桥梁仍在施工,列车需要搭乘轮渡从罗马尼亚到达保加利亚。据记者布洛维茨所说,这最后一段行程所经的区域盗贼横行,强盗们不久前还袭击了一座火车站,并准备将"不肯交出钱物的站长和属下们一起绞死",直到工人们赶来才仓皇逃离。最后,布洛维茨和同事们备好左轮手枪,全副武装地踏上征途,可实际上他们连使用手枪的机会都没有遇到。82个小时以后,从巴黎出发的布洛维茨准点抵达君士坦丁堡,并在那里对苏丹进行了首次专访。

又过了6年,君士坦丁堡的直达线路正式开通,行程共3天。乘客如果在星期三晚7点半从巴黎上车,那么星期天下午5点35分就能到达终点站。由于较之船运更为便捷和快速,火车出行很快便吸引了大批旅行者。此后,各式各样冠以东方快车名头的其他路线相继开通,一些接驳车辆也投入使用,其中就包括从伦敦驶来的摆渡火车。1914年,第一次世界大战爆发,东方快车也因此暂停运营。但1918年战争刚一结束,第二条快车线"辛普朗东方快车"旋即开通,为阿加莎·克里斯蒂的小说提供了故事背景。这条铁路借道瑞士和意大利之间的辛普朗隧道,途经米兰、威尼斯和的里雅斯特,受欢迎程度很快便超越更北面的巴黎—君士坦丁堡线。20世纪30年代,东方快车服务进入全盛时期,第三条路线"阿尔贝格东方快车"应运而生,经苏黎世和因斯布鲁克与布达佩斯相连,其中卧铺车厢的服务还可一直延续到布加勒斯特和雅典。1939年,"快车"服务因第二次世界大战而中断,但德国的米杜柏公司仍在巴尔干地区的铁路线上开展业务,直到线路最终被南斯拉夫游击队所捣毁。

虽然东方快车上并没有发生过凶杀案,但在20世纪50年代冷战正

驶往巴黎
1887年4月18日,一名旅行者花费52.95法郎购买了一张从布达佩斯去往巴黎的"东方快车"车票。

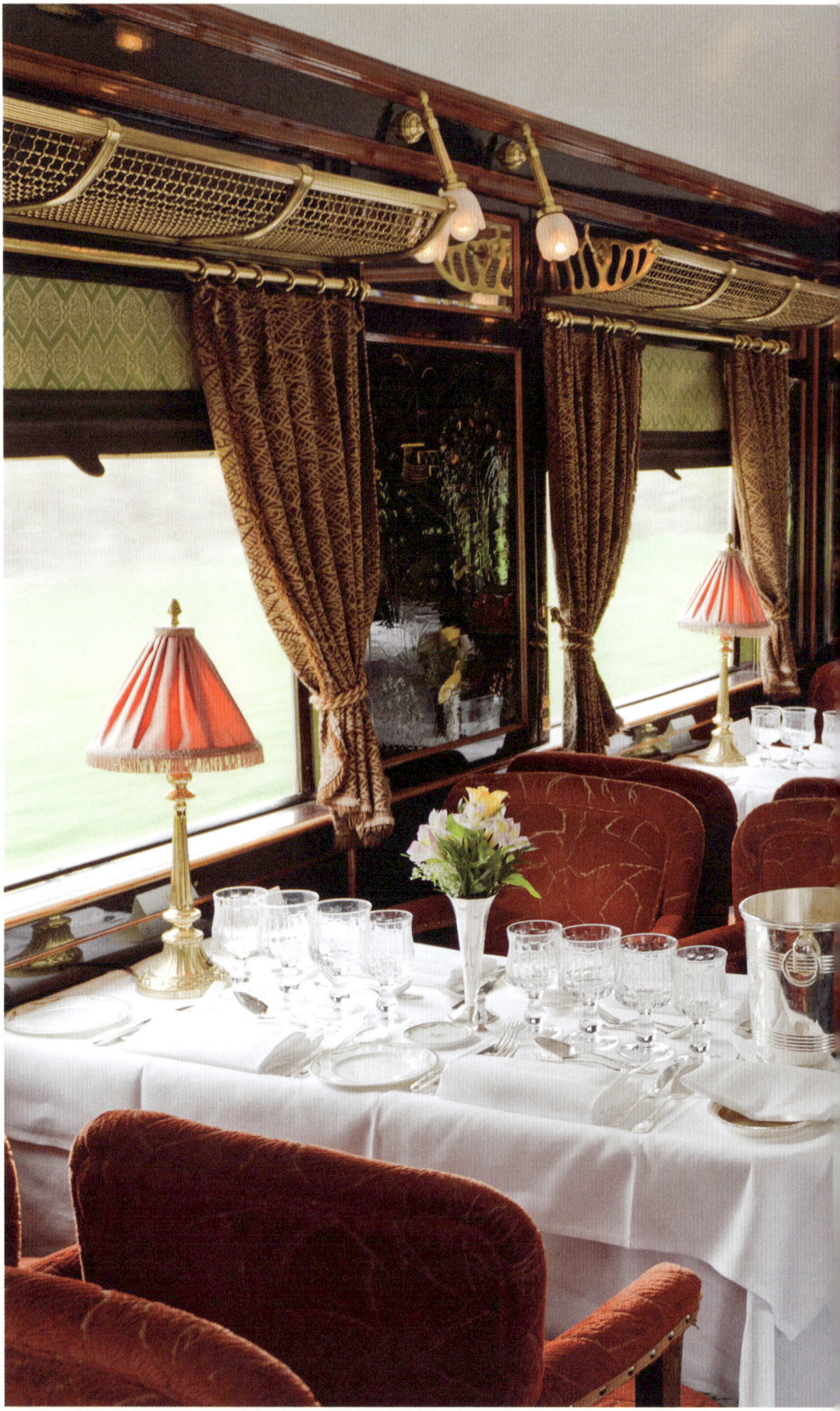

豪华餐厅

东方快车餐车的晚餐摆桌。第一份菜单包括牡蛎、青酱多宝鱼、野味肉冻、炖鸡肉和饭后自助甜点。

酣时，一位美国特工离奇掉下火车身亡，成为历史谜案。其他的是非纷纭更是不胜枚举。卧铺车厢的乘务员常常要为各位绅士甚至王公贵族或大主教们召妓，因为这些大人物认为火车能够提供比妓院更为私密的环境。事实上，不少男人纯粹是因此而乘坐火车的。由于列车通行于东西方之间，乘客们中也混杂着不少间谍。在两次世界大战之间，有"国王使者"之称的英国外交部信使们于车厢中舍命保护外交文件，并在事后声称他们成功抵御了美女间谍的阴谋诱骗。当然，真实的情况我们也不得而知。

尽管设施极尽奢华，但东方快车作为富人专用列车的模式并没有持续太久。虽然起初仅有单程票价为300法郎（约为当时两周的平均薪水）的一等车厢，但没过多久，列车便开设了二等和三等车厢，主要供收入较低的人群在国内短途路段使用。一位作家这样写道："拥挤的车厢里跳动着旧欧洲时代的脉搏，流浪汉、小贩、吉卜赛乐手等中世纪人物悉数出场。"实际上，虽然列车在东西欧分治的"铁幕时期"之后依旧保持了正常运营，但豪华的卧铺车厢逐步被东欧共产主义国家路网的简朴设计所取代。

到了1962年，东方快车和阿尔贝格东方快车都已停运，

东方的希望
一张法国海报展示了1888年东方快车冬季时刻表。图中宣传了主要的七大站点，还包括一条通往伦敦的接驳线服务。

> 六个国家的农民停止田间的劳作，
> 目瞪口呆地看着闪闪发光的
> 车身和车窗后一张张傲慢的脸孔。
>
> ——E. H. 库克里奇
> 《东方快车》

唯一剩下的辛普朗东方快车也被速度较慢的"直达东方快车"所代替。发车频次为巴黎到贝尔格莱德每日一班，巴黎到伊斯坦布尔和雅典每周两班。随着汽车的普及，1977年，开往伊斯坦布尔的火车服务被最终取消。东方快车式的服务间或在巴黎与维也纳，以及布达佩斯与布加勒斯特路段提供，但随着2009年巴黎—斯特拉斯堡高速公路的开通，此项服务也宣告终结。（伦敦和威尼斯之间尚有"威尼斯—辛普朗东方快车"保持运营，但为单独实体。）或许，在2009年东方快车的绝唱响起之际，它已不再适应时代，已经将其生命延续到了最长最远的一刻。

世界之最

亨利·梅格斯（Henry Meiggs）曾是个借着铁路建设而大发横财的不法商人。1855年，44岁的梅格斯在一片欺诈指控声中从旧金山逃到智利，但22年后，当他离开人世之际，这位英俊而富有传奇色彩的人物已被人们尊称为"堂·亨利"先生。梅格斯成功征服了世界上难度最大的地形障碍，翻越了看似难于上青天的安第斯山脉，人们将他与古印加的征服者西班牙人皮萨诺相提并论，他也因此而得名"美洲的皮萨诺"。

梅格斯对于宏大计划的非凡筹划才能从青年时代就开始崭露头角，但由于其惯用欺骗手段来掩饰项目失利，他的信誉一直不佳。梅格斯早期靠木材生意发家，并在纽约创办了自己的公司。淘金热时期，他把公司迁到旧金山，此后便开始涉足金门大桥附近的地产开发，可没过多久就深陷债务危机。濒临破产边缘的他铤而走险，开始以非法获取的许可证来募集资金。然而，这种欺诈行径很快败露，梅格斯只得仓皇逃往智利。不料他的坏名声早已传到这里，穷途末路的梅格斯只好暂时找了个铁路监工的活计，但很快就凭借高效的管理能力获得晋升并开始掌管整个项目。在梅格斯之前，美国人威廉·惠尔莱特（William Wheelwright）和传奇人物理查德·特里维西克都曾梦想在南美洲西海岸和内陆之间修筑一条铁路，但最后只有梅格斯将其变为现实。这项非凡的成就对拉美地区产生了巨大影响，它不仅为当地丰富的铜、银等矿产资源提供了开发条件，也为智利和秘鲁两国的经济发展做出了杰出贡献。

亨利·梅格斯
极具魅力的美国实业家亨利·梅格斯征服了高耸的安第斯山脉，是智利和秘鲁铁路发展的先驱人物。

梅格斯起用的工程师都与他同样具备过人的胆识，他们接到的首个项目就是位于太平洋海岸和圣费尔南多之间145千米的铁路，途中需要修建一座跨越迈波河的大桥，连接原本分隔的智利南北两部分。项目在梅格斯的管理下提前竣工，这也为他最终竞得智利境内最重要铁路的修筑权奠定了基础。此线从智利首都圣地亚哥到西部海岸的瓦尔帕莱索，直线距离仅有89千米，但由于山路蜿蜒，实际长度达到了185千米。修建工作早在惠尔莱特时期就已经开始，已投入资金高达百万比索（约为数万美元）。但直到梅格斯接手之时，已完工路段才刚过6.5千米。为了完成项目建设，智利政府不得不向伦敦巴林银行融资，并由内政部长与梅格斯签订了加速进度合同。梅格斯承诺在3年内以600万比索的成本修完铁路，如果提前完工，他将收取50万比索作为额外费用，每提前一个月还另可得到1万比索的奖金。在1万名工人的努力下，梅格斯仅用时两年零三天就完成了项目，用胜利证明了他令人惊叹的现场管理和谈判才能。

成功"征服"智利以后，梅格斯又转战秘鲁寻求更大的突破。刚从丰富鸟粪石资源中获取了巨大财富的秘鲁政府欲效仿40年前的比利时，以及同时期的加拿大和意大利，利用新增财富来修建统一国家的铁路系统。梅格斯的到来受到了秘鲁政府的热烈欢迎。当然，对于统治阶层来说，他们所欢迎的还有随之而来的巨额工程贿赂。

秘鲁政治史上发生的一出典型戏剧性事件为梅格斯带来了巨大商机。1868年，何塞·巴尔塔（José Balta）上校当选总统，大选刚一结束，秘鲁就爆发了灾难性的大地震，精明的梅格斯借此向秘鲁政府（抑或巴尔塔本人）捐赠了5万美元作为赈灾款项。由于将鸟粪石的贸易独家特许给了法国公司，巴尔塔在当时饱受秘鲁各界的诟病，殊不知他又将贸易所得交给了另外一个外国人梅格斯来修筑铁路。在巴尔塔在位的3年间，梅格斯一共签订了6份条件极为优惠的政府合同，铁路建设长度达到1 600千米。最终，1861年时铁路保有量仅为98千米的秘鲁，到1874年已建成1 524千米轨道，到梅格斯去世两年后的1879年，铁路总长达到近3 200千米。

梅格斯在秘鲁修建的两条铁路均为业界奇迹之作。首条线路从南

> 秘鲁加莱拉车站
> 海拔高度
> # 4 777 米
> 世界海拔最高火车站

部港口莫延多出发，经秘鲁第二大城市阿雷基帕，向上到达的的喀喀湖和胡力亚卡矿区。梅格斯预计项目成本为1 000万索尔（大约相当于今天的3亿美元），但他向政府提出了1 500万索尔的预算，然后按照1 200万索尔的资金规格开工建设，并提前完成了修建任务。另外一条"秘鲁中央铁路"西起利马外港卡亚俄，穿过安第斯山脉中最为高耸陡峭的路段，再沿险峻的印加古道，直达万卡约的铜矿和传说中塞罗德帕斯科的银矿地区。

可惜，这些铁路的建设过程时逢秘鲁金融动荡期，由于该国鸟粪资源开发殆尽，政府财政来源枯竭，梅格斯不得不创立自己的汇票，即所谓的"梅格斯票据"来筹措资金。而更为遗憾的是，在项目过程中梅格斯不幸去世。万幸的是，他在生前已将筑路方法展示给大众，并且已经征服了斜度最高的山峰。他借鉴了英国之字形路线的概念，并将其用于前所未有的规模之上。印度高山铁路的爬升海拔为760米，而梅格斯的火车可以爬至4 250米高的山峰，仅160千米的距离就使用了25条之字形路线。

作为一个外国人，梅格斯自然而然地被当成秘鲁经济灾难的替罪羊。有位记者甚至指出"亨利·梅格斯的丰碑建立在秘鲁的破产之上"。然而，梅格斯仍是大多数人心目中的英雄，他的名字被用来为秘鲁最高峰之一冠名。梅格斯的成功不仅在于他选择最佳路线的判断能力，还因为他强大的组织才能和善于挖掘团队潜力的品质。一位秘鲁记者曾这样描述"铁路军团"与恶劣环境搏斗的情景：

由"堂·亨利"属下工程师和劳工组成的"军队"（沿线路分散为11个营地）正在攻陷安第斯山脉。侦察兵首先在前找出最优化的路线，先

架桥于渊

为了深入秘鲁偏远地区，亨利·梅格斯修建了无数跨越山谷深渊的桥梁。图为胡力亚卡矿区一座看似危险的高架桥。

梅格斯汇票

19世纪70年代,亨利·梅格斯有效地在秘鲁创建了自有货币为铁路项目融资。约有价值100万索尔的"梅格斯汇票"成功进入经济流通领域。

遣部队再循迹而上,标出确切的道路,而后主力军进场平整障碍、填平地面、开挖地洞或隧道,打桩铺轨则由最后上场的殿后部队完成。

梅格斯以善待工人而闻名,特别是当时令人又嫌又怕的智利工人。詹姆士·福西特(James Fawcett)在《安第斯铁路》中写道,典型的智利工人"性格大胆,他们随身携带族人独有的锋利弯刀,技艺超群。他们憎恨一切纪律,却对甘蔗汁和赌博情有独钟"。梅格斯将工作团队视作雇员而非奴隶,他另外聘请的5 000名中国劳工也为项目做出了杰出贡献,但薪资待遇却不如秘鲁工人。福西特曾引用当时一位目击者的话说:"一些中国人身材发福,要知道,全国其他地方都找不到肥胖的中国人!梅格斯为他们准备了充足的米饭和牛肉,在每天开工之前还有丰盛的早餐。"

终其一生,梅格斯渴望回到美国的心愿都未曾改变。虽然他宣称所有债务都已偿清,但旧金山的总督仍否决了他的免罪提案。1977年,在他离世一个世纪以后,加利福尼亚州最高法院终于撤销了对梅格斯的起诉,并声明他已去往"更高处的审判庭"。然而,梅格斯的死亡并没有终结其家族的影响力。他在哥斯达黎加的铁路修筑工作由侄子米诺·基斯接手完成。由于这条线路的主要收入来源为香蕉运输，基斯继而成立了庞大的联合水果公司，并垄断当地的香蕉贸易近百年之久。

攀登高峰

早期的铁路都建造在尽可能平整的地面上,但以矿业为首的工业发展很快便对火车的爬坡能力提出了新的要求。最原始的解决办法是"斜坡法":人们在坡上安放两根平行轨道,并将两列火车用铁链连接,下行的列车通过滑轮装置将与其链接的另一列火车拉拽上坡。这种方式在运输原材料的采石场和煤矿等短途路段特别有效,牵引动力多为马匹或固定式蒸汽机车。现代的缆索铁路就是在这种装置的基础上发展出来的,此外,螺旋形展线、人字形展线等其他工程解决方案也被发明了出来。

螺旋形展线

在螺旋形路段修筑铁路可使火车上坡的速度大大快于常规的弯道。同时,螺旋形展线还避免了人字形展线需要反向和间断行驶的不便。这种模式在地形险峻的山区尤为盛行,轨道可随着均匀的曲率和坡度绵延上行。

瑞士布鲁西奥螺旋铁路桥建于1908年,下行高度20米,坡度为7%。

人字形展线

厄瓜多尔首都基多海拔2 850米,从城市通往海岸线的铁路以一系列人字形路段穿越了人称"恶魔鼻子"的悬崖峭壁。通过这种方式,火车可以通过驶入闭塞侧线在短距离内爬升至一定高度,而后再朝相反方向继续攀爬人字形的另一段。

缆索铁路

第一条缆索铁路于1862年在法国里昂开通，它实际是一种类似于斜坡铁路的缆车系统，特点为四轨设计，供两列车辆平行运行。随着铁路会让线的发展，缆索铁路的后期设计在空间和材料的有效利用率上大为提高。先是两车共享中间轨道的三轨设计被开发出来，后来有人提出了通过两侧会让线实现双车道共享的两轨设计。

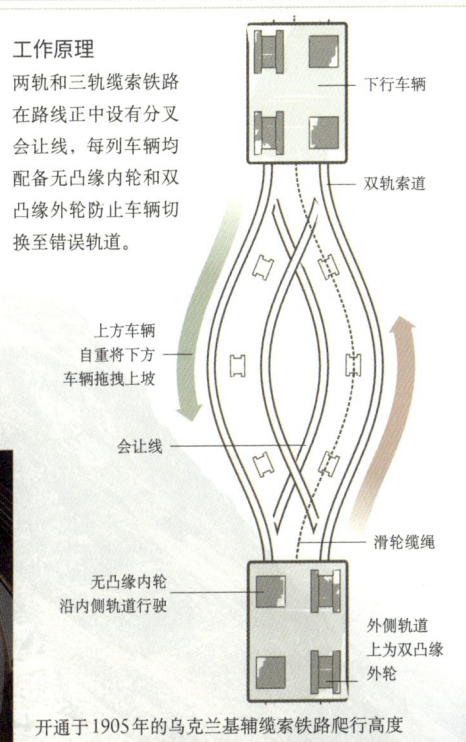

工作原理

两轨和三轨缆索铁路在路线正中设有分叉会让线，每列车辆均配备无凸缘内轮和双凸缘外轮防止车辆切换至错误轨道。

下行车辆

双轨索道

上方车辆自重将下方车辆拖拽上坡

会让线

滑轮缆绳

无凸缘内轮沿内侧轨道行驶

外侧轨道上为双凸缘外轮

开通于1905年的乌克兰基辅缆索铁路爬行高度达到238米，坡度为36%。

亨利·弗拉格勒和他的跨海铁路

作为美国历史上独树一帜的人物，亨利·弗拉格勒本可成为如约翰·D.洛克菲勒般的名流巨贾，却选择了将人生的最后30年投入到佛罗里达铁路建设上，并由此奠定了该州旅游业的基础。1912年，世界上最具野心的铁路项目之一"跨海铁路"完工。这条铁路从内陆腹地开始，穿越佛罗里达岛礁，一直延伸到美国本土最南端的基韦斯特。弗拉格勒在取得他最终胜利的一年后即安然离世。

在开始佛罗里达的伟大冒险的多年前，弗拉格勒就已经是洛克菲勒标准石油公司的关键合伙人。据他的传记作者戴维·钱德勒（David Chandler）所言，洛克菲勒曾坦承他的创业灵感来自弗拉格勒。实际上，弗拉格勒对公司组织结构所做的贡献的确要大过洛克菲勒，他所设定的法律架构使公司巧妙地躲过了反垄断诉讼。然而，弗拉格勒仍希望找到一个能发挥他巨大创造能量的通道。1883年，就在他与第二任妻子艾达的蜜月旅行中，佛罗里达州进入了他的视线。

当时的佛罗里达建州不久，政府急于出售土地权益以获利。弗拉格勒发现，虽然圣奥古斯丁的各项基础设施尚不发达，但作为最早的欧洲移民定居地，它依然吸引了大把富人前来旅游度假。弗拉格勒敏锐地嗅到了这个千载难逢的好机会，决定放弃他在标准石油公司的日常工作，转而在佛罗里达东海岸沿线修建了一系列度假酒店。1888年，配备有540个房间的庞塞德莱昂酒店在圣奥古斯丁正式开业。

酒店出自大都会歌剧院和纽约公共图书馆设计团队之手，极尽奢华之能事，开业之初便立刻吸引了大批游客。但当地糟糕的铁路状况阻挡了游客们的热情。由于各条铁路轨距不同，乘客们不得不频繁转车，连接小镇与纽约的稳定直达线路成为当下迫切之需。弗拉格勒断言，"95%的普通旅客都愿意优先选乘直达车"，于是他将所有已存铁路全部买下并转换成统一的标准轨距。但现有的铁路只通到了代托纳海滩，弗拉格勒还需在余下2/3的路段上铺设新的轨道。

佛罗里达东海岸铁路

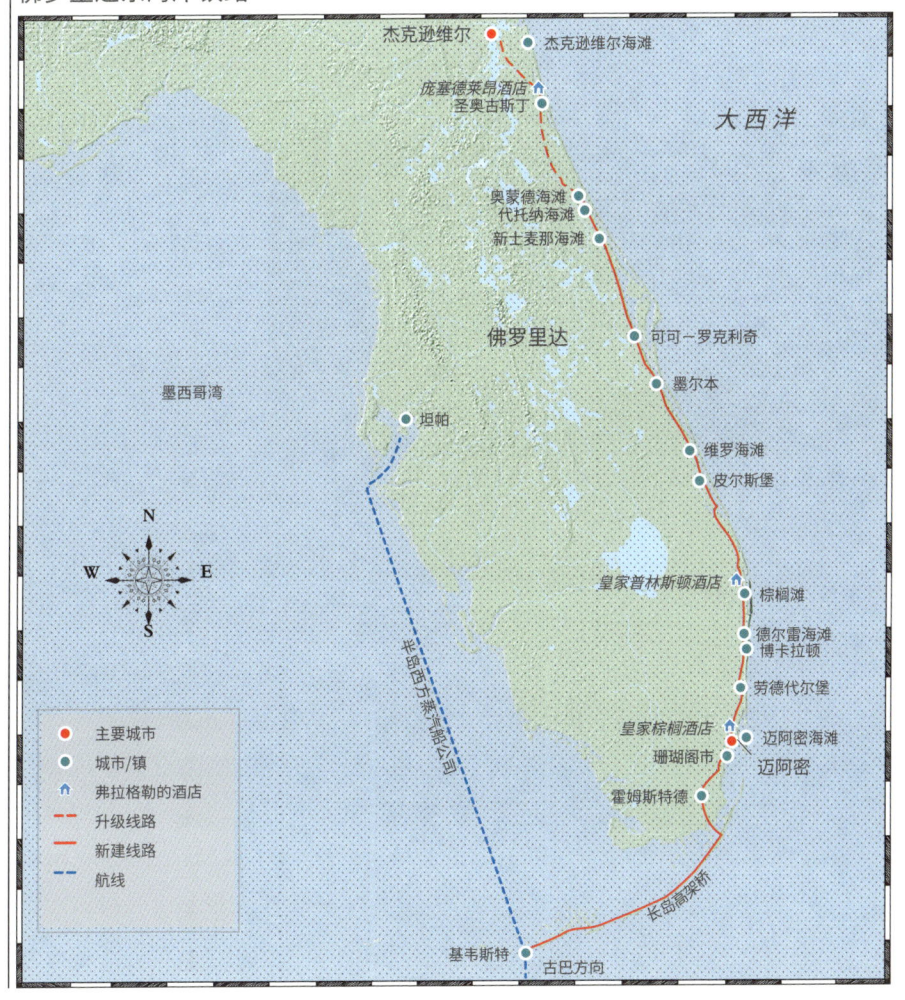

弗拉格勒将第二站选在他于1893年发现的天然海港棕榈滩。他通常会先匿名考察某地以免引起注意，然后再返回将看中的地块公开买入。数月之后，拥有1 100个房间的皇家普林斯顿酒店落成，钱德勒称之为"全球最大的度假村，设施和人员配备的奢华程度超乎想象"。此外，弗拉格勒还将铁路往南延伸至酒店所在地。而住客阵容也同样豪华，每年冬天均有百列私人列车到此参加"乔治·华盛顿生日舞会"，与会来宾都是美国各界的重量级人物，包括弗拉格勒在内的所有人士

庞塞德莱昂酒店

庞塞德莱昂酒店建成于1888年，是亨利·弗拉格勒开发佛罗里达东海岸进程中的地标性建筑，位于今弗拉格勒大学（创建于1968年）的正中心。

穿上精心制作的长礼服、网袜，戴上假发和成串的钻石盛装出席。由于某个酒店附属建筑物内的游乐设施极受欢迎，后来干脆被改造成一个小型赌场。

为了促进当地工业发展，弗拉格勒还创办了"模范地产公司"，用钱德勒的话来说，"公司在佛罗里达东海岸的开发进程中起到了关键作用。"他鼓励当地居民种植蔬菜、柑橘和菠萝。1884年冬，当一场突如其来的暴风雪将孕育中的新兴产业摧毁殆尽时，弗拉格勒悄悄捐出一大笔钱资助受灾农民。他甚至还设置了一套天气预报系统，如果寒潮来袭，火车司机会鸣响6声长笛，提醒橘子林里的农民赶紧使用俗称为"烟罐"的燃油加热器来防止果树结霜。

时有发生的寒潮让弗拉格勒下定决心将铁路修至往南100千米的地区，那里的气候和环境更为适合农业发展。在铁路扩张的过程中，他也随之获得了总计超过两百万英亩的土地所有权，其中就包括大西洋海岸美丽的比斯坎湾。彼时这片区域"沼泽丛生、蚊蝇遍地、毒蛇四伏，遍布红树灌木和恼人的丝兰丛"，然而弗拉格勒在这个蛮荒之地建造了一座小镇，并将水电等现代设施引入此处，当地居民欲将小镇取名为"弗拉格勒"来纪念他的功绩，但他婉拒了人们的好意，最后采用了源头河流之名来为小镇命名，这就是迈阿密市的由来。之后的一年，弗拉格勒又修建了另一座豪华酒店"皇家棕榈酒店"，同样大获成功。1896年，从邻州佐治亚经杰克逊维尔抵达迈阿密度假区的800千米铁路线也修建完工。从地图上看，所有人都认为铁路的终点到迈阿密为止，但弗拉格勒继续前进，穿过迈阿密西南部和基韦斯特之间的佛罗里达礁岛群，将铁路一直修到远离大陆的墨西哥湾海域。"我心中有股力量在推动着我，"他告诉一位朋友，"我必须将计划进行到底。"他所说的就是总长为206千米的"佛罗里达跨海铁路"。

从某个角度来说，弗拉格勒是幸运的。当他的铁路计划准备完毕之时，恰逢西奥多·罗斯福总统批准修建巴拿马运河，基韦斯特因此具备了成为重要交通港口的潜力。弗拉格勒为项目的开展找到了一位绝佳人选，此人就是约瑟夫·卡罗尔·梅瑞狄斯（Joseph Carroll Meredith）。在此之前，梅瑞狄斯曾成功完成了墨西哥湾坦皮科处巨型码头的建造。然而这一次，首要任务就是近海佛罗里达大沼泽地处146千米的轨道铺设。从深不见底的沼泽地、无名的湖泊，到毒蛇、鳄鱼、蚊虫，直到举国最大的挖泥船才能移动的障碍物，这个考验充满了各种艰难险阻。紧接着要面对的就是60千米的跨海铁路，途中需要修建27千米的大桥和32千米的岸堤，工程难度史无前例，仅长岛高架桥就长达4千米，而最长的骑士岛高架桥则绵延11千米，以366个水泥柱作为支撑，桥身留有开合桥供船只通过。由于施工地点全部位于海面，4 000名工人全部被安置在配备了所有生存必备物资和大量淡水的巨型驳船之上。然而，在事故和疾病的双重威胁之下，工人们的伤亡率仍然很高。为了及时治疗伤者，管理者们甚至在迈阿密市内建起了医院。自然灾害同样

> 只有他独具慧眼地预见到这片荒野的潜能，并深具在此修筑铁路的勇气和决心……
>
> ——乔治·K. 柏金斯
> 评价弗拉格勒的成就

给工程带来了严重破坏。1906年，住宿驳船在飓风的袭击下倾覆，直接导致至少70名工人死亡，项目也因此而拖延了一年。

佛罗里达跨海铁路耗资两千万美元（相当于今天的5亿美元），总工期近7年。工程的成功在很大程度上要归功于员工们对弗拉格勒的忠诚。一位工人曾经这样告诉记者："只要弗拉格勒先生能亲眼看到项目完工，我们中的每个人都愿意为之辛苦一年。"在1912年1月22日的铁路开通典礼上，弗拉格勒饱含热泪，激动不已："我的梦想已实现，现在可以死而无憾了。"20年前他就曾预测自己只剩20年的寿命，而工程的完工却要30年，在有生之年里亲睹铁路的开通对于弗拉格勒来说绝对是天大的惊喜。"哈瓦那特快"的定期班次服务从此开始运营，列车从纽约出发，只需52个小时便能抵达基韦斯特，乘客们下车后可以舒舒服服地漫步至港口，再搭船前往45千米以外的古巴。弗拉格勒在完

成了他的人生使命之后，于次年安然长辞。

遗憾的是，这条铁路并没有吸引到太多游客，线路的安全性能也因时常发生的恶劣天气而受到影响。综合上述情况，铁路公司在1932年宣告破产。1935年劳动节期间，近海部分铁轨也在20世纪以来最强暴风雨中被摧毁殆尽。尽管如此，梅瑞狄斯还是出色地完成了他的任务，后来取代了铁路的一号高速公路正是建立在弗拉格勒投资兴建的路基之上。阳光之州佛罗里达的确需要感谢弗拉格勒为这片土地做出的贡献，因为在他进行开发之前，这里还是美国最贫困落后的州县，而今天，佛罗里达的经济已位于全球前列。

跨海特快

一列特快列车在长岛高架桥上呼啸而过。这条4千米长的拱桥将佛罗里达礁岛群中的两座岛屿相连。今天，沿弗拉格勒的铁路线修建的跨海高速（又称一号公路）就采用了其主结构作为路面支撑基础。

货运车辆

货运机车是铁路运输的主要交通工具。相比行驶速度，它对输出功率有着更高的要求。集装箱的使用进一步促进了对货运车辆的旺盛需求。在煤炭、谷物和液态货物等大宗物品运输领域，铁路仍是人们的首要选择。

联合太平洋公司25408号守车（19
守车即货运车辆的最后一节车厢，也是机务人员所在之处，普遍存在于美国利大的铁路系统。据称，它的名字来源语的谐音，意为"船上的厨房"。自从信号系统出现以后，守车的使用频率逐少。图中所示的守车型号还配备了一顶以便观察货物情况。

巴尔的摩—俄亥俄铁路公司3684号机车（1966）
这台通用汽车公司GP40型柴油电力多功能机车既可用于小型货物快运，亦可用来运输重物。它还是巴尔的摩—俄亥俄铁路公司第一台输出功率达到2 240千瓦的机车。

前置驾驶室

安装于16.8米长的车架上

巴尔的摩—俄亥俄铁路公司7402号机车（1964）
7402号机车是隶属于巴尔的摩—俄亥俄铁路公司的24台SD35型柴油动力驱动机车之一。该车的16缸发动机可产生1 900千瓦的输出功率。其两根三轴转向架的构造是低速高负载货运火车的典型特征。

货运车辆　**213**

诺福克—西方铁路公司 522 号机车（1962）
522 号机车是通用汽车公司 GP30 型系列机车中最早被诺福克—西方铁路公司采用的机型。该车使用柴油电力作为驱动，输出功率可达到 1 680 千瓦。

圣达菲南部铁路公司 92 号机车（1953）
通用汽车公司出品的 GP7 型 92 号机车是柴油电力驱动的调车机车，这台机车首次采用了模块设计，车身狭窄，外部有环形设计的人行通道。

诺福克—西方铁路公司 1776 号机车（1970）
1776 号机车是通用汽车出品的 115 台 SD45 型柴油电力机车之一，输出功率可达 2 680 千瓦。车身涂有星条旗图案以纪念 1776 年美国独立。

3 架直径 1.21 米的散热风扇

机车重量为 141 吨

可满足 104 千米/小时的行驶速度

外部走道

瑞士联邦铁路货运公司 TRAXX 型 F140 AC（2003）
TRAXX 型机车是由庞巴迪运输公司制造的模块化系列机车的统称，它用途广泛，更是有史以来最经济的机车。图中所示为瑞士联邦铁路货运公司旗下的电力货运机车。

开普敦到开罗：未竟之路

开罗—开普敦铁路是所有铁路创想中最不可思议、最具野心也最不可能完成的项目，尽管如此，它离最后的胜利仅有几步之遥。在当时的世界政治地图上，英国殖民领土常以粉红色表示，原计划连接这片粉色地带的铁路工程最终未能如愿完工。不过，早在19世纪80年代，线路的前期施工就已经开始，而各分段项目在40年的艰苦努力之后也终告合并，但仍有几百英里的路程需要转乘水路交通。然而，即便是对铁路信心满怀的领导者也不得不承认这些转乘路线的必要性。的确，诚如项目发起人塞西尔·罗兹（Cecil Rhodes）所言，开罗—开普敦铁路的意义绝不在于建立全线交通，而是"带动沿线贸易"，更重要的是利用铁路贯穿大英帝国的殖民版图。

这条铁路集狂妄的个人主义、商业金融野心和军事必要性于一体，是维多利亚时代晚期英国各种思潮的缩影。无论后世将它看作彻底失败还是部分成功，由各色帝国主义者、承包商和工程师们所筑就的数千英里轨道仍在今天的非洲大陆发挥着重要的作用：通往大西洋和印度洋的各单独线路得以整合，铁路沿线还出现了一批新兴城镇。在铁路历史学家乔治·泰博（George Tabor）的《开罗—开普敦铁路》一书中，今天的赞比亚首都卢萨卡在当时不过是个"狮子出没的岔道"，而博茨瓦纳的首都哈博罗内则是"卡拉哈里沙漠边缘的荒僻酒馆"。

塞西尔·罗兹
英国的帝国主义者塞西尔·罗兹是开罗—开普敦铁路创想的幕后推手。这条铁路始于开普敦，横贯象征英国非洲殖民地的"粉红线"直达开罗。

横贯英国非洲殖民地全境的铁路创想最早由探险家H. M. 斯坦利（H. M. Stanley）提出。1876年，斯坦利向《每日电讯报》写信指明："解决非洲紧迫问题的出路是修建铁路，它既可挽救因牛瘟和舌蝇侵扰而锐减的马车道，又能借贸易交流的开放击溃奴隶制度。"凭借非洲南部的钻石贸易发家的帝国主义者和政治狂人塞西尔·罗兹

乔治·鲍林
传奇工程师乔治·鲍林（George Pauling）以惊人的毅力和速度，按照罗兹的规划修建了贯穿南非的铁路项目。

满怀雄心，要将斯坦利的设想变为现实。他在牛津大学求学时期的好友，集贵族和顾问工程师为一身的传奇人物查尔斯·梅特卡夫（Charles Metcalfe）爵士也给予了罗兹自始至终的支持。

为了项目的顺利实施，罗兹开始寻找能工巧匠帮助他在近乎苛刻的环境中修建铁路。他幸运地遇到了英国工程师乔治·鲍林。鲍林掌管的家族铁路承包公司成立于1894年，已有10年海外铁路项目的施工经验。公司成员中还包括乔治的兄弟哈利，以及哈罗德、亨利、威利、佩西4位表兄弟和妹夫阿尔弗雷德·劳利（Alfred Lawly）。

从任何一个方面来看，鲍林都是一位不同凡响的人物。他是个自称"永不可能减重到100千克以下"的大块头，当然这得归功于他的巨大胃口——鲍林曾在为期两天的火车旅程中与两位朋友一起喝光了300瓶德国啤酒，也曾一次吃掉过1 000只"小而可口"的牡蛎。鲍林的投资人埃米尔·厄兰格（鲍林依赖埃米尔·厄兰格的财务支持，正如罗兹依赖罗斯柴尔德一样）曾评价道，正是他"天生的好体格帮他扛住压力，抵御了疲劳和疾病"。

鲍林首先将轨道的大致形态修好，待到后期再进行桥梁建设。他对已完工路段质量的绝对自信确保了他所承诺的项目进度，铁路以不可思议的速度向前推进。鲍林几乎一眼就能判断出最便捷且经济的线路走向，所以，虽然他以每英里的固定价格收取野外勘探的费用，但他发现捷径的杰出才能让他获利甚丰。

1863年，非洲最南端开普殖民地的第一批铁路已经开通。为了节省成本，铁路轨距被设定为1,076毫米，又称"开普轨距"。资金压力限制了线路的进一步发展，而铁路的平均运行时速又因为轨距过窄而始终无法达到56千米。1872年，铁路以北965千米的金伯利地区钻石开采热潮兴起，为项目的扩张提供了动力，也为少年罗兹的帝国野心打下了坚实的财政基础。

当1885年铁路修抵金伯利之时，年方三十的罗兹正忙于借助戴比尔斯公司开创他的钻石王国。项目建设难度在铁路初始阶段就已凸显。为了进入干燥多尘的台地高原卡鲁，轨道需要爬升的高度达1 000米，从开普敦到伍斯特的650千米首段铁路耗费了整整8年时间。此后，鲍林承诺项目进度将会远快于前期。由于卡鲁平原的地形条件相对简单，

开普敦—开罗铁路建设
1859年，开普敦—开罗铁路项目在位于开普敦的非洲首条铁路上启动。到1918年铁路到达刚果河之际，跨非洲铁路的梦想已被中途放弃。

鲍林的工程团队以每天一千米的速度持续前行。虽然作为帝国象征的铁路遭到当地布尔人的强烈反对，并被称作"魔鬼的发明"，但鲍林却有一张意想不到的王牌：当年他的家庭曾接纳过几个被英国旅馆拒绝的布尔人，这份恩情被一直铭记着，而鲍林也由此得到了南非共和国总统克鲁格的支持。

> 开普敦到开罗的直线距离
> **6 750 千米**

1890 年，实业家与政客罗兹成为开普殖民地的总理。此前一年，他创办了英国南非公司，用以控制后来以他的名字命名的北罗得西亚和南罗得西亚。罗兹计划向北修建一条铁路经赞比西河直抵尼罗河谷。第一站从现有铁路终点弗雷堡往北延伸 160 千米抵达马弗京，这段线路在 1894 年 10 月宣告通车。接下来是通往布拉瓦约的 850 千米路段。鲍林遵守了承诺，以每天超过一英里的惊人速度将完工之日锁定在 1897 年。铁路落成典礼的庆祝横幅上赫然写着"我们前进的两条路：铁路和西塞尔·罗兹之路"。

接下来的任务是利用开普铁路连接布拉瓦约和南罗得西亚首都索尔兹伯里（今津巴布韦首都哈拉雷）。要达到这一目的，两处交线必不可少：一条位于索尔兹伯里和贝拉（葡萄牙殖民地莫桑比克境内）之间，另一条则从索尔兹伯里直抵布拉瓦约。项目进度曾因英葡两国的紧张局势而一度停滞，后来情况持续恶化，发展成为外交纠纷，甚至导致两国都不得不动用军队。直到 1892 年，英葡才就这一纷争达成合约，铁路的扩张得以继续。施工方面，即使有着 19 世纪成熟的科技水平，这条穿行于沼泽森林之中的线路仍然危机重重。项目开头的两年里，有超过一半的白人劳工死于热病。由于缺乏对当地疾病的免疫力，500 名印度雇工几乎无一生还。然而这一切并没有吓倒鲍林公司的项目经理阿尔弗雷德·劳利。这位杰出的工程师成功建成了泰博口中"惊人的 2 英尺（60 厘米）窄轨微型线路"，"而这了不起的一切都在简陋的工地上匆匆完成的"，只不过"有时候像在坐游乐场的过山车"。1898 年 2

月，首列火车挂着"现在我们离开罗不远了"的横幅，抵达罗得西亚的边境。该线路在随后的1899年被加宽至"开普轨距"。到1902年，布拉瓦约延伸线终于铺设到了印度洋上的贝拉。至此，开往大西洋开普敦的连续铁路轨道已经达到3 200千米之多。

  与此同时，从埃及地中海岸往南修建的铁路北段工程也取得了重大进展。埃及早在19世纪50年代中期就建成了几条铁路，但由于资金和政治问题，这些线路没能进入南部邻国苏丹。1883年，被称为马赫迪（意为救世主）的当地起义军首领率军杀死了苏丹殖民地总督查尔斯·戈登，并杀死了境内所有英国人，15年后，驻守埃及的英军总司令赫伯特·基奇纳（Herbert Kitchener）爵士率部到达苏丹首都喀土穆，发动了一场夺取苏丹统治权的决战。这场战役也成为该国铁路建设的重大突破。为了绕开尼罗河上数百英里的未通航河段，基奇纳需要一条南起瓦迪哈勒法，并直达喀土穆的铁路来安排军队机动。在各路专家对此计划均不看好的情况下，基奇纳找到了一位与鲍林同样具备才干的法裔加拿大工程师——佩里·吉鲁阿尔（Perry Girouard）。
  吉鲁阿尔放弃了沿尼罗河蜿蜒河岸修建铁路的计划，转而采用一段400千米的捷径穿越沙漠到达阿布哈马德，代替前一方案所需的近1 000千米路长。当时，年轻的温斯顿·丘吉尔正在基奇纳的部队里担任记者和文官职务，他曾经写下"文字很难描述铁路和建设者们所陷入的这片蛮荒之地"来描述当地的恶劣路况。基奇纳颇有远见地将铁路轨距定为"开普轨距"，方便日后与罗兹的铁路进行对接。吉鲁阿尔在尼罗河畔的瓦迪哈勒法建造了一个名副其实的"铁路小镇"，其中有了车站、商店和餐厅，并随线路的前进方向而移动。短短6个月之内，一半以上的工程量即告完成，就在铁路正式通车的当天，鲍林负责的南段工程恰好修抵布拉瓦约。
  9个月后，铁路已修建至喀土穆附近的阿巴拉，及时助力基奇纳于1898年9月发起的恩图曼复仇之战。战争中，英国军队仅阵亡50人，而马赫迪追随者死亡数千。诚如丘吉尔所言，这样的战役"从根本上来说依靠的是交通运输，是铁路征服了哈里发（马赫迪的官方称谓）"。

恩图曼复仇战的胜利对大英帝国的政治影响甚巨，时任殖民大臣的约瑟夫·张伯伦后来告诉记者："在有生之年，你将会看到铁路横贯苏丹，一直修到五大湖、德兰士瓦和开普敦。"就在1899年布尔战争爆发前夕，罗兹说服鲍林在南部非洲修建一条更具野心的铁路，从索尔兹伯里延伸至赞比西河上的维多利亚瀑布，最后向上到达刚果边境的利卡西，项目全长超过1 600千米，预计工期14年。不过该线路的开工因战争的爆发而被迫延迟了3年。

吉鲁阿尔管理下的铁路系统对冲突时期的英国来说至关重要。为了保护线路免受攻击，政府也需要出动大批军队进行守卫。新路线在起始阶段相对简单，1904年，480千米的延长线穿越草原，到达赞比西河。从开普敦出发的"赞比西快车"旋即开通了去往北方的常规班次。位于赞比西河之上宽达200米的维多利亚瀑布看似一条无法逾越的鸿沟，但它最终还是被来自英国东北部达灵顿的"克利夫兰桥梁和工程公

恩图曼战役，1898年
基奇纳总督为被杀的戈登总督向马赫迪军队发起了血腥复仇，
专门为此修建的铁路负责将他的军队送达战场。

> 火车在通过赞比西河上的大桥时
> 可以捕捉到瀑布的水雾。
>
> ——塞西尔·罗兹

司"成功征服。工程师乔治·霍伯森（George Hobson）依据现场的具体规格历时5个月建造了一座桥梁，而后再将桥梁运送至非洲中心并在当地完成了组装。

接下来的这条延伸线则偏重于经济上的考虑。位于北罗得西亚（今赞比亚）境内的万基山脉蕴藏着大量煤矿资源，而布罗肯希尔所处的"铜带"区也同样矿藏惊人。鲍林需要修建更长的桥梁深入上述两个地区。霍伯森按照要求设计了一座拥有13个钢跨的大桥。1906年，同样在经历了5个月的工期之后，这座横跨卡富埃河的桥梁搭建完毕。鲍林和他的工程团队对大型项目的管理运营越发得心应手，短短277个工作日内，他们便完成了从赞比西以北80千米的卡洛莫到布罗肯希尔（今卡布韦）处450千米的铁路建设。

1902年，年仅48岁的罗兹与世长辞。铁路项目的进展速度在他死后大为减缓。来自苏格兰的采矿工程师罗伯特·威廉姆斯（Robert Williams）接替了罗兹的位置，但他缺乏后者的帝国主义野心。不过，经过3年的艰难谈判，威廉姆斯成功争取到了比利时当局的认可，将铁路推进到刚被吞并的比属刚果境内。1909年，这条线路终于离开英属领地，北上进入加丹加区域，该地区的铜矿和其他资源蕴藏量比北罗得西亚更加丰富。由于当时东部非洲被德国霸占，铁路并没能进入东面的坦噶尼喀。1918年，铁路沿刚果河前行725千米，到达布卡马。次年，德国战败并交出了它所侵占的全部东非领土。

第一次世界大战末期，贯穿非洲的帝国大铁路计划遭到冷遇，人们转而将精力集中在短线铁路项目上，企图将刚果的矿产资源出口至欧

赞比西河桥
横跨赞比西河上维多利亚瀑布处的悬索桥是一项令人惊叹的工程壮举,桥梁在英国完成建造,后被运至现场进行安装。然而1905年桥梁架设成功之时,罗兹已经不在人世。

洲。为此,安哥拉境内的本格拉铁路延伸到了大西洋上的洛比托湾,然而这项长达1 200千米的艰巨工程直到1929年才正式完成。至此,开普敦到开罗之间才真正有了一条直达连线。虽然行程的稳定性还有待提高,路线设置也颇为迂回,甚至在湖区和尼罗河段还需要搭乘轮渡,但仍有不少身强体壮的旅行者成功走完了全程。鉴于穿越非洲大陆的面积之浩大,罗兹的愿景不可不谓之成功。

开普敦到开罗

为了实现大英帝国开放非洲贸易的梦想，西塞尔·罗兹力主推行铁路计划，意欲从北至南贯穿整个英国的非洲殖民区域。然而，这项雄心勃勃的计划最终未能取得圆满成功。铁路的建设过程遭遇了险恶的地理环境和当地居民的反对，而在高山、丛林、沙漠之中铺设轨道所需的巨额资金也迟迟未能到位。由此可见，随着第一次世界大战的结束，实用主义已经战胜理想主义成为社会的主要思潮。非洲铁路线的终点通常设在矿产储量丰富的钻石、黄金和铜矿产区。这张地图已经显示了19世纪80年代到20世纪20年代之间修建完成的开普敦—开罗铁路路段和其他连接线。

图例
- 城市
- 镇
- 主干线
- 河道

大西洋

铁路开通

1899年6月19日，从莫桑比克海岸贝拉到南罗得西亚、索尔兹伯里之间的铁路开通运行。作为开普敦—开罗铁路的支线路段，线路建设者乔治·鲍林和阿尔弗雷德·劳利为开进索尔兹伯里的首列火车举行了盛大的庆祝仪式。

开普敦到开罗

地中海 / 利比亚 / 埃及 / 亚历山大城 / 塞得港 / 开罗 / 苏伊士 / 苏伊士湾 / 红海 / 沙特阿拉伯 / 阿斯旺 / 尼罗河 / 瓦迪哈勒法 / 哈莫德 / 阿特巴拉 / 苏丹港 / 恩图曼 / 马萨瓦 / 喀土穆 / 阿斯马拉 / 亚丁湾 / 科斯蒂 / 吉布提 / 英属索马里 / 苏丹 / 亚的斯亚贝巴 / 德雷达瓦 / 阿卡基 / 阿比西尼亚 / 法属赤道非洲 / 意属索马里 / 乌干达 / 英属东非 / 印度洋 / 基桑加尼 / 金贾 / 托罗罗 / 埃尔多雷特 / 纳库鲁 / 比属刚果 / 坎帕拉 / 卢旺达 / 基苏木 / 锡卡 / 内罗毕 / 布拉柴维尔 / 乌隆迪 / 基戈马 / 姆万扎 / 蒂希 / 金沙萨 / 阿鲁沙 / 蒙巴萨 / 卡南加 / 希尼安加 / 安哥拉 / 布卡马 / 姆普瓦普瓦 / 达累斯萨拉姆 / 科卢圭齐 / 利卡西 / 德属东非 / 鲁索镇 / 卢本巴希 / 席尔瓦波尔图 / 基特韦 / 布罗肯希尔 / 卡布拉尔镇 / 莫桑比克 / 北罗得西亚 / 卢萨卡 / 卡洛莫 / 马扎布卡 / 卡富埃河 / 楠普拉 / 维多利亚瀑布 / 恩特雷里奥斯 / 非洲 / 赞比西河 / 索尔兹伯里 / 莫桑比克 / 楚梅布 / 利文斯通 / 奎奎市 / 圭洛 / 贝拉 / 万基 / 布拉瓦约 / 佩里镇 / 温得和克 / 科普蒙德 / 南罗得西亚 / 马达加斯加 / 贝专纳 / 马弗京 / 比勒陀利亚 / 马普托 / 约翰内斯堡 / 斯威士兰 / 弗雷堡 / 伯诺尼 / 金伯利 / 布隆方丹 / 彼得马里茨堡 / 德班 / 巴苏陀兰 / 南非联邦 / 伯斯特 / 奥次颂 / 皇后镇 / 伊丽莎白港 / 普敦 / 莫塞尔湾 / 东伦敦 / 好望角

电力减负

自从19世纪30年代后期马匹在轨道上消失以后,蒸汽几乎成为所有火车的牵引动力。直到19世纪末,电力机车才开始挑战蒸汽的霸权地位。虽然电力比蒸汽能源更加清洁高效,最终费用也较为低廉,但其自身弱点也不容忽视。首先,电力机车需要额外的第三轨或架空电缆等外部传输系统提供能量来源,如果使用车载电源等内部系统,所需的初始投资成本则十分高昂。然而,一旦电能的优势为广大民众所普遍认知,电力机车全面取代蒸汽机车的日子便指日可待了。

如同在蒸汽时代所起到的领头羊作用,这回英国再一次走在了行业前沿。不过,在后来电力被广泛使用的科技竞赛时代,英国却遗憾地丧失了领先地位。早在1837年,来自苏格兰阿伯丁的化学家罗伯特·戴维森(Robert Davidson)就发明了第一台使用电池作为驱动力的电力机车。1841年,它的升级版本"加尔瓦尼"参加了苏格兰皇家艺术学院展。这个庞然大物重约7.7吨,能以6.5千米的时速牵引6.7吨重的负载

前行2.5千米。次年，该机车在爱丁堡—格拉斯哥铁路上通过测试，但由于长期未能找到电源耗尽后的有效解决办法，"加尔瓦尼"的实用性能并不高。时至今日，类似问题仍限制了电力机车在交通运输中的应用。另一方面，出于对自身生计的担心，铁路工人对新兴电力机车表示强烈反对，并发起了一系列"勒德分子"（Luddite，因机器代替人力而失业的技术工人）式的破坏机车行动。

1879年，德国工业家维尔纳·冯·西门子（Werner Von Siemens）发明了第一台电力载客机车，并在德国柏林一处300米的环形轨道上进行了展示。此后机车持续运行了数月，并通过两轨间的第三轨系统成功达到13千米的最高时速。1883年，马格纳斯·沃尔克（Magnus Wolk）建成世界上第一条电力铁路，并以自己的名字将其命名为"沃尔克铁路"。令人惊叹的是，这条窄轨铁路如今仍然穿行于布莱顿海边2千米的轨道之上。铁路初期采用了一台50伏直流低压发电机，通过两条运行轨来驱动小型机车，随着后来电压的逐步增加，轨道也随之由

首台西门子电力载客列车
1879年，维尔纳·冯·西门子设计的列车出现在柏林展销会上，吸引了参观者的强烈兴趣，仅4个月时间就迎来8.6万余名参观者。

英国首条电气化客运铁路
巨浪撞击着位于布莱顿海滨的沃尔克电气铁路。1883年落成的这条铁路在通车后的前6个月即运送旅客3万名,并一直持续运行至今。

60厘米加宽至80厘米。

在其他地区,一些关于电力能源的早期试验也在如火如荼地开展着。爱尔兰的威廉·特雷尔(William Trail)利用当地瀑布落差产生的水电来为巨人堤旅游景点处的火车提供动力。他首先在巨人堤、波特拉什和布什谷之间修建了一条全长15千米,轨距为90厘米的轨道,然后在轨道旁安装了发电所需的涡轮机和发电机。铁路于1887年通车,由于水力发电的功效尚不稳定,最后还是不得不使用蒸汽机车来作为补充驱动。在架空电缆代替第三轨作为供电来源以后,电力的稳定性有所改善,却给过往人群带来了潜在危险。1895年,一位骑车人在触碰到载电轨后不幸遭电击身亡。虽然特雷尔的尝试成败参半,但他在生态保护领域走在了时代前端。此后,以高山铁路为首的许多线路均采用了结构复杂的升级版水力发电机制来驱动火车。

在蒸汽机车全面占领轨道的时代,穿行于城镇中的公共马车却从一开始就是个例外。对于经常需要靠站并重新起动的公共车辆来说,蒸汽机车显得既不安全也不实用,于是马匹仍然保留下来并成为唯一的牵引动力。这么一来,在公共车辆领域,马车就跳过蒸汽机车阶段直接进化到了电车。1881年,柏林市郊的利希特费尔德镇出现了首列商用电车,建造者即为两年前展出过电力机车的维尔纳·冯·西门子。1883年,默德灵—辛特尔布鲁赫线在奥地利维也纳市附近开通运营,成为世界上第一条由架空电缆提供动力的常规班次电车。

1888年,美国人在弗吉尼亚州的里士满联合客运铁路上首次尝试使用电力机车。在新科技的促进之下,电力铁路得到飞速发展。短短10年内,电车几乎成为全国通用的交通工具。在电气化之前,美国的马车道长度仅为4 800千米,然而到了1905年,电车轨道总长已达到3.3万千米,大大方便了城市居民的出行。虽然从理论上来说架空电缆有导致触电的风险,但这种情况在现实生活中极为少见。

在世界其他地区,城市和山区隧道建设的不断增加也刺激了电力机车的需求。尽管1863年开通的伦敦地铁大都会线大获成功,但蒸汽机车在隧道中产生的浓烟让人们很快觉察到个中危险,当地政府也下令严禁在市区范围内使用蒸汽机车。作为地铁发源地的英国则另辟蹊径,利用电力修建了首条深层隧道路线——城市与南伦敦铁路,再次领跑全球。这条开通于1890年的地铁总长5.1千米,全部位于伦敦地底,蒸汽机车在恶劣的通风条件下毫无用武之地,而原本的缆索方案最后被新兴的电力能源所取代。由于线路开通后即大受欢迎,乘客数量庞大,小型机车提供的动力无法负荷过重车厢的情况时有发生。特别是在城市终点的威廉国王街车站,列车常因为爬坡困难而不得不后退重新加速起步。尽管如此,电力能源仍在地铁线路上得到迅速扩张。后来,工程师们将动力装置直接安装于客车车厢之上,从而省却了火车机头存在的必要性。在20世纪的头10年间,所有使用蒸汽机车的早期伦敦地铁均已转换为电力线路。

高山和隧道众多的瑞士为电力机车提供了施展拳脚的舞台。1896年,首列商用电车开始行驶在卢加诺电车道上。1899年,位于布格道夫和图恩主干线之间的40千米延伸路段完成电气化建设。1906年落成的辛普朗隧道采用了电能作为牵引动力,而开通于1920年的圣哥达隧道则展示了电力较之蒸汽能源的绝对优势。当两台负载224吨的蒸汽机车以32千米时速艰难爬坡之时,仅一台电力机车便可在时速48千米的

美国电车

图为1895年华盛顿特区街头的电车。电车在进入美国后的10年内迅速成为最普遍的城区交通模式。

  情况下轻松拖动336吨载重。在此之后，电气化项目成为瑞士铁路系统的常态，并迅速席卷了整个欧洲大陆。

  在瑞士的成功案例、第一次世界大战后的燃煤短缺以及丰富低廉的新兴水电资源等多种因素的共同助力之下，电力铁路的发展突飞猛进。意大利政府已将一些高山路线升级为电力铁路，法国也规划了主干线电气化的宏伟蓝图。但仍有部分法国铁路经营者偏好蒸汽机车，他们对计划的抵制以及现实存在的技术问题阻碍了项目的顺利实施。反观意大利的电气化进程，自1925年开始掌权的墨索里尼视电力机车为现代化建设的缩影，大力推动了它的发展。

  1895年，巴尔的摩—俄亥俄铁路延长段"巴尔的摩环线"开通运营，美国也由此反超瑞士，成为最早实现主干线电气化的国家。1903年，纽约州立法院颁布法令，禁止在曼哈顿和哈德森河底隧道中使用蒸汽机车，此举刺激了美国铁路电气化的快速发展。纽约中央铁路从1906年开始换用电力机车，而受到法规影响，宾州铁路也在20世纪30年代完成了哈利斯堡东部所有线路的电气化工作。

  尽管电力铁路的优势显而易见，但整个电气化的进程仍然一波三折。究其原因，铁路管理者们的抵触情绪虽有一定关系，而过多不兼容的系统也导致了他们难以选择。在当时涌现的各式电力技术中，又存在林林总总的电力输送系统，电压种类多样，另有单相、双相和三相电可供选择，电流也分为交流和直流两种不同类型。这种情况直至今天仍有待改善，同时存在的众多系统阻碍了电气服务在国家之间的整合。

对于电力铁路的投资方来说，最大的困难莫过于在第三轨和架空电缆两者之间做出选择。大多数情况下，主干线均采用架空电缆，而通勤和郊区线路则多配置第三轨。时任英国南部铁路总经理的赫伯特·沃克爵士是该国铁路电气化进程中的先驱人物，他将当时已有的架空电缆全部换成第三轨系统，这种依靠低压电力的做法在今天尤显过时且低效，然而，若要将1600千米的轨道再转换回来，其间的不菲费用实在让人望而却步。伦敦地铁采用的是全球唯一的四轨系统，这第四根轨道仅用于增加总的可用电压。

直到第二次世界大战之后，几乎所有新建铁路和欧洲大多数现存主干线才实现了电气化。奇怪的是，虽然美国很早就引入了电力铁路，但仅有东北部极少的客运线路和少数通勤路线使用了电车，绝大部分铁路采用的仍是柴油机车。同样的情况还发生在印度。然而，在很多现代化的亚洲国家里，主要路线的电气化已成为标准配置，电能也已成为全球范围内所有高速铁路的动力来源。

电气化之路

19世纪,电力火车被视作一种更为清洁的交通工具,取代了浓烟滚滚的蒸汽机车。第一列电车于19世纪80年代出现在公众视野,紧接着,电力火车在20世纪得到大力推行。20世纪30年代,运营成本更低的柴油—电力机车也被开发出来。

东北铁路公司(NER)1号机车(1904)
作为由英国东北铁路公司运营的两列ES1型电力机车之一,NER1号机车的特殊之处在于安装了车体中央的"尖顶驾驶室",可通过架空电缆或第三根电气轨道供电。

英国电气公司788号机车(1930)
788号机车是英国电气公司在调车时使用的小型车,由充电电池供电。该类型机车在英国轻工业领域得到广泛使用。

宾州铁路公司4465号机车(1963)
4465号机车是由美国通用电气公司制造的E44型电力货运机车。该型号机车拥有6个牵引电机,性能稳定且用途广泛,最高时速可达112千米。

车壳以焊接取代螺栓连接来呈现流线型外形

尖塔式驾驶室设计可供双向行驶

宾州铁路公司4935号机车(1943)
绰号"梅花杰克"的4935号机车是GG1型电力客运机车,后来被征用为货车。工业设计师雷蒙德·洛伊(Raymond Lowey)巧妙地将增加了混凝土压舱物的发动机藏于机车的流线型外表之下,为机车提供了强大的牵引动力。

"猫须"喷涂装饰

三轴转向架

法铁（SNCF）BB9004号机车（1954）
为法国国家铁路公司所制造的BB9004号高速电力机车在1955年创造了时速331千米的世界纪录。当天，另一列法铁机车CC7107号也达到这一巅峰，该纪录直到2006年才被打破。

德铁（DB）160型"熨斗"机车（1927—1934）
德国国家铁路公司在1927—1983年间拥有14列160型电力调车机车，因其驾驶舱的位置位于发动机之后而被人们形象地称为"熨斗"。

联合铁路公司2233号机车（1963）
美国联合铁路公司崛起于20世纪70年代六大铁路公司破产时期。这列GP-30型通用柴油—电力机车属于"第二代"柴油发动机，由通用汽车电力机车部门首度研发成功。

日本货物铁道有限公司（JRF）EH200 DC号机车（2001）
EH200型机车由东芝公司为日本货物铁道有限公司制造，最高时速可达110千米，输出功率4 520千瓦，主要用于油罐运输以及在陡坡环境下工作。

受电弓从架空电缆采集交流电

GG_1型机车长24米，高4.5米

铰接式车架易于通过弯道

为铁路工作的人

铁路的运营管理需要配备大量人力。一旦轨道铺设完毕,筑路工遣散以后,另一拨全新人马必须即刻到位。这些人包括司机、司炉、列车服务员、售票员、工程师、轨道工、信号员(最初称为道路警察)以及道口看守员等。许多铁路公司从成立之初就成为该国雇员人数最多的企业。在铁路发展的早期时代,铁路管理者们都是清一色的男性,这种现象在某些国家甚至一直延续到20世纪。直到第二次世界大战以后,铁路雇工中才出现了女性的身影。

1830年,利物浦—曼彻斯特铁路在英国开通,它不仅是世界上第一条商用客运路线,还为全球范围内的其他铁路公司建立了许多行业标准和工作惯例。为了确保列车的准时运营以及新线路的安全可靠,铁路的管理必须严谨且注重细节,铁路雇员们也被要求遵循军事化的制度并统一着装。由于只有武装部队才能在规模和数量上与铁路公司比肩,训练有素的前部队成员们自然而然地成为铁路行业主要的劳动力来源。从实际情况来看,第一批列车服务员、司机、司炉和轨道工的确多为退役的士兵或海员。

随着19世纪中期铁路工业的蓬勃发展,铁路公司也不断壮大。新的管理技能和职业工种,如专业工程师、会计、律师和经理的需求日渐突出。这些新兴职位同样从部队人员中招募,但不同的是这时的招募对象多以军官阶层为主。早期铁路的军事化特征并没有因此而减少,制订每日工作任务的"议事日程"制度成为当时的主流工作方式。然而,铁路公司并不仅是退役军人的天地,其他如售票处职员等文职工作也受到具备基础教育背景的应征者争抢,而行业的高速扩张也决定了铁路工作在实践中学习的特性。

在许多国家,铁路公司的组织架构同时反映了该国社会或政治的阶层等级。例如英国殖民统治时期的印度,本地人只能担当体力劳动者或初级工人,而管理职位则基本被欧洲白人或有着欧洲血统的印欧

车站站长，1904

火车站站长在当时是一个非常抢手的管理职位。这位英国牛津郡芬米尔火车站的站长是当地社区一位重要且受人尊敬的人物。

混血后裔所把持。在世界上的另一些国家，由于铁路所在区域偏僻荒远，招工显得尤为困难。例如1916年开通的西伯利亚大铁路，铁路公司在用工方面的选择权几近于无，当地工人团队中有相当部分是因罪流放在此的囚犯。于是，很多前抢劫犯被雇来在夜间看管财务，而重罪犯成了服务旅客的检票员，大量轨道的维护工作则由谋杀犯和强奸犯来完成。

　　铁路管理制度十分严苛，工人随时可能因为工作时间睡觉等严重违纪行为而遭到开除，工间偷闲休息等轻微违规将会导致工资停发。然而，由于每天连续工作时间长达16个小时，每周仅有1天休息，员工在工作中睡着的情况时有发生。晚点列车上的司机即便额外工作好几个小时也没有任何加班收入或补休。公司开除员工可以立时生效，而员工离职却需要提前3个月知会公司。一位伦敦与西南铁路公司的员工因为未按要求提出通知，公司竟然将他起诉至法庭并判处3周苦役，试图借由此举达到震慑他人的目的。

　　铁路公司的纪律章程主要由各公司雇用的特殊警察进行维护。铁路警察的职责包括维持车站、列车以及铁路周边地区的秩序，击退入侵者以及确保员工严格遵守公司的规章制度。很多警察随身配有警棍，其他常用设备还有手表、旗帜、警灯、铁铲和手推车等，铁路警察集结投入行动的频次很高。

宾州车站行李车，1910 年

列车服务员是早期铁路公司的重要职位，他们承担了包括运送旅客行李在内的一系列职责。

为铁路工作的人 235

在绝大多数国家，特别是在铁路时代开始阶段，铁路公司的工作实为一项美差。即使是初级工人所赚取的工资也两倍于同期的农民收入。相对丰厚的薪水、严格的制度和干练的制服为新兴行业带来了声誉，并在一定程度上提升了铁路员工的社会地位。由于铁路工作通常较为稳定，在罕有长久工作的农村地区，员工对铁路公司保持了高度的忠诚。许多人终其一生为铁路工作，并将职位在家族中传承数代之久。铁路公司也倾向于雇用同一个家庭中的多名成员以培养员工忠诚度。为了保持员工的士气，在偏远地区工作的铁路工人通常会获得低廉房租的额外待遇，而城区需要早起的工人也会获得公司提供的就近居所。一旦离开了这些便宜便利的住处，工人及他们的家庭将会流离失所，这也导致了铁路工人中较低的离职意愿。此外，效率和忠诚度最高的工人还会获得最佳房屋的奖励。正如弗兰克·迈金纳（Frank Mckenna）在他关于铁路工人历史的著述中写到的，"铁路公司从一开始就把住房政策作为控制员工和维持公司忠诚度的方式。"针对员工和其家属的免费或乘车优惠也是一种延续至今的普遍福利。

铁路公司的家长式管理制度看似宽松实则严格，大多数雇主对于铁路工作的高风险（伤亡率仅次于采矿和渔业）均采取回避态度。在列车行驶时进行货车分流、联结或分离的现场工作最为危险，所有的轨道工人都面临着撞车的风险。此外，在铁路的早期时代，各单独车厢没有制动装置，当司机停车时，车厢仅靠相互碰撞而受力停止。在铁路事故中丧生的人当中，

维护铁路治安
铁路警察看起来仪表堂堂，他们身着干练的制服，拥有军事化的阶层分级。即使最低级别的警员也能手持华丽的警棍来代表铁路公司的最高权威。图为英国米德兰县铁路公司所用警棍。而配备给巡视员等高级警官的则为顶部带冠的黄铜或象牙制品。

铁路工人的数量为旅客的5倍之多。19世纪70年代上半叶，英国平均每年有782位铁路工人死亡。美国的伤亡数字则更大，仅1888年一年死亡人数就超过了2 000人。1893年，姗姗来迟的《铁路安全生产法》终于颁布，在法令的影响下，铁路事故发生率逐年降低。

然而，铁路公司最终在维系员工忠诚度的道路上越走越远。对安全问题的担忧、停滞不前的薪资和专制的管理模式导致了铁路工人的大联合，劳方成立了工会组织，对寻求改善工作条件和待遇的运动进行协调，传统意义上的企业忠诚度开始瓦解。19世纪60年代，英国的工会开始冒头。1867年，英国东北铁路公司工人举行了罢工，要求公司同意将最长工作时间定于每天10小时，或每周60小时之内。虽然以今天的标准来看，这一诉求没有什么不合理的，但当时的铁路公司以雇用工贼并开除罢工者的强硬措施瓦解了罢工。

不过，工会主义并未因此受阻。有组织的运动在随后的几十年里逐步站稳了脚跟。参加工会的人数快速增长，资方已不能对此置若罔闻。在劳动时长和加班工资等主要问题上，工会从铁路公司手中争得了一些权益，资方对此深感不满。在英国，发生在南威尔士矿区塔夫·维尔铁路公司的罢工事件将此矛盾推向高潮。1890年，铁路职员联合协会曾在一次小规模罢工后成功将周工作时间缩短为60小时，但塔夫·维尔铁路公司仍拒绝承认工会的合法性。此举激发了1900年该公司工人的二次罢工。然而，这次资方决定向法院起诉，要求工会赔偿罢工造成的损失。1901年，法院最后认定：罢工违法，工会应承担4.2万英镑

> **最重要的是……**
> **将劳资两大对立方放在平等的地位上，如此一来，就算双方的斗争必不可少，但至少还能保持公平。**
>
> ——英国首相亨利·坎贝尔·班纳曼
> 　　就1906年《劳资纠纷法》的发言

爬梯的规范
工作健康与安全在20世纪下半叶成为一个严峻的问题。随着工会组织的发展,职工福利成为主要议题。

(20.5万美元)的损害赔偿金。这一旨在搞垮英国工会运动的判决引发了强烈的公众反应,并直接导致了保守党在1906年大选中惨败。在自由党主导下的新政府通过了《劳资纠纷法》,法令免除了工会所负的所有侵权责任,工会力量得到空前壮大。

其他国家也经历了类似的发展模式。19世纪60年代,美国铁路工人开始组建工会,但遭到了资方的强烈反对。在19世纪的最后25年间,3次铁路大罢工事件席卷全美,虽然最后均以工会的失败而告终,但工会参与人数却与日俱增,铁路公司也被迫承认了工会组织的合法性。工人们对基本权利的诉求得到了美国民众的大力支持,铁路行业的工会组织在20世纪早期发展迅速,并将其强势地位一直延续到21世纪。同样,荷兰的铁路公司最早也坚决反对任何限制劳动时长的立法议案。1901年,同业公会开始兴起,并通过整合形成了名为"铁路组织"的统一工会组织。工会于1903年1月举行了首次罢工,在码头工人的帮助下,罢工很快取得了胜利。然而同年4月,另一场以改善工作条件为诉求的罢工却以大规模的裁员而宣告失败。所幸的是,铁路员工的劳动时长最终得以缩短,薪酬待遇也有所增长。

今天,铁路行业的用工需求大为减少。信号楼被覆盖面更广的控制中心所取代;电力和柴油机车的应用省去了司炉岗位,仅需一名司机即可操控车辆(不过在美国等国家,驾驶室必须保持同时两位人员在岗);车站不再雇用行李员;售票和检票系统也已实现自动化;在某些轨道安全和维护领域,人工服务也被机器所代替。尽管印度铁路公司至今仍是世界上雇员人数排名第九的超大公司，但铁路公司在地位和规模上的领先地位已一去不返。然而，全球100万千米铁轨的修建、维护和运营工作仍离不开能力优秀的工人团队。

铁路与犯罪

从 19 世纪 30 年代开始，铁路行业成为资本逐利的主要战场。当时的客物流较之以往都更为低价高速，所及范围也更为广阔。利物浦—曼彻斯特铁路等早期路线的巨额回报吸引了不少视铁路扩张需求为赚钱良机的投资商。到了 19 世纪 40 年代，飞速发展的铁路系统吸引了大批商人、企业主和投资者争相入场，尽管每个人的诚信程度不尽相同，但他们所瞄准的都是铁路行业的潜在商机。

1859 年，先锋调查记者 D. 莫里尔·伊万斯（D.Morier Evans）在其著作《真相、失败与欺诈》中这样描写当时的情景："现代投机模式正是发源于 1845 年的铁路热潮，直到今天，全世界仍未从天降财富的兴奋中缓过神来。"金融资本主义初见雏形，而其中的代表人物当数乔治·哈德逊，伊万斯称他"不惜克服一切困难开辟财路"，与他的继任者一起千方百计欺诈公众。哈德逊挪用的钱财数目巨大，使得包括英国著名的"勃朗特"家族在内的不少投资者损失惨重。

以现代社会的企业管治标准来看，当时全球范围内多条铁路的发起人均存在诚信瑕疵。尽管如此，他们中的许多人，如扎根中南美洲的亨利·梅格斯等，还是为铁路事业的发展做出了独特贡献，在为自己谋取私利的同时，这些投资人仍保持了推动铁路建设的热忱，甚至连上文中所提到的哈德逊亦可归类于这个群体。然而最无耻的当属那些在铁路项目上毫无建树的投机分子。显赫一时的爱尔兰金融家约翰·萨德利尔（John Sadleir）曾任职英国财政大臣，他所发行的 15 万英镑（约 75 万美元）瑞典皇家铁路公司股票经查均系伪造。

一个没上过学的人可能去偷货车上的物品，但一旦此人接受了高等教育，他夺取的将是整个铁路。

——西奥多·罗斯福

约翰·萨德利尔最终落得个身败名裂的下场，而他的骗局促使瑞典政府在其后的150年里牢牢掌握了该国铁路系统的控制权。在这一点上，以瑞典为代表的许多欧洲国家都比英国做得更为完善。法国铁路的运营同样采取了区域垄断的模式。但尽管如此，相关人员仍能在其中找到发家致富的机会，而政治家们也通常会利用铁路大发不义之财。普鲁士（后属德国）首相奥托·冯·俾斯麦在向政府提出某些线路的国有化建议之后，转身便理直气壮地指示他的银行家购买这些公司的股票获取利润，这种行为即为现在的违法内幕交易。

当时铁路网络规模雄踞全球之首的美国成为行骗者滋生的温床，或许不可避免。发生在19世纪60年代的伊利铁路争夺战将铁路投机行为赤裸裸地展示在世人眼前。在这场闹剧当中，各色人物粉墨登场，法律处置错综复杂，更有政治势力卷入其中，而这一幕也被忠实记录在查尔斯·弗朗西斯·亚当斯（Charles Francis Adams）于1871年所著的《伊利人及其他》书中。亚当斯身为两任总统的后裔，他自己本身也是一位铁路大亨。据他所说，伊利铁路其实从未盈利，但实业家科尼利厄斯·范德比尔特"船长"首先洞察到垄断伊利湖区铁路所带来的商机，然而他的收购计划遭到了伊利公司3名董事的强硬阻止。这3名董事就是以阴险狡诈著称的强盗大亨杰伊·古尔德以及他的两名同党丹尼尔·德鲁和吉姆·菲斯克。为了稀释范德比尔特所购股权，古尔德一伙大肆发行股票，同时将手中的可转换债券也转换成股票。随后的争斗愈演愈烈，一直蔓延到纽约州的政治当局和法律界。当官司打到奥尔巴尼州立法院时，范德比尔特满以为议员们从理智和情感上都已经败服在他的金钱攻势之下，殊不知古尔德早以100万美元的代价将他们收买。这场混

约翰·萨德利尔
约翰·萨德利尔的形象被不少作家永远地留在了他们的作品之中，如查尔斯·狄更斯小说《小杜丽》中的莫多尔先生以及安东尼·特罗洛普小说《如今世道》中的麦尔墨特，都被认为是以他为原型所作。

战最后以范德比尔特的退出而告终。

在俄国，铁路系统的贪污腐败之风同样愈演愈烈。19世纪下半叶的铁路狂热期，由私人企业承建的许多线路得到政府在资金补贴上的大力支持，铁路项目的利润十分可观。该国铁路大亨之一塞缪尔·波利亚科夫（Samuel Polyakov）通过操纵公司确保个人控制了铁路的全部股份，从而将所有红利收入囊中。波利亚科夫还收购其他公司股票，再将这些股票作为抵押，从看好铁路公司前景的外国银行贷款。如果说这些行为尚处法律允许范围之内的话，他还进一步人为抬高铁路造价，然后用不法所得来贿赂当地官员。波利亚科夫这类人物还有不少，J.N.韦

伊利铁路

美国流行杂志《帕克》上发表的这幅漫画讽刺了当时的伊利铁路争斗战。范德比尔特面露得意之色地看着在一片注水股票中苦苦挣扎的杰伊·古尔德。

斯特伍德（J.N.Westwood）在《俄国铁路史》中写道："许多重要的政府官员，甚至包括亚历山大三世的兄长，尼古拉·尼古拉耶维奇大公在内的皇室成员，都以参股的方式收取铁路投资商的贿赂。"贪污现象成为遍布各层级的行业性症结所在，连收入微薄的检票员也时常会向乘客索要额外通行费。

德国慈善家莫里茨·赫希（Maurice Von Hirsch）男爵深受后世的敬重，但其实他也是铁路的既得利益者。今天男爵所拥有的巨额财富大多是从君士坦丁堡——维也纳铁路上赚取的。当年，赫希从奥斯曼土耳其政府手中获得在野外修筑铁路的授权，据说仅铁路修建合同就让赫希获利数百万英镑。更糟糕的是，该铁路项目施工质量低劣，后期又增加了大量维护修缮工作。为了更大限度地获取利润，赫希以低价买下自己发行的债券，再加价卖给银行，而后者又加上一笔利润最后抛售给公众。

在铁路开发、建设、管理和运营的方方面面，各色犯罪行为和作乱分子层出不穷，特点不一。人流量巨大的火车站顺理成章地成为扒手和其他投机分子的天堂。根据当时英国最大的铁路公司伦敦西北铁路公司史料记载，"铁路管理人员拿这些无赖毫无办法。夜班车辆上的酒篮、丝质包裹、衣料或食物几乎无一幸免。强盗们甚至将不值钱的赃物直接丢弃在站台上。"老千在美国的火车上泛滥成灾，其中包括声名狼藉的"扑克爱丽丝"。这位蓝眼睛的娇小美女凭借精湛的牌技和女性魅力在赌桌上击败了不少对手。

利用铁路公司的账户作假也是诈骗者们大捞一笔的好机会。在这些人中，英国大北方铁路公司职员利奥波德·雷德帕思（Leopold Redpath）的造假本领之高，无人能出其右。大北方铁路公司运营路段位于伦敦与约克之间，公司股东众多，分红利率各不相同，应付给各级股权所有人的款项计算方法错综复杂。在这样的背景下，雷德帕斯伪造了一系列股权证书，自己兼任买卖双方。不仅如此，他还狡猾地在真实股票权证上添加数字1，比如将250英镑改为1250英镑。最后，雷德帕斯通过种种违法手段累积了近22万英镑（相当于今天的2 900万美元）的惊人财富。讽刺的是，在他凭借所获不义之财过着舒适奢华的生活之余，他还是位成功的慈善家。记者伊万斯总结道：

> 没有任何金钱来得如此邪恶而微妙，而这些钱财都花在了有意义的地方。再也找不到比他更罪大恶极的抢劫犯，而对于贫穷而孤苦的人来说，也再也不会有人比他更加亲善和慷慨。

最后，水晶宫公司暴露的股票异常事件引发了大北方铁路公司的内部调查，雷德帕斯的骗局终遭揭穿。1857年，他被法院定罪并判处流放。然而，他的辩护律师在法庭上宣称，雷德帕斯加入大北方公司之时就发现"办公室里冒用他人姓名进行投机和股票交易的行为普遍存在，并且绝大多数名字都是虚构的"。可想而知，当年还有多少类似案件被尘封在岁月之中。

同期发生的一起铁路犯罪因其作案手法无比狡诈而显得尤为引人注目。1855年，英国东南铁路公司伦敦至肯特郡福克斯顿的列车上爆发惊天大劫案，价值1.2万英镑（约合今天的160万美元）的金条失窃。案件由诈骗犯皮尔斯和职业惯偷爱德华·阿格尔一手策划，并伙同警卫伯吉斯和职员泰斯特两个公司内贼共同参与。火车会将金条运至福克斯顿，而后一辆警卫车辆将金条押运至港口换乘前往法国的轮船。金条装在有两道单独锁闭系统的保险箱内，并在码头处过磅以防货损。然而这帮匪徒设法弄到了两套锁具的钥匙和与金条等重的铅块，他们在火车到达之前就已经成功登车，打开保险箱，用铅块调换走了金条。整个计划简单快速，隐蔽性极高。不料，阿格尔因其他违法行为被捕，在请求皮尔斯帮忙照顾他的情人范妮·凯但遭拒之后，他向铁路公司揭发了此事，阿格尔为了减轻惩罚，供出了3个同伙和作案实情，金条失窃案的谜底这才大白于天下。

1855年，威廉·罗布森从水晶宫公司窃取财物达

27 000英镑

（132 000美元）

如此，早期商业铁路的市场环境催生了遍布社会各阶层的行骗者，人人都想掏空别人的口袋来塞满自己的。塞缪尔·斯迈尔斯（Samuel Smiles）曾在他1857年所著的乔治·斯蒂芬森传记《铁路之父》中写道："愚蠢和欺诈行为一度呈上升态势，骗子们为所欲为，阴谋家层出不穷，而他们的惯用手法都是以铁路项目为诱饵，吸引粗心莽撞的投资人上钩。"

246 铁路成熟期

铁路与犯罪 247

利益瓜分

实业家科尼利厄斯·范德比尔特、杰伊·古尔德、拉塞尔·赛奇和赛勒斯·W.菲尔德正瓜分1882年美国铁路版图。而大西洋的另外一端，欧洲皇室正在隔岸观看。

印度山间铁路：逃离闷热

铁路兴建的背后有着各种各样的原因，有些是为了满足客运和物流需求，有些是作为城镇和乡村间的连接通道，有些是投资盈利的商业行为，还有些则是铁路公司出于扩张地盘的需要。然而，印度山间铁路却与众不同，它的原动力完全来自英国殖民者们对当地炎热夏季的反感。

印度的铁路建设起于1853年，并很快成为次大陆生活常态的重要组成部分。在严格的隔离制度下，当地人和英国殖民者均可享受铁路带来的便利。随着铁路网络的发展，英国人发现一个困扰已久的难题似乎变得有法可解了。在酷热难当的夏季，不少殖民者都有离开城镇去山区避暑的习惯，可去往山区的旅途往往漫长而艰辛。解决问题的最好办法就是在陡峭的山岭之中修建一条铁路，将山区小镇和平原连接在一起。但由于印度山区位于喜马拉雅山山脚，坡度极大，工程在设计之初看似毫无可能。然而随着19世纪的铁路科技日臻成熟，高山、深谷以及河流很快被一路高歌猛进的铁路所征服。

最早也最负盛名的印度山间铁路当属大吉岭喜马拉雅铁路（DHR）。铁路将海拔122米的印度平原古城西里古里与海拔2 045米的大吉岭地区相连，总长88千米，爬升高度达到近2千米。1879年，就在印度铁路主干线延伸到西里古里的几个月后，项目正式开工，并在印度激起了极大反响。1880年3月，英国印度总督利顿勋爵搭乘火车驶过首段完工路段，受到大批民众的热烈欢迎。在重重考验之下，大吉岭喜马拉雅铁路惊人地仅用两年时间便宣告完成。路线的绝大部分循新建道路前行，开始的11千米路段坡度较缓，但之后急剧上升，达到1∶23（4%）。对于一般铁路来说，这种坡度必须借助额外的支持手段才能完成，但铁路工程师们使用的轻型窄轨铁路避开了这一问题，而后路段中加入的螺旋形展线和人字形展线使陡峭的坡度得到进一步降低。大吉岭喜马拉雅铁路共有4处螺旋形线路，其中之一位于悬崖边缘的急弯被称为"受难角"，充分显示了其地势的险峻。

楚恩巴提（Chunbatti）螺旋形展线，1914年
原为大吉岭喜马拉雅铁路上的第3个螺旋形路段，另外两处螺旋形线路在1942年和1991年被相继拆除，此处因此成为首条且海拔最低的螺旋形路段。

也许惊人的是，大吉岭喜马拉雅铁路刚投入运营即开始盈利。急于逃离炎夏的英国人和蜂拥而至的观光客们将火车车厢挤得满满当当。此外，山区的茶叶工业也通过铁路运输而变得更加繁荣。尽管这条铁路速度极慢，最高时速仅为24千米，但比起公路上的牛车依然占据绝对优势。与该国其他主要干线一样，印度山间铁路背后还背负着更深层次的军事意义，即作为英国政府的交通要道深入喜马拉雅山区，在该地实施控制并设立防区以保卫次大陆的偏远边疆。

铁路开行的早期，邮政列车每天早晨8点25分从西里古里始发，为旅客们带来一段无与伦比的旅程：列车从清晨的迷雾和云层之中盘旋而上，平稳地爬上陡峭的山坡，迎接大吉岭的湛蓝天空和融融暖意。1897年的《铁路杂志》曾刊登过攀登喜马拉雅山麓的惊人之旅：

> 现在我们已经到达最壮观的路段，刚驶过的3条铁路在脚下清晰

受难角，1910年

大吉岭喜马拉雅铁路的第4处螺旋形线路受难角是全线弯度最急、坡度最陡的路段，位于提达利亚车站北面。

印度山间铁路：逃离闷热

可见，头顶处还有3条正在爬坡，再加上我们身处的这条，总共能同时看到7条铁路以几近平行的状态循序上升。而此时，车轮在无数弯道所带来的侧向压力之下，轰隆隆地咆哮不止。在令人屏息的那几秒钟，火车似乎化身为山间游弋的蛇，两次穿越"受难角"处直径小到极致的盘山路线。

如今，联合国教科文组织将大吉岭喜马拉雅铁路列入世界遗产名录当中，以表彰它在创新和社会经济领域所做出的杰出贡献。这条铁路仍在为当地居民和不计其数的旅游者提供服务，另外还运营着一列接送附近学生的专用校车。火车汽笛声在大吉岭的田野山间随处可闻，响彻云霄的巨大声浪几乎将巴士和卡车的声音全部淹没。如果足够幸运的话，火车上的乘客们还能望见远处的珠穆朗玛峰。当然，频繁出现的云雾使得珠峰显身的概率大为降低（作者在此待了一整周，却连珠峰的影子也没见着）。更令人惊叹的是，来自英国夏普·斯图尔特公司的早期蒸汽机车仍有部分还在服役，只不过大部分时间它们都待在提达利亚的修理厂里。多年以来，大吉岭喜马拉雅铁路饱受滑坡和地面塌陷之苦，在2010年的一次重大滑坡事故之后，低区路段被迫彻底关闭，仅有从古尔塞翁到大吉岭的高区路段尚维持正常通行。

印度下一个山区铁路项目是轨距为1米的尼尔吉里铁路。该线从美图帕拉亚开始，一直延伸到南印度泰米尔纳德邦内的乌塔卡蒙德。早在1854年印度铁路时代兴起之初，就有人提议将这条路线用作卫戍线

路，但直到1894年，铁路建设才正式开工。与大吉岭喜马拉雅铁路相比，总长为42千米的尼尔吉里山区铁路更为陡峭，爬升高度达到1.6千米，修筑工期大大超过前者。途中共有弯道108条、隧道16条、桥梁数量则达到惊人的250座。1908年，尼尔吉里铁路全线贯通，但由于某些路段的坡度达到1∶12，为了辅助火车爬坡，工程师在美图帕拉亚和库奴尔之间27千米的起始路段上安装了齿条装置，即在两轨中间铺设第三条类似齿轮结构的带齿轨道，与机车配备的特殊齿轮互相咬合，从而达到拉动火车前行的目的。途中的陡坡和急弯大大降低了车速，仅从起点到山顶的乌塔卡蒙德就需开行5个小时之久。这条铁路和大吉岭喜马拉雅铁路一样仍处于开放当中，至今还有许多古老的蒸汽机车奔驰其间。2005年，联合国教科文组织将"世界遗产"的称号同样颁给了尼尔吉里铁路，它与大吉岭喜马拉雅铁路被统称为"印度山间铁路"。

印度山间铁路的第3条著名路线是1906开通的加尔加—西姆拉铁路。对于大英帝国来说，西姆拉的地位远胜过大吉岭和乌塔卡蒙德。19世纪30年代，西姆拉已经建设成为设施完善的帝国夏季行宫，并以有诸多高官参加的舞会和其他社交活动而名声在外。虽然通往车站的道路已被拓宽，但从平原地区到达此处的行程仍需4天之久。1863年，西姆拉成为官方指定的夏都，这也意味着包括军队在内的整个殖民政府每年都至少会在加尔加和西姆拉之间来回两次。

基于西姆拉在殖民者心中的特殊地位，修建一条将其与城镇相连

大吉岭喜马拉雅铁路的火车
由于铁道的窄轨特性，再加上外形酷似广受欢迎的"托马斯小火车"，人们亲切地将大吉岭喜马拉雅铁路上的火车称为"玩具火车"。

的铁路成为至关重要的大事。然而,此路线的施工难度要远远高于另外两条山间铁路。为了降低轨道自身重量并缩短建设工期,加尔加—西姆拉铁路同样采用了窄轨设计(仅762毫米),但全线的桥梁建设仍然数目惊人,从横跨小溪的涵洞、到耸立于山谷深处的拱形多层桥梁,总计多达806座。

其实,关于线路中最长的33号隧道还有个悲伤的故事。这条总长1.2千米的隧道由巴洛克上校负责建造,他下令从隧道两端同时作业,但由于计算错误,二者未能会合。虽然雇主只是象征性地收取了1个卢布作为罚款,但巴洛克却因为无法承受失败带来的耻辱而选择结束了

齿轨铁路
尼尔吉里山区铁路采用了瑞士设计的齿轨系统,中间的第3条轨道可为机车提供陡坡行驶时的辅助动力。

生命。隧道项目后由另一位工程师继续完成，但人们将完工的隧道命名为"巴洛克"以表示对他的怀念。尽管遭遇了如此不幸，全长97千米的加尔加—西姆拉铁路还是取得了工程史上的巨大成功，并被誉为"大英帝国的东方宝石"。铁路作家O.S.诺克曾在20世纪70年代搭乘过该路线，并对途经的复杂地形表示惊叹：

> 竣工后的克什米尔铁路将延伸 **345千米**

> 这片区域的地质条件非常不稳定。与地基多为坚硬岩石层的其他区域不同，这里的地质结构中包含了大量成分混杂的巨石，黏土层中也夹杂着少量沙砾和其他碎岩，在季风季节时常会发生滑坡和沉降的事故。而由于此地特殊的地质和不可预测的水文情况，该类事故的发生往往没有丝毫预警。

诺克进而解释道，起初他并不理解当地地质学家用"不稳定"来形容这里的地形条件，然而当他随火车穿行山间时，方才目睹此处修建铁路之艰难。不过，这一切都是值得的。这条铁路以它俯瞰喜马拉雅山麓的壮丽景观称雄于世。2008年，它也成为印度山间铁路的一员，被列入联合国教科文组织的世界遗产名录之中。

这一时期，还有不少山间铁路也纷纷建成并沿用至今。其中包括次喜马拉雅地区的坎格拉山谷铁路（1929年开放客运服务）和南部地区沿西高止山脉爬升的马特拉铁路（建成于1907年）。而建于19世纪与20世纪之交的卢姆丁格—斯查尔铁路蜿蜒于卡查山巴拉河谷，一直深入到阿萨姆州腹地。作为偏远山区和低地城镇之间的重要连接线，所有这些线路都取得了非凡的成就。印度山区的铁路建设并非只是流逝在岁月中的陈年往事。1898年，旨在将外喜马拉雅山脉与印度其他地区相连的克什米尔铁路开始提上议事日程，方案中涉及了主要地震带、极端天气条件、险恶的地形条件等诸多因素，而印度和巴基斯坦两国

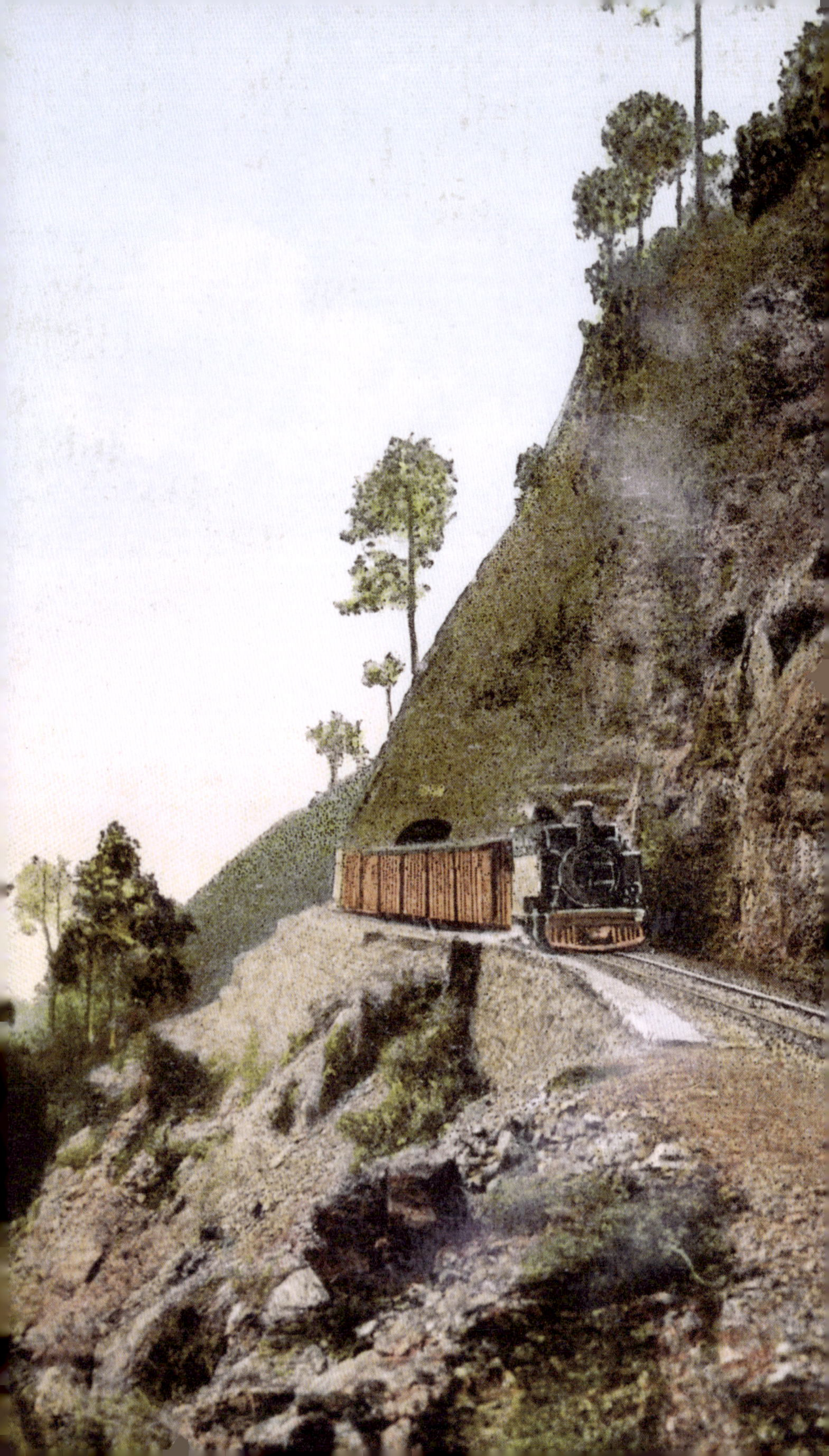

关于克什米尔归属权的持续冲突也影响了计划进度。面对地质条件和政治环境的双重阻力，铁路的基建工作一直推迟到20世纪末期才开始，并成为长期持续的挑战。

加尔加—西姆拉铁路
除了外形和复杂程度不一的800多座桥梁以外，加尔加—西姆拉铁路全线还修建了107条隧道，后被减少到102条。

战争与动荡

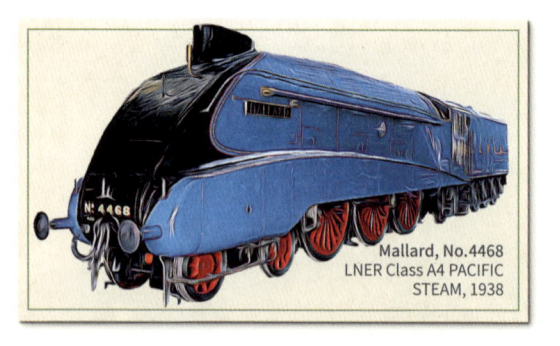

Mallard, No.4468
LNER Class A4 PACIFIC
STEAM, 1938

铁路行业在第一次世界大战前夕达到巅峰。这一时期的火车更加安全、快速和经济，在发达国家的所有大型城镇中均能看到它的身影，仅美国一地的铁轨长度就超过40万千米。铁路不可避免地成为应付战时庞大运输需求的首要选择。几乎所有的军用物资都经由铁路运往各港口并发至前线，数以百万计的士兵搭乘火车奔赴战场；铁路也成为伤亡将士返乡的必经之途。实际上，借助军队的力量，负责前线人员和物资运输的窄轨铁路网络得以完成。铁路系统无可避免地成为战争冲突中的攻击对象，这种现象尤以中东地区为甚，在"阿拉伯的劳伦斯"领导之下，当时还掌握在奥斯曼土耳其帝国手中的汉志铁路就遭受过一系列破坏性袭击。

　　战后，铁路公司开始意识到寻求蒸汽替代能源的重要性。"一战"以前，电气化风潮初现，而柴油动力也在此时开始浮出水面，德国和美国都成功开发出速度更快的新型柴油机车。然而，针对蒸汽机车的现代化改造尝试也没有停下脚步，英国机车"绿头鸭"号（Mallard）在1938年创下了蒸汽机车的最快行驶纪录。

　　铁路在第二次世界大战期间的地位依然显著。在那段历史的黑暗时期，它见证了百万犹太难民和其他少数民族被塞进火车送往德国集中营，也目睹了成千上万名战俘因修筑缅甸—暹罗铁路而丧生。而另一方面，铁路在盟军战胜德日的最终胜利中发挥了关键的作用。不过，战争刚一结束，铁路的地位便一落千丈。随着公路和民航运输竞争的加剧，许多国家的铁路服务都终止了。

铁路黄金时代

从许多方面来说，要定义铁路的"黄金时代"都绝非易事。不同时期曾出现过许多堪称伟大的铁路工程，而一些铁路公司则毫无疑问地享有过较长的行业繁荣期。然而，形形色色的棘手难题如影随形：安全问题、工人的不满情绪和骚动、改善服务、应用新科技所需的资金投入、应对政府的反对，以及最为关键的因素，即汽车、卡车和后来的飞机等新型交通方式的出现。

不过，铁路在初始阶段仍牢牢占据着绝对优势地位。从1830年利物浦—曼彻斯特铁路开通后的整整一个世纪里，对于各种不同目的的旅客们来说，铁路成为他们唯一可选的出行方式。正是因为铁路的存在，他们才能横跨大陆、游历国内各大城市、往来于闹市与郊区之间，以及通过铁路到达遥远的乡村。在铁路的助力之下，货物的远距离运输变得快捷而方便。20世纪初，汽车尚属富人们的专宠，卡车也只是个不太可靠的新鲜事物，更何况两者还要忙于应付当时的糟糕路况。而这一时期，铁路已经发展成为规模和影响力都遥遥领先的尖端产业，并在1914年"一战"期间达到巅峰。铁路行业的鼎盛期虽然短暂，但它对后世产生的影响却极为持久而深远。

截至1914年，几乎所有的国家都迈入了铁路时代。铁路的传播超越了各种界限，丛林、高山、河流和沙漠等最严峻的自然障碍被能工巧匠们——攻克。从哥斯达黎加（1890）到中国香港（1910）再到摩洛哥（1911），这些后来者们也纷纷效仿欧美等铁路大国，将钢铁之路延伸至全球。跨洲铁路出现在美国、欧洲和亚洲境内，某些小岛也拥有数目可观的铁路系统。巅峰时期，地中海地区最大的岛屿西西里岛上共有铁路轨道2 400千米，而面积仅380平方千米的怀特岛在19世纪与20世纪之交也建成铁路89千米。1849年，位于加勒比海的古巴岛上已有103.5千米的轨道，其中绝大部分用于蔗糖运输。

在势不可当的扩张之下，大多数国家选择迎接铁路的到来，但其中也不乏例外。中国是世界上最后一个屈服于铁路入侵的大国。1876年，从上海通往吴淞口的首条铁路完工，但由于反对之声太过强烈，并且出于对外国势力出资修建铁路的顾虑，这条铁路在第二年即遭拆除。虽然中国的高官们随后逐步认识到步入铁路时代的必要性，但直到1895年，中国国内建成铁路总长仅为30千米。与之形成鲜明对比的是，中国现今拥有的高速铁路总量超过了世界上任何一个国家。

总体来说，19世纪到20世纪之初的铁路在连接世界方面扮演了至关重要的角色。铁路带动了数目庞大的客物流，全球化的进程随之开启，并在20世纪末和21世纪初航空与信息科技的推动下发扬光大。从19世纪后半叶到20世纪开端的每一年里，世界范围内的铁轨长度以平均1.6万千米的速度持续增长。得益于此，许多城镇和村庄首次有了与外部世界交流的机会。

铁路给各国造成的确切影响可能不尽相同，然而受此影响的每个国家都发生了意义深远的变化。与公路的性质不一样的是，铁路需要

穿越荒野
穿越丛林山岭、横跨湍急河流的哥斯达黎加铁路于1890年建成，这条铁路被用来更有效地运输该国的主要出口产品——咖啡。

统治铁路

铁路在墨西哥革命期间（1910—1920年）具有重要的战略意义，掌握了铁路的控制权就意味着统治了整个国家。

持续的维护工作，确保轨道处于良好的运行条件，轨道和信号设备的更换也需要持续不断地投资。因此，铁路一旦建成，当地经济和社会形态的改变就不可避免。实际上，铁路带来的变革以可预知的和不可预知的两种方式同时进行。其中最显著的优势在于运输成本的降低，无论是庄稼、矿藏或制成品，本地产品能够更加便宜地被运送至国内乃至国际市场。这一时期，邮购产业迅猛发展，各式各样的邮购产品通过铁路送至刚通车城镇的市民手中。铁路也刺激了国家间的人口流动，搭乘海轮抵达美国后的移民坐上火车去往美国各地。实际上，不少路线专为大量涌入工业或农业中心的工人而修建，铁路在将工人们送往工地之余，又将他们的劳动所得运送出去。在国家内部，铁路同样是人口迁移的催化剂，由于搬迁变得十分容易，农村居民纷纷迁往城镇。

英国经济学家阿尔弗雷德·马歇尔（Alfred Marshall）在1890年的著作中总结了铁路的影响以及由其引发的工业化热潮，他说道："我们这个年代影响经济的主要因素并非制造业的进步，而是交通运输行业的发展。"铁路繁荣的另一个重要结果关系着支撑铁路工业的工人和行业本身。铁路需要引入一整套的全新技术以适应规模巨大的企业运营需求，如铁路历史学家特里·高尔维希（Jerry Gourvish）所说："可以毫不夸张地说，铁路行业在鼓励以专业性为基础的职业发展中扮演了关键的角色。工程学、法律、会计学和测量学都得到了极大的推动。"银行为提供投资建设成本而开发了新的借贷系统，大学开始培养具备优秀才能的工程师和测量师，人们还成立了大量不同类型的工厂来制造铁路所需的各类设备，大到机车锅炉或车轮等巨型钢件，小到座椅上的软装和火车的顶板。

此外，铁路也影响了其他行业。得益于低廉的运输成本，相同属性的工厂在特定区域集中起来，方便了行业技术和熟练工人之间的交流。铁路还促进了小规模资本主义的发展，解放了许多原本因地域阻隔而受限的人群。在墨西哥，铁路社会史作家特蕾莎·米里亚姆·冯·霍伊（Teresa Miriam Van Hoy）发现，铁路将本地竞争引入了更为偏远的地区，因为它们：

促成了多个供应商的到来，从而打破了垄断和市场壁垒，同时还以

> 截至1914年，钢铁之路已跨越了
> # 1 200 000 千米

可负担的成本，为小农经济进入其他社区市场开辟了通道。

在俄国，由于本地农民可以搭乘火车前往镇上的集市出售产品换回现金，农村高利贷产业似乎已经失去了存在的必要。同时代作家如此写道：

> 新车站内挤满了众多小商贩、出口商和代理商，人人都在购买粮食、麻料、兽皮、猪油、羊皮、羽绒和鬃毛。总而言之，就是发往国内外市场的一切货物。

在铁路繁荣后期阶段所修建的铁路中，有许多线路并没有给建设方带来利润，但对它们所服务的地区产生了持久的影响。1885年，原意用来巩固法国殖民统治的塞内加尔铁路建成通车，后成为当地重要的经济命脉。根据一位非洲铁路历史学家的记录，这条铁路"把内陆地区丰富的橡胶、谷物和花生运抵塞内加尔河畔，然后将河岸地区生产的纺织品、食品和机械运回内地"。类似的经济发展机遇在全球各地不断上演。

铁路不仅给现有工业带来了变革，同时还促成了新工业的创立。地处美国亚拉巴马州的伯明翰市本是一处沉睡中的穷乡僻壤，但随着路易斯维尔—纳什维尔铁路的建成，优惠的货运价格使得附近红山中的铁矿开采成为可能，伯明翰也因此摇身一变，成为当地的工业中心。红酒业在铁路的带动下发展迅速，不过除了运输成本下降，红酒产业的兴旺还另有原因。阿根廷的红酒生产主要集中在内陆门多萨产区，乘坐火车抵达此地的欧洲移民对现存小型葡萄园进行了现代化改造，再用铁路将产量大增的葡萄酒发往其他地区。更广阔的销售市场随即打开，意大利人钟爱的杯中之物同时出现在法国和英国餐厅的常规酒单之中。还有些地方的葡萄酒口味因为铁路运输而得到显著提高。铁路历史学家和红酒作家尼古拉斯·菲斯（Nicholas Faith）曾说过，"在前铁路时代，许多葡萄酒尝起来都有一股明显的树脂味道，原因在于它们是装在涂过柏油的猪皮袋里，由骡子驮着运输的。"

深受铁路影响的不仅有工业和经济，甚至连付不起车费的穷人也因此而改善了生活。在南美洲、亚洲和非洲的许多国家，铁路为步行者们提供了唯一的安全通道。当然，前提是这些人不会挡住呼啸而过的火车。钢铁之路穿过河流、山谷、山脉，效率远胜蜿蜒迂回和年久失修的旧式羊肠小道。不少铁路沿线还修有管道系统，让许多城镇和村庄第一次用上了供应水。火车站更是成为所在之处最为突出的地标。通常来说，壮观醒目的火车站甚至是某些地方唯一的永久建筑，也是举

达喀尔的小麦运输
铁路为现代商业带来了革命性变化。位于塞内加尔的达喀尔车站成为繁荣的贸易中心，也是小麦和其他商品的物流枢纽。

办社区会议的最佳场所。铁路配备的电报系统让通信变得前所未有得快捷，人们可以借助铁路自由出行，到各地传播思想观念，信息与报纸的发布也更加方便。由此可见，民主思潮以及其他社会政治观点之所以得到广泛传播，铁路的发展功不可没。

到了1914年，许多国家的铁路网络几乎都已铺设完毕。铁路公司可以将投资重心转向改善性的工作，如开发速度更快的机车或是进行现有轨道的调整。另外，它们还将大量资源投入到提升旅客乘车体验中，并采取提供精美餐车、舒适的卧铺和豪华候车室等措施满足高端市场的需求。然而从另一方面来说，糟糕的列车服务仍然比比皆是。支线班车每天只开行两班，速度奇慢，乘客还饱受常规性的延误之苦。游走于主线各城镇之间的慢车型号老旧且运营无序，还必须停靠在每个会让点耗时等待快速列车的通过。列车时刻表变化无常，其服务对

运冰列车
在美国，冰块运输是由铁路推动的一项特殊产业。在冰箱发明以前，出产自寒冷北方地区的自然冰块通过铁路被运往温暖的南方。

象也不是乘客,而是铁路公司自己。铁路的地位毫无疑议,铁路公司为所欲为,一边通过高票价赚取可观的利润,一边打压规模较小的对手来巩固自己的行业地位。最可怕的是煤尘污染,无论走向何方,蒸汽机车都会将喷吐滚滚浓烟和沙砾的野兽形象带到那里。

因此,铁路虽然称霸一时,它的统治地位却不会长久。1914年,铁路已经完成它现代社会催化剂的使命,世界形势和铁路本身都已不同于以往。1918年"一战"结束以后,卡车服务逐步完善,铁路运输的替代方案很快出现。随后的几年里,新兴的汽车行业开始普及,从而进一步削弱了铁路客运的垄断地位。

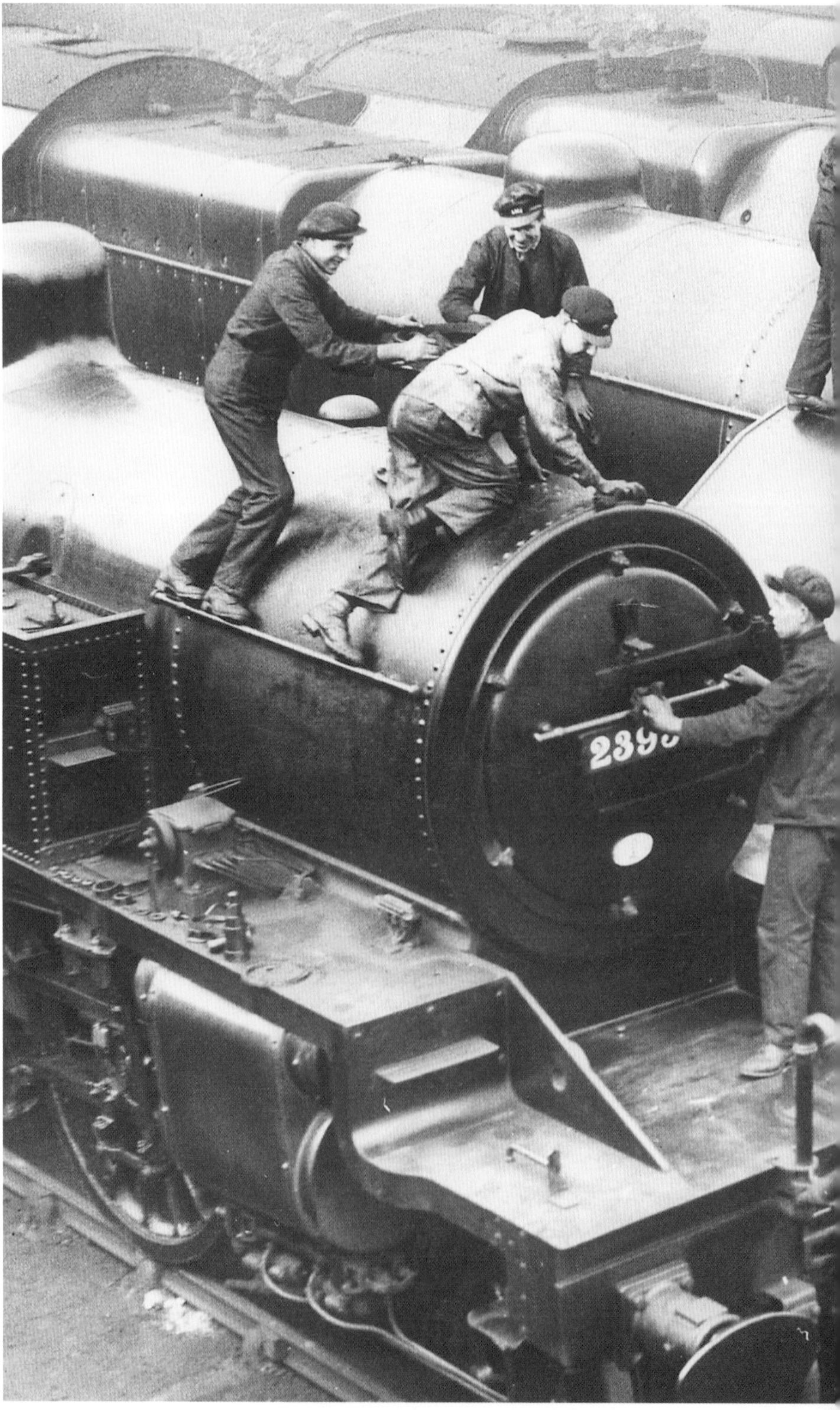
239

机务段工作

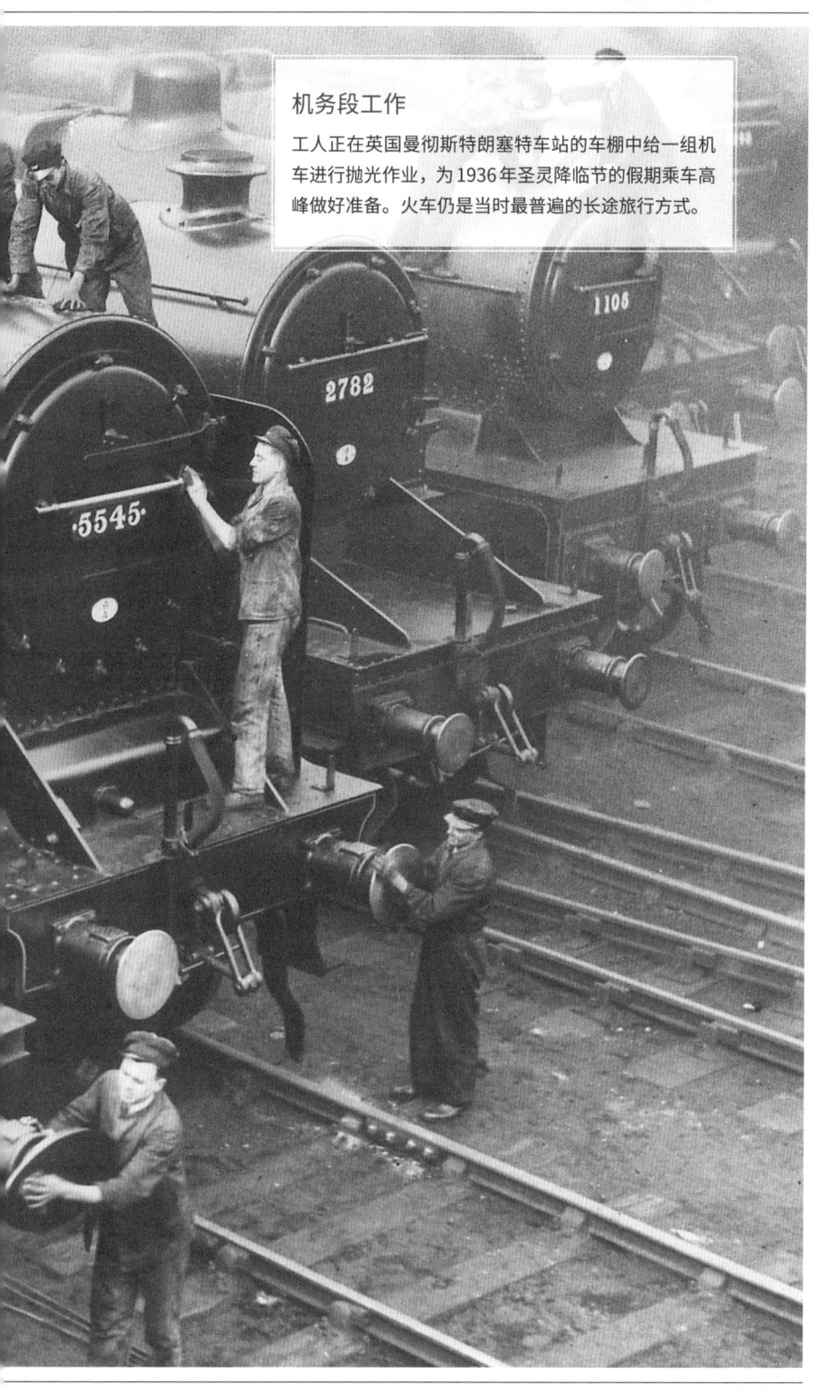

工人正在英国曼彻斯特朗塞特车站的车棚中给一组机车进行抛光作业,为1936年圣灵降临节的假期乘车高峰做好准备。火车仍是当时最普遍的长途旅行方式。

第一次世界大战中的战地铁路

作为重要的战略物资,铁路在第一次世界大战中迅速发展成熟。开战之初,铁路的主要用途是将部队送往邻近战场的火车站。通常来说,士兵们在离开车站以后还需肩负设备和补给,经过重装跋涉方能到达阵地。然而,随着交战双方在西部前线陷入胶着,一种小型窄轨铁路在当地蔓延发展,成为主干线与战壕之间的关键连接通道。德国军队似乎早已预见僵局,所以比协约国一方准备得更加充分。1904年,德国开始了长达3年血洗西南非洲(今纳米比亚)的殖民战争,并借此贮备了大量的60厘米轨距铁路。这种被称为"战地铁路"的铁路操作灵活,施工期短,能迅速将部队运出一望无际的纳米比亚平原。

"战地铁路"负责部队和军需设备的调动,铁路机车由小型蒸汽机甚或汽油发动机驱动,配有四对车轮,凭借前导轮和从轮的旋转与侧移来适应轨道的短半径曲线。而各作战单位中大量配给的马匹也可作为此类轨道的动力来源。在入侵比利时和法国之时,德军准备了大量60厘米窄轨设备,足以铺成轨道数百千米。早在1911年摩洛哥侵略战中,自诩为微型铁路发明者的法国人就曾将其应用于战场之上。1914年,战争刚一打响,有备而来的法国军队即搬出约645千米轻轨铁路,并为其配置了双转向架和双锅炉的八轮标准窄轨机车。时隔不久,传奇制造商美国鲍德温机车厂出品的大批小型鞍式水柜机车也加入了轻铁车辆的行列。

尽管俄国军队的作战能力不强,且战前准备漏洞百出,但基于1904—1905年间日俄战争的经验,俄国人也预见到了战时铁路的必要性。在当年的战争中,俄国在奉天(沈阳的旧称)附近修建了一条48千米长的马拉窄轨铁路,极大地方便了军队的部署。1914年,俄国军队共设有9个铁路营,使用窄轨铁路的营队占到1/3。当战线更长、复杂性更高的东部前线建立之后,新建铁路的数量暴涨,除了已有的900千

开往东部前线
1914年，德国军队乘火车开往东部前线。此类大型军队运输车辆将士兵送往铁路终点站，然后再用轻轨铁路运至前线。

米轨道，另铺设完成新增线路4 000千米，其中半数使用马力驱动，剩下的绝大部分则使用了蒸汽机车。

由于与德国和奥匈帝国在东欧地区同时作战，俄国对铁路需求极为迫切。奥匈帝国同样也有一套高度发达的战地铁路系统，并在南部对抗意大利的运动中发挥了重要作用。在多洛米蒂山区，奥匈帝国拓展了现存的75厘米窄轨铁路来保证高山军队的补给。历史学家约翰·韦斯特伍德（John Westwood）在《战争中的铁路》书中写道：

在多洛米蒂地区战斗的预期中，奥地利人认识到，修建一条意奥战争前线的标准轨距铁路绝非易事，因此，这里的窄轨铁路承担了相对更重的载重需求，战线周期也拉得较长。实际上，1915—1917年，抵抗意大利军队的战线漫长且平静。奥匈帝国军队负责建成了3条重要的窄轨铁路，以奥尔—普雷达佐铁路为例，全长48千米的线路上就修了6个隧道和14座大型桥梁。

然而英国的态度却与上述各国截然不同。该国的军事战略家预计这是一场风云变幻的运动战，而部队将在广袤地带进行攻击与反攻。当西部前线陷入僵局时，英国军队也随之陷入茫然无措的窘境。当时英军关于战时运输的报道指出，当局根本不相信胶着的场面还将继续：

在头两年里，战争很快将会转化成运动战的观点完全左右了英国军队的交通运输安排。任何大型项目建设都被认为是做无用功，只因其在建成投入使用之前即会被弃之山野而失去价值。

结果，英国军队投入了远胜过盟军或敌军的大量精力，试图控制住战争中的公路运输，但由于许多法国的乡间公路很快变得无法通行，并且绝少有公路直通前线，英国人的努力最终是无用功。一份英国官方

重要供给线
1918年，联军在西部前线铺设轻型铁路。铁路将战时补给送往前线，同时也保证了部队在各阵地之间的快速转移。

报道对当时的情形进行了生动的描绘：

　　……路的尽头是一片噩梦般的沼泽、损毁的沟渠、被水淹没的炮坑弹穴，它们分布在临时铺道板和通信用战壕之间。士兵们需要扛上食物、水、衣服、医疗补给、工具、木材、铁丝网、迫击炮、机枪、来复枪、弹药以及更多的弹药等每一件军用物资，徒步穿过这片泥泞的荒地。

　　这项任务险恶无比、危机重重。许多人在黑暗中跌下铺道板落入积满水的炮坑中，不幸被他们身后的巨型背囊拖进水里而溺亡。

　　窄轨铁路是解决此类后勤问题的完美方案。在危险的战时前线环境中，它比任何一种交通方式都要更加灵活高效。铁路的铺设非常简单，仅需最少量的道砟和基础枕木；如果被炮击或因负重而损毁，维修起来也极为方便。"战地铁路"这一称谓意味着它也能被轻易地取出并随前线移动而用在他处。见证了法国轻型铁路大获成功的英国人，终于从1915年夏天开始开发自己的铁路系统。

　　英国的轻型铁路前期无比粗糙，绝大部分使用人力拉拽。虽然有时也会用到畜力，但动物们多半不愿在行动频繁的夜晚干活儿。到了后期，更复杂的系统被开发出来，两种不同类型的窄轨铁路逐渐出现。第一类主要负责终点站到前线附近军需库之间的运输，动力多以汽油或汽油电力发动机为主，间或采用蒸汽机车；另一类则是更为原始的车型，有时甚至窄于60厘米轨距，与玩具轨道无异。后一类被称为"电车"的车型能一直开到战壕所在的位置，多使用人力或畜力，这部分是因为距离敌军太近，发动机的声响有可能会引来注意而易遭受炮击。由于后者的轨道强度不足以支撑前者的负载，两套系统须分开独立运行。所有线路之间距离较短，一般在8~24千米之间，且需要时时维护。列车脱轨事故不断，特别是在运输坦克和大炮的途中发生率极高。而解决办法也只能单纯依靠人力，通常会有一支人马被征召前来将机车或车厢扶正并推回正确轨道。

战地火车通常在夜幕掩护下摸黑行动，在万不得已的情况下，也只能发出如手电筒般微弱的亮光。然而，几乎所有的线路均为单轨设计，路旁也缺乏信号系统，司机只能依靠眼睛操控火车，这意味着他们需要时刻保持警惕，以防前方轨道中突然出现的暂停或故障车辆。只有在出现问题时才能使用电报系统联系控制台。由于系统简陋到连储水装置都配备不全，司机们往往不得不从炮坑中取水来满足蒸汽机车的需求。铁路车辆的缺乏还催生了将福特T型车开上轨道的计划，然而这一疯狂的想法最终因车辆过轻导致打滑而宣告失败。

铁路自身的糟糕条件和人马的频繁调用影响了火车的速度。虽然这些貌似玩具的微型铁路在战争环境下要胜过任何其他运输模式，但它的局限性也不容忽视。窄轨列车的最大载重量仅为33.5吨，是干线列车运载量的1/10。尽管如此，这些线路仍承担了巨大的运输任务。据一位铁道部队官员所说，单条线路每晚承运物资达到1 340吨，运送物资中包括大型火炮，由多个车厢共同承载。临近战争末期，战地铁路又被赋予了一项新的用途：将野战炮架于车厢之上，开火后迅速移动，使敌军难于瞄准。铁路运输不仅仅局限于弹药和军需供给，一旦时间成熟，火车还可运送部队往来于前线阵地，为士兵们节省了大量行军时间，同时还避免了暗夜行军所带来的危险。

约翰·韦斯特伍德总结道，"相比之前的估计，包括德国在内的所有交战国都更加有效地利用了窄轨铁路。"这一结果部分由西部前线长达三年半的胶着状态所致，同时也与当时的运输技术有关。战地火车

由于前线过于漫长，俄国人对这类线路的需求或许最为迫切。

——约翰·韦斯特伍德
《战争中的铁路》

骡车
1917年，法国第11炮兵团的士兵完成了苏瓦松附近一条窄轨铁路（轨距为60厘米）的建设。轨道旁作为牵引动力的骡子随时待命。

作为解决泥泞战场交通问题的理想方案，被广泛运用于各大战场。直到1918年春天德军突破防线，而联军发起反击之后，战地铁路的作用才逐步消失。因其特有的临时属性，轻型铁路鲜少有机会留存至今，只有法国北部的少部分路段被保留下来，用来展示"战地铁路"在那场可怕冲突中所做出的重大贡献。

美国的豪华车厢

美国的客运服务开始于19世纪30年代，横穿大陆的火车旅行在1869年首次成为现实。长途旅行促进了如普尔曼卧铺车和观光车厢等新事物的兴起。

WM 203号车厢（1914）
由普尔曼豪华卧铺车公司出品的203号车厢，供马里兰州西部铁路公司主席使用，该车整体骨架为钢结构，搭配木制效果的外观式样，配备有观察室、就餐区域和4个铺位。

RDG 800号车厢（1931）
1931年，里丁铁路公司在其宾夕法尼亚的通勤线路上采用了第一台电动车组——800号车厢。电动车组由各个自行式车厢组成，列车顶部的受电弓采集架空电缆所产生的1.1万伏交流电，为列车前进提供驱动来源。

NW 512号车厢 保厄坦之箭（1949）
出自普尔曼公司的512号轻质全钢车厢是诺福克和西部铁路公司"保厄坦之箭"流线型客车的组成部分，该车服务于弗吉尼亚州诺福克和俄亥俄州辛辛那提之间1 088千米的路线。

66座车厢
平滑设计可提高空气动力性能
双轴转向架
从20世纪50年代初开始运用仿金装饰

NW 1489号车厢 赛欧托县（1949）
该车因俄亥俄州赛欧托县而得名，是巴德公司为诺福克和西部铁路公司制造的卧铺车厢，配有10间套房和6间双人房，车厢在历史上曾经历过从通勤车到餐吧等多次改装，并在2001年正式停运后转往一条纪念线路上继续服役。

美国的豪华车厢　277

BOMX 130号车厢 赫尔希维尔（1949）
由巴德公司在费城工厂制造的130号卧铺车厢原设有21个铺位，服务于宾夕法尼亚铁路公司。1963年纽约世博会期间被改造成通勤车辆。后来巴尔的摩—俄亥俄铁路博物馆对其进行了整修并重新命名。

RDG 瞭望车1号（1937）
巴德公司的该款瞭望车是里德铁路公司旗舰车型"改革者"号的尾车，服役于泽西城到费城路线。该车以十分现代化的设计特点傲视群雄，车厢中配有空调设备、隔音系统以及可移动扶手座椅。

独创铁红与黑色车身　　　　　　　　　　由J级机车牵引

"保厄坦之箭"包括了座席、餐车和观光车厢。

巴尔的摩—俄亥俄公司 1961号车厢（1956）
巴德公司出品的1961号车厢为自行式餐车，由安装于地板之下的两台柴油发动机提供动力。车厢尾部可容纳24位常规旅客，就餐区域共有8张餐桌，并配有完备的厨房提供餐食服务。该车于1963年被改装为普通客车车厢，并于1984年停运。

战时铁路灾难

在全球最严重的铁路灾难中，发生在战争时期的事故占比极高，而这绝非巧合。两次世界大战期间，英国、法国和意大利都曾经历了本国历史上伤亡最为惨烈的火车事故。"一战"时期，欧洲死亡人数最多的火车事故发生在罗马尼亚境内。不过这些惨剧并不是因为敌军的攻击而起，每次事故或多或少都与战时的铁路滥用以及安全性的普遍下降有关。事故信息往往受战时严格的审查制度影响遭到封锁，某些细节直到今天仍无迹可寻。也正因如此，许多事故在很大程度上被后世所遗忘。

这一系列悲剧发端于第一次世界大战时期，英国历史上罹难人数最多的铁路事故就发生在苏格兰边境小镇昆廷希尔。虽然导致事故的直接原因是信号员的错误操作，但战争中铁路所承担的巨大压力也负有不可推卸的责任。当时，从北部驶往卡莱尔的喀里多尼亚主干线是英国最为繁忙的铁路延伸线之一，除了普通和特快客运服务，海军上将杰利科还利用这条铁路为他的皇家海军部队运送了不计其数的燃煤物资。

1915年5月22日清晨，两列从伦敦开来的过夜快车晚点了，这本来是战时交通密集状态下的常有之事。铁路信号房设在卡莱尔以北16千米处的昆廷希尔站，可用来控制主干线的部分路段和两旁侧线。当特快列车过境时，慢速货车和普快客车会临时停在侧线内以避让。当

开赴前线

第一次世界大战期间，火车以前所未有的规模将部队和军需设备运往战场。图中是1914年准备开赴西部前线的法国士兵。

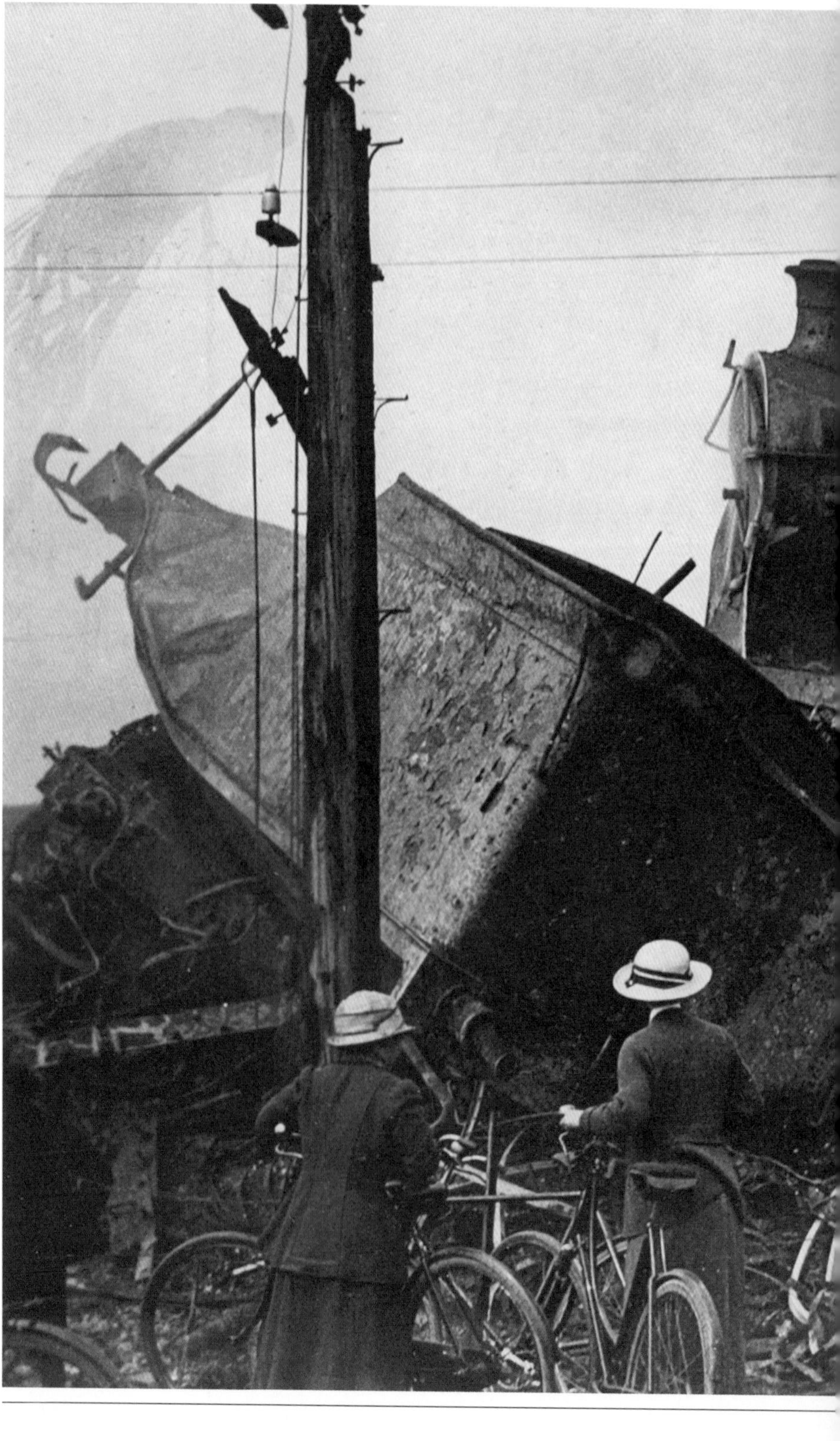

战时铁路灾难 281

昆廷希尔三车相撞现场

1915年英格兰昆廷希尔镇,一列快车倒在先前慢车与军车相撞的残骸堆中。左侧的火车厢已被撞出轨道。

天早晨,由于全部的侧线都被准备返程运煤的"杰利科专车"占满,信号员于是决定将一列慢速列车从北向主干线调度到南向轨道上,为延误的过夜快车让路。

不幸的是,虽然停着火车的轨道近在眼前,但信号员随即将其忘在了脑后。当时刚过六点,正值信号员乔治·米金和詹姆斯·廷斯利换班之际。然而为了方便廷斯利搭慢车上班,这两人违反规定私自将交班时间延后了。为了掩盖晚到的事实,廷斯利急急忙忙地填起登记表。他一边与同事闲聊着战事,一边为一列南向军车发出了"线路开放"的信号,完全忘记了轨道已被他刚才调度过去的慢车所占用。

军车上的485名皇家苏格兰士兵刚刚结束训练,正欲赴土耳其的加利波利执行作战任务。当列车以每小时110千米以上的速度冲下缓坡之时,司机已经没有了停车的机会。军车迎头猛撞上停在轨道上的慢车,车厢被巨大的冲击力压得只剩64米,仅为原车身长度的1/3。军车征用的木制老式车辆加剧了事故的惨烈程度,机车中的燃煤引发了熊熊大火。然而,更严重的还在后面。由于失事列车的碎片散落在两条轨道之上,另一方向自伦敦开来的快车躲闪不及,猛地冲进了残骸堆中。事故造成227人丧生,是1952年哈罗铁路事故的近两倍之多,成为英国死亡人数最多的铁路灾难。不过,两列客车上的人员伤亡数目较少,当然这也不排除战争时期数据被官方篡改的可能。肇事的两位信号员因过失杀人罪被判入狱,但与事故的严重程度相比,两人的刑罚较轻,廷斯利被判3年监禁,而米金的刑期则为前者的一半。

1917年1月13日发生的罗马尼亚火车事故至今仍笼罩在一片神秘之中。它与其后的法国圣米歇尔—德莫里耶讷铁路灾难有许多相似之处:严重超载的军车失控并引发大火,多人命丧其中。事故发生在罗马尼亚东部。列车上有大批因德国进攻而逃亡的罗马尼亚平民和俄罗斯军队。当时,"一战"末期才加入战争的罗马尼亚在早期短暂胜利之后迅速被德国所侵占。为了躲避敌军,一列挤满了伤兵和难民的26节列车从小镇巴尔诺瓦出发,前往丘雷亚。事故幸存者之一尼古拉这样描述上车时的混乱场景:

战时铁路灾难 283

丘雷亚火车惨剧，1917年
有人认为，这起毁灭性撞车事故的部分原因是士兵不慎在过度拥挤的车厢中损坏了制动管路所致。

……无处不在的人群，尤其是士兵，在疯狂的绝望中相互抓着爬上车顶、阶梯和缓冲区域，再小的转角处都挤满了人，没有一个地方能容得下双脚站立。这群为了躲避德军而逃难或投亲的绝望之人没有想到，更大的灾难正在不远处等着他们。

两个车站之间由一段平均坡度为1∶40的铁路相连，在某些路段甚至达到了1∶15。火车下行后不久，制动系统即告故障。事后人们发现，蜂拥而上的人群踩断了车厢之间的连接管道，削弱了两机车间的刹车性能，导致列车以极快的速度冲下坡道。尽管工作人员拼尽全力采取了紧急倒车措施，并试图在轨道上抛撒沙砾以增加阻力，但进入丘雷亚车站时仍发生了脱轨，车厢遭到大规模的损毁。据称，有超过1 000人在灾难中丧生。由于战时的保密机制以及事发地的偏僻闭塞，实际死亡人数从未得到过确认。但毋庸置疑的是，丘雷亚火车事故是全欧洲迄今为止最严重的铁路灾难。

阿尔卑斯山下的惨剧
图为法国圣米歇尔—德莫里耶讷附近河谷底部的列车残骸。
该车为19节车厢编组,共载有900名法国士兵。

当年晚些时候,整个西欧最严重的铁路事故发生在法国境内。事故起因是铁路官员在战时承运压力之下所犯的低级错误,而最关键的还是军方忽视铁路方面警告而下达的命令。1917年12月12日晚,一列19节编组的超长客车正翻越阿尔卑斯山,车上满载着900多名刚从意大利战场厮杀回来的法国士兵,大家都迫切希望赶紧到家欢度圣诞假期。在驶过作为两国关键通路的塞尼山隧道后,列车在法国境内的莫达纳停留了一个多小时,等待允许前进的进一步通知。全车仅有3节车厢配备空气制动,其他车厢要么只有原始的手动刹车,要么什么都没有。铁路方面决定增派一台机车,以便在上坡路段提供额外动力,也能增加下坡时火车的制动性能。但这第二台机车一直迟迟未能到位。

随着延误时间的延长,士兵们开始躁动不安。火车司机吉拉德面临着强行开车的压力,但他仍坚持必须等到第二台机车到位后才能出发,但当时唯一可用的一台机车已被其他运输军火的列车所调用。此时，当地军事交通官员法约勒上校警告吉拉德，若再不开车就将他投进监狱。这是一个军方人士无视铁路局限性与安全要求的典型案例。最终，灾难不可避免地发生了。在超负荷和制动性能薄弱的双重压力之下，列车的速度开始失控，而刹车装置在巨大的摩擦力作用下爆燃起火，乘客一片恐慌，有些人竟然从高速行进的列车上直接往下跳。列车以3倍于最高时速（40千米/小时）的速度冲下山坡，而后在圣米歇尔—德莫里耶讷附近的转弯处脱轨。一些车厢坠入轨道下方的河谷之中，另一些则燃起了熊熊大火。机车由于负荷骤减而停留在了轨道之上，一开始尚未意识到后方车厢尽毁的吉拉德侥幸捡回了一条性命。

官方最初宣布共有424人在事故中死亡，但现在看来应为457人。由于许多死者遗体在持续的大火中化为灰烬，也有人推断死亡人数高达675人。另外还有许多伤员被送往医院后宣告不治。万幸的是，一位车站站长迅速阻止了另一列运送苏格兰士兵的军车，避免了他们撞上列车残骸，事故才没有扩大为更严重的灾难。考虑到事故发生在敏感的战争时期，直到79年以后的1996年12月12日，纪念死难人员的公开追思会才在事发当地得以举行。

虽然西班牙并没有参加第二次世界大战，但该国历史上最严重的火车灾难也发生在战争时期。1944年1月3日，3列火车在莱昂省托雷德尔维耶尔索附近的隧道中发生相撞，而与罗马尼亚和法国的事故一样，绝大多数遇难者死于脱轨火车高速冲下山坡而引发的大火之中。当天，一列过夜的加利西亚邮政特快刹车失灵，未能按原计划在阿尔瓦雷斯站停车，危急之中，前方的托雷德尔维耶尔索车站站长命人在轨道沿线放置枕木以减慢列车的速度，但仍无济于事。列车冲进隧道，撞上另一列正准备转移的列车，而对面方向开进隧道的27节编组运煤专列

圣米歇尔—德莫里耶讷事故中身份不明的死亡者人数

135

全然不知前方的危险，与失事列车的残骸迎头相撞。事故引发的大火燃烧了整整两天，伤员因此未能得到及时救治，而受难者遗体遭火焚毁，身份无从辨认。

当时的西班牙正处于佛朗哥政权的高压之下，政府对事故的报道讳莫如深，西班牙国家铁路网的文件档案也已丢失。列车上另有许多非法乘客，所以虽然官方的死亡统计人数只有78人，但研究表明，真实的数据应该接近500人之多。

意大利最严重的铁路灾难也发生在"二战"期间，死亡人数远超该国以往任何火车事故。同样，战争背景仍是导致悲剧的深层原因。失事地巴尔瓦诺是那不勒斯湾萨莱诺附近的内陆小镇，当时已被从西西里一路进攻上来的英美联军所控制，食物和其他生活必需品极为匮乏。许多居民违法搭乘过路火车去农村寻找物资，用以补贴家用或卖去黑市谋取利润。1944年3月2日那个湿冷的傍晚，一列运煤车向亚平宁山脉的内陆农场开去。几百人分别从沿途的停靠站点跳上了列车的敞篷车厢，躲在油布和其他东西下面。列车在开进巴尔瓦诺附近隧道后因为交通管制暂停了40分钟，约650名非法乘客中有数百名因此而命丧黄泉。由于战时物资短缺，机车只能使用一氧化碳浓度超高的劣质煤炭，而隧道中的坡度引起了烟雾的下窜，中毒死亡的人数高达450~500人。幸存者皆身处尚未进入隧道的列车后部车厢中。最先发现险情的司闸员在被烟雾熏倒之前跑回了最近的车站报警。一位协助处理善后事宜的美军上校后来写道："大多数死者的面容都十分安详，毫无痛苦的痕迹。许多人仍保持着直立的坐姿或正常的睡觉姿势。"死亡来得迅速而平静。

万幸的是，现代社会中发生如此规模灾难的可能性微乎其微。得益于显著提升的制动效率等铁路科技以及严格执行的法律法规，今天的铁路出行较之以往要安全许多。总的来说，火车不会如从前那般拥挤不堪，而蒸汽机车的停用则将火灾的风险降到最低。此外，车厢材质也从木头改为可承受强烈撞击的新式材料，所以，即使事故不幸发生，乘客的生存率也将大为提高。如今，每天都有时速高达320千米的高速列车穿行于欧洲境内，如此形势之下，发生严重灾难的可能仍然存在。2003年7月，发生在西班牙圣地亚哥—德孔波斯特拉的火车事故就夺去了79条生命。

汉志铁路

中东地区的铁路建设开展得较晚。19世纪末期,衰落中的奥斯曼帝国仅有少量的铁路处于运营当中。然而,颇具远见的统治者们意识到铁路的军事和政治价值,从而催生了在汉志地区(今沙特阿拉伯)的沙漠深处修建一条铁路的远大计划。这条路线后来因为"阿拉伯的劳伦斯"而名扬西方世界。

与许多开拓性线路一样,汉志铁路计划在开工之前已经酝酿了多年。德裔美国土木工程师查尔斯·青佩尔(Charles Zimpel)在1864年就提出了大马士革到红海的铁路修建计划。19世纪后半叶,无数类似线路的设计方案被提出,而1897年,时任教师和记者的印度穆斯林穆罕默德提交的计划吸引了苏丹阿卜杜拉哈米德二世(Abdulhamid II)的注意。

阿卜杜拉哈米德二世是一位保守的没落帝国统治者,在他即位不久,奥斯曼帝国的版图便缩减了2/5,包括保加利亚和希腊等欧洲疆域,从而迅速结束了其在欧洲的影响力。为了应对这一损失,苏丹决定加强对余下阿拉伯半岛等亚洲版图的控制。虽然帝国的政治影响逐渐褪去,但阿卜杜拉哈米德希望能够加强宗教意义上的重要性以突显其地位。新路线可使朝圣者们便宜且快速地到达圣地麦加,为巩固苏丹的哈里发地位提供了良机,而来自穆斯林民众的捐款也贡献了大部分的项目建设资金。

阿拉伯的劳伦斯
英国军官T.E.劳伦斯在中东考古期间开始熟悉当地情况。1916—1918年,他领导下的阿拉伯大起义几乎将汉志铁路摧毁殆尽。

汉志铁路

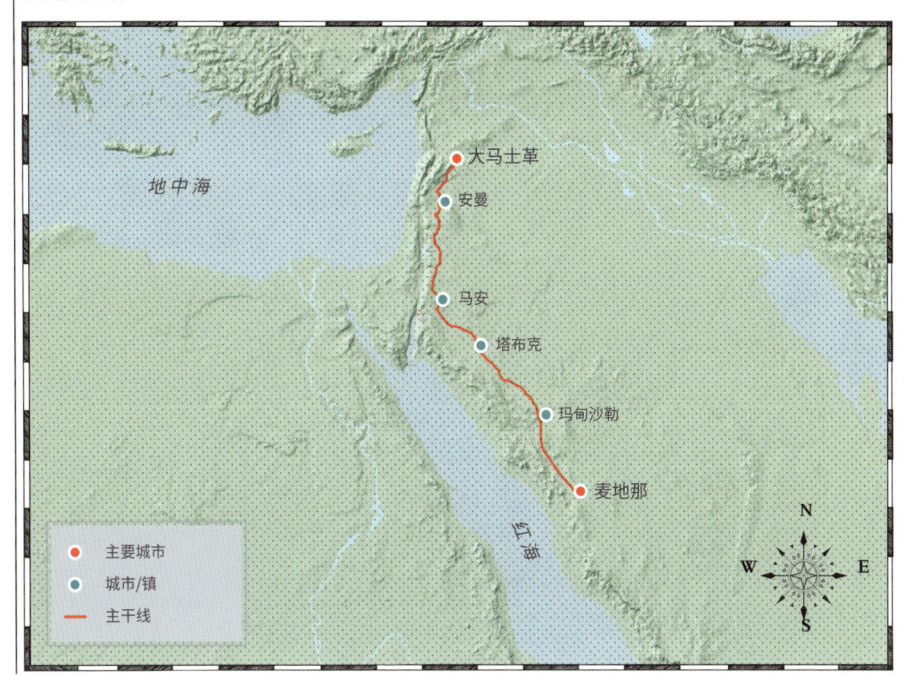

1900年末,在德国工程师海因里希·迈斯纳(Heinrich Meissner)的主持下,项目在1 500毫米轨距的铁路上正式开工。起初,计划受到诸多问题的困扰进展缓慢。最初的勘测不尽如人意,需要推翻重来。征召而来的劳工待遇极为恶劣,最终导致工人暴动。认识到问题的苏丹转而采用了较为缓和的手段,迈斯纳也开始改变策略,开始吸引来自比利时、法国,特别是德国的熟练工人。不过,由于宗教原因,后阶段基督徒被禁止在铁路南端施工,幸好当时土耳其的穆斯林工程师已经可以替补上阵。

接下来,勘探、测量和施工3个小组都已组建完毕。遇到最多困难的是进行早期线路评估的勘探小组,组员们骑着马匹或骆驼深入沙漠,冒险进入未知地区,直面敌对部族。第二组的测量员们根据勘探团队绘制的地图,制定出详细路线供施工人员参考。铁路建设由分为四部的铁路特别部队实施,各部专门负责一项任务:先遣部队标出轨道路

> 工程师们须修建一条穿越悬崖
> 和恶魔腹地的铁路。
>
> ——多米尼加·弗莱阿
> 《1909,汉志铁路旅行记》

径,准备土方工程;第二部队铺设道砟;枕木安放由第三部队完成;第四部队将钢轨放置到位。

施工的过程困难重重。首先是恶劣的气候条件,夏天中午温度可达到50℃,而冬天夜晚的寒冷程度与之相比也毫不逊色。项目的地点荒凉偏远,施工规模庞大,要想到达原目的地麦加,铺设的轨道长度需要达到1600千米。不过,尽管存在地形条件等种种障碍,这种纪律严明、组织得当的施工流程仍推动了项目的飞快进展。

水资源的匮乏是汉至铁路建设者们遇到的最大难题。因为线路沿朝圣步道所建,沿途水井和池塘中偶尔会存有一些雨水,但大多数情况下,珍贵的水源都被储存在铁路沿线的水箱中,由新修好的铁路负责运送补给。讽刺的是,虽然缺水已经成为一个老大难的问题,但部分轨道却会在雨季来临时被泛滥的洪水冲毁。为了减少损失,不少路段就直接修筑在了堤坝之上。

另一大障碍是漫过轨道的流沙。当铁轨铺至阿拉伯半岛南部的沙漠地带后,由于植被稀少,大风将沙尘直接卷到轨道之上,工人们不得不用泥土和石块在铁路两旁筑起沙堤。

最令人啼笑皆非的是燃料的短缺。由于土耳其矿区的煤炭烟尘太大,人们只能高价从威尔士进口燃油与之混合使用。然而,解决蒸汽机车燃料问题的办法其实近在眼前。汉志铁路历史作家詹姆斯·尼科尔森(James Nicholson)写道:"鉴于奥斯曼帝国当时仍控制着今日沙特阿拉伯区域的东部省份,蕴藏在沙漠底下的资源原本可以轻而易举地满足他们对燃油的所有需求,如果他们当时发现了这一点,将会非常惊讶。"

高峰时期,共有7 000名筑路工人参与项目施工。他们生活在随工地移动的窄小帐篷里，仅以少量的面包、饼干或大米果腹，难得沾点荤腥。由于缺乏新鲜蔬菜和水果供应，坏血病等维生素缺失疾病十分普遍。霍乱的爆发也并非罕见，工人们因恐慌而四下奔逃，施工进度因此受到延误。

铁路修抵麦地那后，仍有计划再将线路继续延伸至麦加。然而，被蔑称为"铁骡子"的铁路项目遭到了当地部族的强烈反对。事实上，这些抗议不完全出于宗教考虑，由于不少部族成员都做着给朝拜者提供骆驼队的生意，他们担心铁路的建成会影响到自己的生计。反对的声音愈演愈烈，最终发展成为1908年的叛乱。当时阿卜杜拉哈米德权势渐颓，麦加计划被迫终止。汉志铁路的终点站落在了伊斯兰教的第二大圣地麦地那。

从地形条件来看，阿奥拉到麦地那的最后路段是整个工程中的攻坚点。但随着人手的增加，工期也逐步加快。而最终项目能够如此快速地得以完成，有部分原因是为了确保赶上1908年9月1日苏丹的加冕仪式。然而，由于彼时低迷的支持率让苏丹不敢离开君士坦丁堡半步，

开往麦地那的首列火车
1909年，汉志铁路旁聚集的人群为首列由大马士革开往麦地那的
火车送行，乘客们到达麦地那后将前往麦加朝圣。

在如期举行的铁路开通仪式上并没有出现他的身影。

在政局动荡日趋激烈的背景之下，汉志铁路安然度过了正常运行的8年时间，为成千上万名朝圣者往来麦地那提供了方便。然而，这条线路的命运总是与地区及全球政治因素紧密相连，而第一次世界大战则彻底将其变身成战地前沿。

1914年，奥斯曼帝国以同盟国身份参战，英国急于阻止土耳其人在其他地方发动进攻，于是便鼓动阿拉伯人起义与之对抗。自1916年起，成为明显攻击目标的汉志铁路便遭到当地部族的不断袭击。然而，起义军急需的炸药和先进武器依然匮乏。此时，有"阿拉伯的劳伦斯"美誉的托马斯·爱德华·劳伦斯加入了战斗。当时身处开罗的劳伦斯只是个文职上尉，但他成功说服了上级军官将他派往苏伊士运河对岸的汉志，并留下来支持由麦加国王谢里夫·侯赛因三子费萨尔领导的阿拉伯起义。

1917年年初，在劳伦斯加入起义军以前，费萨尔的非正规军部队已经成功发动了多起针对铁路的袭击，之后他又领导了几次损毁火车和轨道的奇袭。劳伦斯采取的是早期游击队的作战策略，不与敌军近距离作战，而是将他们拖在铁路周边。由戴维·里恩导演的电影《阿拉伯的劳伦斯》中出现过大量激烈的战斗场面，但在真实的袭击中，劳伦斯部队以极少的牺牲消灭了成百上千名土耳其士兵，游击战略大获成功。劳伦斯和费萨尔沿线北上并逐步将铁路控制在手中，同时还切断了麦地那及当地土耳其守军与其他奥斯曼军队的联系。

最终，劳伦斯和费萨尔与艾伦比将军麾下的英军会合，向大马士革发动总攻，费萨尔的部队奉命截断叙利亚城市德拉和地中海港口海法（今以色列境内）之间的联系。1918年9月，土耳其军队在大马士革决战中被击溃，但仍牢牢占领着麦地那，直到1919年1月才兵败投降，这也被视为第一次世界大战的最后一役。

劳伦斯在他关于汉志铁路争夺战的著作《智慧的七柱》中，对土耳其人修复铁路的热情和技巧表示了认可。战后，随着奥斯曼帝国被英法两国所瓜分，汉志铁路也由这两大欧洲殖民帝国所分治。虽然联军和撤退中的土耳其军队将大部分南线路段摧毁殆尽，但仍有某些部分

阿拉伯的劳伦斯和阿拉伯起义
图为影片《阿拉伯的劳伦斯》中阿拉伯士兵袭击汉志铁路火车的场景。虽然自己战名显赫，但劳伦斯仍坚称这是一场属于阿拉伯人的战争。

的交通始终处于开放状态。

利用效率最高的当属大马士革到海法支线铁路中的货物运输。在叙利亚冲突之前，该线路还提供从大马士革前往约旦首都安曼的客运服务。为了满足朝圣者的需求，沙特阿拉伯也修建了部分全新的铁路网络，甚至还有传言称要将汉志铁路全线重新打通。但由于投资成本太高，再加上许多朝圣者都直接乘坐飞机到达麦加，这个提议已无实施的必要。

汉志铁路仅在1908—1916年保持着正常运营，拥挤而缓慢的火车朝圣之旅并没能给乘客带来太多的舒适感受。然而，相比从前整整40天的长途跋涉，耗时仅1天多的旅途绝对算得上质的飞跃，这短短的8年也见证了全世界最伟大铁路项目之一的光辉岁月。

流线型机车

在飞机和汽车日益盛行的时代里,机车设计师们致力于开发新一代的设计吸引乘客回归铁路。这种高速且现代的设计首先被应用在美国的客运快车服务上。基于提升速度的目的而采用特殊造型的各种蒸汽、柴油和电力机车被人们统称为"流线型机车"。

空气动力学式造型
由著名蒸汽机车工程师奈吉尔·格雷斯利爵士设计

LNER 4468 "绿头鸭"号机车(1938)

蒸汽机车的速度纪录保持者是伦敦东北铁路公司制造的"太平洋A4型"4468机车"绿头鸭"号。得益于空气动力学的车身设计及高效的蒸汽回路,负载有7节车厢的"绿头鸭"号在1938年7月3日创下时速202千米的世界纪录。

驱动装置遮蔽于流线型侧盖中

ETAT ZZY 24408号机车(1934)

由法国汽车制造商布加迪公司出品的ZZY24408号机车是法国使用的一系列"内燃高速列车"之一。该车设计上有诸多创新,如鼓式制动器、四缸汽油发动机、油阻尼悬挂系统和中央穹顶驾驶室。但由于燃油成本过高,此机型于1953年停产。

PPL 4094D号机车(1939)

4094D号机车是宾夕法尼亚电力照明公司旗下的一款"无火"调车机车。由外部系统产生的蒸汽储存在罐中,代替了原来的火箱和锅炉。它被应用于不能出现污染或火险的加油站或化学品厂等特殊场合。

流线型机车　295

NW NO.611（1950）
诺福克西方铁路公司出品的611号J型蒸汽机车可在刚性轮对和轻质传动杆的作用下，带动较小的驱动轮达到177千米的时速。作为该公司的旗舰车型，此类机车可以同时用于客运和货运列车。

"凯尔查普"烟囱配置有4个喷嘴来提高发动机效率

直径长达2米的驱动轮

DB 602型机车（1970）
该车原型为1957年为欧洲特快VT11.5客车设计的柴油液压机车，1970年，德国联邦铁路公司将其改装成602型具备1 600千瓦的燃气涡轮发动机。新车型时速可达200千米，但最终因为高昂的燃油成本于1979年正式停产。

北陆新干线　E7系机车（2013）
日本新干线（子弹头列车）的此类车型于2013年在日本宫城县利府首发，运行时速可达到320千米。

澳大利亚的轨距失误

一波三折的澳大利亚铁路发展史在方方面面都能成为铁路网络管理的反面教材。在其他国家,铁路系统通常规格统一、遵循一个标准地扩张,然而,在澳大利亚广袤的疆土上,各国有铁路公司似乎以给货运车辆和长途旅客制造麻烦为乐,世界上再也找不出第二个国家的铁路史受不同线路之间的轨距问题影响如此之大,也没有任何地方的轨距问题对铁路网络的发展造成了如此之大的破坏。

鉴于19世纪的澳大利亚曾是大量英国罪犯的流放之地,该国的第一条铁路交由囚犯来完成也就不足为奇了。1836年,从塔斯马尼亚的塔斯曼半岛开往亚瑟港囚犯聚集地的8千米窄轨铁路建成,让来访者们免除了海上风浪之苦。建设之初,囚犯们被成批押来筑路,开通后的铁路上交通繁忙,于是他们又被当作拉车夫。只有在下坡路上,囚犯才能跳上敞篷货车,借着地势偷得片刻轻松。乘客则需要为此花上不菲的一先令车费。然而,这种纯人力设施还很难称得上是正式铁路,直到1854年,首批真正意义上的铁路线路才得以开通。

这批路线中的几条铁路几乎同时开工,而由此定下的不兼容服务模式必将困扰澳大利亚整个铁路发展历程。1854年5月,南澳大利亚州境内墨累河下游古尔瓦到埃利奥特港口的11千米长马拉铁路开通,4个月之后,墨尔本弗林德斯大街车站到今墨尔本港之间出现了首列蒸汽火车服务。这两条铁路均沿用了爱尔兰的1 600毫米宽轨距,然而到了次年,新南威尔士的新开线路却采用了1 435毫米的标准轨距,澳大利亚铁路协调工作的失败就此埋下伏笔。用狂热铁路爱好者和前副总理蒂姆·菲舍尔(Tim Fischer)的话来说,遍布全国的22种不同轨道宽度简直就是轨距大荟萃。

随着早期线路的陆续开通,人们也尝试过协调

澳大利亚采用的不同轨距总数

22

澳大利亚主干线图

轨距使用的方法,但除了增添困扰之外一无所获。难以置信的是,新南威尔士的铁路起初已经转换成宽轨,但为了配合邻省的维多利亚又将轨距改了回来。然而,维多利亚州和南澳大利亚州则声称,由于购置车辆设备还需占用预算,将铁路升级到标准轨距费用过高。由此,如一位澳大利亚的铁路交通历史学家所言:"伟大的失败就此开始。"余下的昆士兰、塔斯马尼亚和西澳大利亚州各选择了造价低廉的1 067毫米窄轨车道,使得复杂局面雪上加霜。

19世纪的最后25年,伴随着铁矿石出口和内陆农作物外运等需求的增加,铁路系统得到迅猛发展。但任何创建国家级网络,甚至仅仅是跨越各州边界的计划都因轨距问题而受阻。事实上,各自为政的六大州如独立王国般修建了各不相连,也极少跨境交线的铁路网络。

例如,当新南威尔士州和维多利亚州的铁轨于1883年在奥尔伯里

"甘"号铁路上的桥梁
"甘"号洲际铁路从达尔文始发,横穿 2 979 千米到达阿德莱德。2004 年,当所有的轨道都从窄轨转换成标准轨距后,铁路全线才正式通车。

相交时,从理论上说,本应是连接墨尔本和悉尼的最好通道,但轨距的差异迫使乘客不得不换车,货物也只能转运。同年,类似的窘境还发生在昆士兰州与新南威尔士交界的詹宁斯。各州边境处也没有设置过轨站,用菲舍尔的话说就是"系统的不对接导致了时间上的巨额浪费"。而维多利亚州和南澳大利亚州虽然拥有相同轨距的铁道,却因为各自机车型号不同需要在边境处更换机车。另外,由于设备型号太过分散,批量购买的价格优势无法发挥,最终导致了成本的上涨。虽然轮船的速度偏慢,但在铁路运输尚不完善的情况下,各州间的绝大部分客货运输缺口只得依靠沿海航运来填补。

虽然早在 1890 年,关于是否所有铁路都应采用标准轨距的争论就已开始,但直到 1901 年澳大利亚成为自治国家以后,新组建的联邦政府才将此事正式提上议事日程。而在此之前,考虑到轨距标准化的成本太高,各殖民州政府对"轨距差异"现象采取听之任之的态度。1917

年，政府着手在西澳大利亚州的卡尔古利和南澳大利亚州的奥古斯塔港之间修建一条标准轨距的跨州铁路。建设过程中，卡尔古利到珀斯、奥古斯塔港和特劳伊到阿德莱德等处的连接段均遭遇到换轨需求。同样，随后在1927年建成的悉尼至南澳大利亚线上，通往布罗肯希尔以及从特劳伊到阿德莱德处的轨距也不得不转换成窄轨。

  截至第一次世界大战末，全国性的铁路系统已扩展到约4万千米。对于一个幅员如此辽阔的国家来说，这个数字并不算高。与其他国家一样，两次大战期间，铁路开始在与公路运输日益激烈的市场竞争中丧失主动权。1939年9月，澳大利亚宣布参战，在急需获得政府投资的前提下，铁路公司不得不配合政府，不惜一切代价应对战时的货运需求的增加。铁路在战争中发挥了巨大的作用，保证了人员和物资的有效移动。然而没过多久，铁路的地位一落千丈，甚至陷入严重的生存危机。战后，随着陆路运输竞争的加剧，而长途客源又被新兴的航空业所分流，关于废弃铁路系统的提议不时出现。一位澳大利亚铁路历史学家如是说："最极端的预测是，铁路很可能被各界批评所击垮，最后沦为乡间那一道道锈迹斑斑的残痕。"

  然而，在20世纪的大部分时间里，人们一直试图发展以标准轨距为基础的铁路网络。1932年悉尼—布里斯班标准轨距线路的完工代表了首次联合行动的胜利，但全国范围内的标准轨距网络建设直到"二战"后才真正开始。20世纪50年代，澳大利亚制定了开发国家级铁路网络的草案，但项目进度因预算过高而一度放缓。1962年，该国最繁忙的长途路线——悉尼—墨尔本线完成标准化改造，3年后，悉尼—珀斯线也随之跟进。墨尔本—阿德莱德线于1995年全部转换成标准轨距，阿德莱德—达尔文线的标准化建设也在9年后顺利完成。

  毋庸置疑，轨距的失误让澳大利亚和该国铁路行业付出了沉

横澳铁路线最长的直线路段

478千米

世界最长的直线轨道

铁路横穿纳拉伯

横澳铁路穿过因缺少树木而得名的纳拉伯（意为无树）平原。在南澳大利亚和西澳大利亚的铁路轨距都已完成标准轨距改造之后，这条悉尼—珀斯线于1970年正式开通。

澳大利亚的轨距失误

重的代价。频繁换车既不得人心又徒增了额外的物流成本。与之形成鲜明对比的是同为移民大国的美国,铁路在美国的地位举足轻重,成为该国社会经济发展的主要推动力。幸运的是,在澳大利亚政府发展铁路标准和现代化的多项举措之下,新式柴油列车被引入,严重亏损的支线铁路被关停,铁路终于熬过了寒冬,在某些区域的线路甚至开始兴盛。不过,有别于许多其他国家,铁路从未在澳大利亚经济中占据过重要席位。

在同为前英国殖民地的新西兰,铁路的发展历程与其邻国澳大利亚截然不同。虽然1863年的早期路线也是由各省区独立完成,但1876年中央政府就予以了全面接管。从此,新西兰铁路系统一直采用统一轨距的整体开发模式。

新西兰领土由南岛、北岛两大岛屿组成,人口稀疏。为了增强国民凝聚力,新西兰政府有意大力开发铁路事业。新西兰铁路历史作家尼尔·阿特金森(Neill Atkinson)在书中写道:"从19世纪末开始,新西兰利用扩张中的铁路网络大力推行农业、工业、林业和矿业发展,另一方面也深化了诸如教育、城镇规划和娱乐产业等各领域的政策推广。火车将孩子们送去学校,将工人们送往工厂和办公楼,将运动员们送去竞技场,还将成千上万郊游的人群和赌马客们送到了海滩、公园和马场。"

火车站迅速成为当地社区中心。每个车站的"茶点室"都提供令人胃口大开的廉价食物和饮料,装在印有"历史悠久的新西兰铁路"的杯子和碗碟里,出售给来店的客人。铁路成为新西兰经济文化不可分割的一部分,截至20世纪20年代,在这个人口总数仅有100多万

火车的乐趣
除了工业用途之外,新西兰政府还将铁路推广至休闲活动领域。

新西兰铁路茶点室
新西兰省级车站的茶点室通常成为该区域的社交中心,为客人提供物美价廉的餐食服务。

的国家,每年的铁路行程高达2 800次之多。用1938年新西兰铁路公司的广告语来说,"铁路工业成就了新西兰——人民的铁路为人民"。而邻国澳大利亚铁路网络的境遇与之相比简直有着天壤之别。

高速蒸汽列车

由乔治·斯蒂芬森和彼得·库珀等英美两国铁路先锋所制造的机车原始简陋，被人戏称为"车轮上的小汽缸"。随着蒸汽机车技术的迅猛发展，百年沉浮后的机车已然华丽变身。在两次世界大战之间涌现的一批伟大工程师将蒸汽机车转化成了结构复杂的动力供应来源。

1889年，早期的"铁路迷"E.福克斯韦尔（E.Foxwell）和T.C.法雷尔（T.C.Farrer）曾做过一组颇具趣味的分析，把世界范围内的火车速度进行对比。总体来说，绝大部分火车的速度都让统计者们大失所望。研究对象仅包括平均时速至少应有46千米的所谓"快车"，但即使是在这样远称不上"快速"的标准下，能符合条件的机车仍然少之又少。铁路大国印度和整个南美洲地区均无快车服务，澳大利亚的快速机车也屈指可数。福克斯韦尔和法雷尔发现，拥有最多快速机车的国家是法国和荷兰，有意思的是，他们使用的机车都来自英国。在德国，很少能见到平均时速达到56千米的机车，而意大利唯一一条快速列车是从米兰到威尼斯的日发班车。铁路在当时尚属贫困农业地区的瑞典发展十分落后，丹麦的形势则稍占上风。同期的匈牙利由于准许东方快车跑到51千米的时速而备受赞誉，比邻国奥地利更胜一筹。而美国能符合分析条件的机车都运行在东部线路上，其中全程64千米的华盛顿特区—巴尔的摩铁路堪称全球最佳路线，平均时速高达85千米。除此之外，出乎福克斯韦尔和法雷尔的意料，许多鼎鼎大名的火车虽说以"飞速"等字眼命名，可实际的平均时速才48千米，勉强跻身快车行列。他们认为问题在于多数的美国铁路需要穿过城镇中心，火车不得不减速通过道口以防止潜在的交通危险。

10年之后，两位了不起的"时刻表观察家"再一次对他们的研究议题进行了分析，他们发现火车的运行速度有了长足的进步。20世纪初期，法国已率先开通了一系列日发国际特快专列，以90千米的时速往来于巴黎和维也纳、华沙等绝大多数西欧城市之间。英国和德国的常规快车时速也提高到了80千米甚至以上。

高速蒸汽列车 305

开路先锋
1870年的法国铁路上,工程师们正准备登上一列蒸汽机车。法国一直保持着火车运行速度上的领先地位,该国的高速火车服务的确是名副其实的"特快列车"。

从E.福克斯韦尔和T.C.法雷尔的第一次调查开始,各铁路公司就倾向于把提升车速作为增强公司实力的一种手段。第一次关于速度的竞争发生在英国。当时的英国和苏格兰之间有两条平行路线,分别为东海岸干线和西海岸干线。而运营这两条路线的铁路公司之间似乎有个不成文的约定,即同样从伦敦到爱丁堡的行程时间,东海岸干线为9个小时,而线路稍长且坡度较大的西海岸干线则需要10个小时。不料,1888年6月,运营西海岸干线的伦敦西北铁路公司和苏格兰铁路公司宣布提供联合服务,将总行程缩短了1个小时。几周之后,赶在客流集中的苏格兰松鸡狩猎季开始之前,东海岸各铁路公司(大北方铁路、东北铁路和北部铁路公司)予以反击,用限制停站时间的方法将东海岸干线行程缩短30分钟,至8.5小时。

西海岸干线的主要运营商西北铁路公司迅速回应,承诺将行程时间降至8小时,比原时刻表的时间整整减少了20%。戏剧性的场景发生了,对方公司立即将时间更新为7小时45分钟。随着竞争的白热化,人们纷纷涌上站台来为两方列车送行,而它们的表现也像周末足球比赛一样,成为被各大报纸争相报道的新闻。沿路的信号员对这些备受

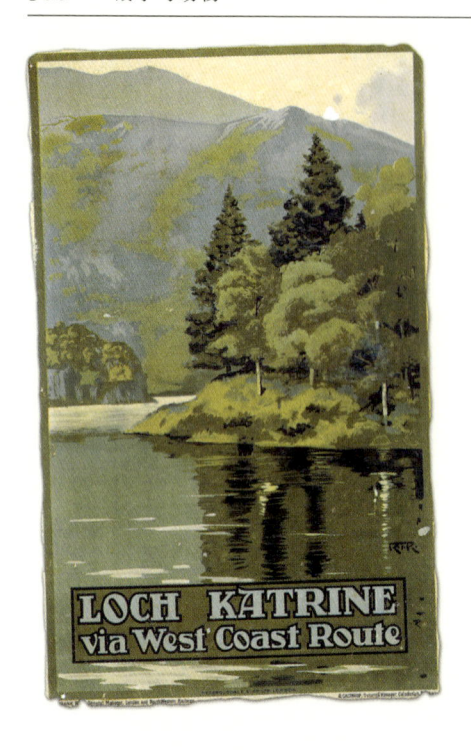

观光路线

图为1910年左右印有伦敦至苏格兰西海岸干线照片的海报。东西海岸两条路线之间的竞争将总行程缩短了好几个小时。

关注的车辆特别照顾,尽量让其顺利通过。而成队的工人们也倍加努力,确保轨道处于正常状态。最后,东海岸公司在夏季末以7小时30分钟的成绩胜出,但没过多久,这场竞赛以双方握手言和而告终,最后的标准行程则定在了8.5小时。

7年后的1895年夏天,随着福斯桥的顺利开通,苏格兰北部路段行车时间大幅缩短。一场更加激烈而危险的比赛突然爆发。这次的"比赛路段"延伸到了距伦敦800千米的阿伯丁,比之前的目的地爱丁堡要多出160千米,且都为夜间行车。更为惊险的是,在到达阿伯丁以南61千米的金纳伯交叉口之后,竞争双方的火车必须共享最后一程路段,这意味着,第一个到达此处的即为胜利者。从1895年8月开始,比赛总共持续了17天,火车的出入口聚集了大量看热闹的人群,参与其中的铁路公司采用了许多不正当的手法使自家的火车跑得更快,比如中途不停站、只挂两三节车厢以减轻车重,或者干脆完全不按列车时刻表运行。比赛末尾,东海岸干线不可思议地仅用8小时40分钟就跑完了全程,而西海岸干线最后又以101千米的时速将这一成绩提高了8分钟。然而,前往苏格兰参加狩猎的富豪们并不愿意在凌晨5点就离开舒适的车厢,他们宁愿迟到两个小时,这样刚好可以赶上清晨7点的早餐。

速度竞赛的热度在安全和成本的综合考虑下逐渐消退。此外,次年夏天,西海岸干线上的普雷斯顿处发生了一起因火车超速而导致的严重事故。一位新手司机在开过车站时未能及时减速,遇上了限速16千米的急弯。和大多数火车不同,这列快车并没有在普雷斯顿站停靠的计划，于是，继续前进的火车以72千米的时速冲出轨道，导致一名乘客死亡。事故的发生给盲目追求速度的旅客和铁路公司敲了一记警钟。

到了1900年，英国总里程数最多的大西方铁路公司在速度竞赛中遥遥领先。1904年，该公司旗下的"特鲁罗城"号新式机车在萨默塞特处下坡路段跑出了164千米的时速。虽然确切速度尚存争议，但它仍被认为是全世界打破时速160千米关卡的第一次胜利。这发生在大西方铁路公司打造英国第一铁路公司形象期间，为了争取来往于美国的邮轮乘客，雄心勃勃的大西方公司与伦敦和西南铁路公司展开了激烈竞争。跨洋海轮通常停靠在英国的南安普顿港口，旅客下船后再乘车上行前往伦敦。然而地面运输的速度远远快于海上，为了节省时间，轮船也开始停靠到南安普顿以西约240千米的普利茅斯港。虽然此处离伦敦更远，但是旅客们可以乘坐火车很快赶上距离差距，并节省近一天的时间。普利茅斯的铁路服务原本掌握在伦敦和西南铁路公司手中，但大西方铁路公司也想在这个市场上分得一杯羹。全方位的"战斗"开始打响，双方都不按列车时刻表来运营火车，只要旅客一下船，铁路公司便飞快地接上他们并火速送往伦敦。1900年6月30日，悲剧发生了。一趟专列在午夜前夕离开普利茅斯，准备横穿索尔兹伯里。此路段的最高时速限定为48千米，而火车居然以超过限速两倍的速度向前冲去，最终导致了脱轨。车上的43名乘客中有24名不幸罹难。在此之后，虽然两家竞争公司在提供专列服务时更为慎重，但二者之间的速度竞赛一直持续到了1910年。

> 旅途顺利得如此不可思议……
> 几乎感觉不到车辆在开动……
>
> ——查尔斯·劳斯-马腾
> 关于"特鲁罗城"号的创记录之行

在美国，纽约至芝加哥之间的火车竞速也持续了多年。1887年，宾夕法尼亚铁路公司引进配有理发店、贴身男仆和女佣服务的全普尔曼系列车——"宾夕法尼亚特快"号，拉开了竞争的帷幕。两年后，纽约中央铁路公司不甘示弱，在纽约和加拿大边境布法罗之间701千米的铁路上推出了7小时到达服务，火车的平均时速达到98千米。1902年，中央铁路公司再接再厉推出"20世纪特快"号，在20个小时以内就能跑完从纽约到芝加哥近1 600千米的路程，比常规时间快了4个小时。作为回应，升级换代后的"宾夕法尼亚特快"号向乘客承诺提供同等服务。随后，两家公司又通过一系列大张旗鼓的举措不断地进行提速尝试。然而高昂的成本使双方元气大伤，两家最终签订了以20个小时作为标准行程时间的君子协定。

此类火车竞赛后来大多归于沉寂，直到20世纪30年代，当蒸汽科技遇到来自其他牵引方式强有力的挑战时，作为最后的一搏，蒸汽火车的速度比拼又开始复苏。两次世界大战期间，在许多天才工程师的努力下，蒸汽机车的性能得到显著提高。安德烈·沙佩隆（André Chapelon）就是其中最了不起的人物。他严谨的科学分析和关注效率的作风为后世纷纷效仿，极大地促进了蒸汽机车的发展。

1923年，英国的许多铁路公司已被整合为4家。到了1937年，一场火车比赛在其中两家运营苏格兰线路的铁路公司间展开。由伦敦—米德兰—苏格兰铁路公司总工程师威廉·斯塔尼尔（William Stanier）制造的"公主加冕"型高速蒸汽列车，被公认为是英国史上最好的机车。在一次特别安排的媒体行程中，该型号的首列机车即跑出每小时183千米的速度，快于伦敦—东北铁路公司"太平洋A4"型所宣称的181千米。但当后者发现纪录已被刷新时，便开始暗中筹划一次破纪录之旅。1938年，在格雷海姆以南事先安排好的笔直下坡路段，一列"太平洋A4"型机车"绿头鸭"号创下了每小时202.6千米的世界纪录。虽然两年之前，德国的"05"型机车在柏林到汉堡路段也达到过200.4千米的时速，但"绿头鸭"号创造的蒸汽机车时速纪录至今无人能破。美国高速柴油火车在几大主要路线上的使用宣告了蒸汽时代的终结。到20世纪70年代，欧洲境内的蒸汽机车也在电气化的浪潮中被广泛取代。

纪录创造者
1905年，在服务于纽约和芝加哥路线的"宾夕法尼亚特快"号上，"PRR 7002"号蒸汽机车一举创下当时的速度纪录。

战争与动荡

史上最快的蒸汽火车

"太平洋A4"型机车"绿头鸭"号服务于英国的乡村地带。1938年7月3日,该车行车时速达到惊人的202.6千米,创下有史以来蒸汽机车的速度纪录。

柴油化之路：
"飞翔的汉堡人"开向未来

由于蒸汽机车存在维护困难、故障频出和效率低下等诸多问题，人们从很早以前就开始寻找能够取代这头"肮脏野兽"的办法。电气化成为实验进程中的先锋，然而，随着内燃机的成功发明，人们开始尝试着将这一新鲜事物应用于铁路运输之上。早期的火车内燃机采用汽油作为燃料，但效果并不理想，对于大型机车来说，成本尤为高昂。

1892年，德国工程师鲁道夫·狄塞尔发明了同名的"狄塞尔"内燃机（柴油机）并获得专利，其工作原理为利用高压加热空气点燃燃料。目前市面上广泛使用的柴油机车主要分为两类：由柴机油直接提供动力的机车，以及使用柴油机首先带动发电机组，然后再由后者提供牵引动力的柴油—电力机车。

狄塞尔的发明甫一面世，许多关于柴油机车的实验便纷纷兴起。然而，在投入实际运用以前，仍有无数技术性的难题尚待突破。除了在一条瑞典的小型铁路上稍有露脸以外，柴油机车的大规模使用一直到第一次世界大战之后才真正开始。

种种有关实用型柴油机车的试验贯穿了整个20世纪20年代。在艰难的摸索过程中，美国和加拿大曾出现过一些成功案例，但真正的先驱还属德国人。在多番努力之下，"飞翔的汉堡人"两厢火车横空出世，它代表了铁路新技术在速度和效率两方面的绝对优势。实际上，早在1931年6月，德国宝马公司所制造的一列外形奇特的四轮火车就已经创下过每小时230千米的世界纪录。该车利用后部配备的螺旋桨式汽油发动机提供动能，但由于技术困难未得到有效解决，这类机车最终未能投入常规使用。

相反，"飞翔的汉堡人"在1932—1933年冬天首秀成功之后，便迅速被多条线路所广泛采用。它仅需2小时20分钟便能跑完柏林到汉堡之间286千米的路程，平均时速达到122千米。为了严格遵守列车时

"飞翔的汉堡人"

流线型的车身降低了风阻,提高了火车的运行速度和效率,同时也开创了经久不衰的设计风格。

刻表的要求,火车的行驶速度需保持在每小时160千米,跃居世界之最。火车有着令人惊叹的流线型设计,因其投产之前在飞艇工厂的风洞里进行过测试,故而拥有了酷似齐柏林飞艇的外形。虽然希特勒更偏向于发展他所看好的汽车行业,但"飞翔的汉堡人"仍凭借其优异的表现入选希特勒吹嘘其政绩的"千年帝国"宣传活动之列。一系列的成功使德国铁路公司于两年后在柏林和科隆之间启动了时速达到132千米的特快服务,而类似的"飞翔的法兰克福人"火车服务也紧随其后出现。德国的高速柴油列车系列代表了铁路科技突飞猛进的发展,但它们却不幸因"二战"期间的燃料短缺遭遇灭顶之灾,战后也仅有极少数路线恢复了运营。

较之其他国家,柴油机技术在美国的发展应用最为广泛和成功。汽车和随后兴起的飞机产业将美国铁路的市场份额逐步蚕食。"一战"期间,美国私营铁路公司由于自身能力不足以及合作意愿淡薄被政府统一接管,国家管控下的铁路公司踌躇满志,对客运服务进行了大幅度的改善工作,为旅客提供诸如"宾夕法尼亚特快"和"20世纪特快"等优质品牌列车的服务。

到了20世纪20年代末期,火车的速度劣势开始凸显,管理人员不得不绞尽脑汁来寻求提升车速的新技术。这一问题对于广大西部地区的线路来说显得尤为严峻。趁着汽车尚未普及,而人们对于萌芽时期的航空安全仍心存疑虑,铁路公司开始转而利用柴油机技术来解决所面临的速度问题。

有别于蒸汽火车,新式柴油列车通常为6或8节编组的客运专列,旨在为乘客提供舒适的高品质服务。较之老式火车笨重传统的外形,由轻质不锈钢和合金制成的柴油列车造型雅致流畅,以飞快的速度穿行于各大城市之间。

虽然不少美国铁路公司已经开始引入柴油机车,但仍仅限于场内调车用途。究其原因,还是人们普遍认为大功率的柴油发动机太重,在经济效率上要低于传统蒸汽机车。而有关汽油发动机的尝试仍在继续。芝加哥大西方铁路公司曾推出过三厢汽油列车"蓝鸟"号,负责明尼苏达州双子城（明尼阿波利斯—圣保罗）和罗切斯特之间的客运服务。不过，运营成本高依然是一道未解的难题。

汽车制造商通用汽车公司使用合金开发出新型发动机，大大提高了功率与重量的比率，从而带来了技术上的巨大突破。在1932年芝加哥交易会上，通用公司的新式轻型发动机引起了芝加哥—伯灵顿—昆西铁路公司老板拉尔夫·巴德（Ralph Budd）的注意。作为战间期美国为数不多的铁路战略家之一，巴德敏锐地意识到，发动机强大的潜能将会为美国的长途铁路运输产业带来一场彻底的革命。会后，巴德便委托定制了一台外形极具吸引力的流线型柴油机车，并将其命名为"先锋者微风"号（"微风"一词出自巴德读过的乔叟著作《坎特伯雷故事集》，意为和煦的西风）。1934年5月，新火车以破纪录的"朝发夕至"式服务从丹佛市经过科罗拉多，一路高歌直奔到芝加哥，路程全长1 600千米，平均时速达到126千米，远超当时美国的标准速度，甚至可与德国柴油列车的水平相媲美。不过，铁路公司为了这次长跑也做了不少特别安排，例如在全程1 689个道口安排巡逻人员管制交通，确保火车通过时没有汽车违规闯越，而三节车厢的设置也为降低列车自身重量提供了保障。更吸引

伯灵顿，"先锋者微风"号
美国流线型列车"微风"号模仿了德国列车的空气动力学形状和优美外形设计，并在运行速度上成为其强有力的竞争对手。

眼球的是，据巴德称，列车所耗的燃油费用仅为14.64美元，远低于煤炭的价格。不过，以当时每3.8升（1加仑）4美分的油价计算，其总的耗油量达到了1 386升（366加仑）。

虽然在常规旅程中无法一直保持破纪录的速度，但直到第二次世界大战爆发以前，"先锋者微风"号仍以史无前例的车速成为后续客运服务中的领军车型，带领了美国铁路长途运输的革新。在西部和东部沿海的铁路线上，采用新式流线型柴油机车的"微风"号火车家族以及其他车辆层出不穷，在巴德的推动下，伯灵顿铁路又先后引进了"双子城微风"号和"马克·吐温微风"号，分别提供从双子城至芝加哥，以及双子城至圣路易斯的服务。

1934年，联合太平洋铁路公司的先锋列车在进行了全国路演之后，以"堪萨斯流线型火车"之名开始提供常规服务。1936年，列车更名为"萨莱纳城"号，以超过每小时145千米的速度奔跑在长途路线上。在穿越内布拉斯加平原的旅途中，列车的平均时速达到了惊人的148千米。这一时期出现的经典之作是由联合太平洋铁路公司出品的6节编组卧铺列车"波特兰城"号。从东海岸的纽约市，到西海岸的洛杉矶，列车仅需56小时55分钟就跑完全程5 230千米，比相同路线上的常规列车要快上近一天。此外，列车运行的燃料成本为80美元，大大低于蒸汽机车所需的280美元。不过，由于乘客们须在芝加哥或圣路易斯转车，连接东西海岸的直达车服务只停留在了试运行的阶段。

后来，这些现代化的柴油列车还引进了瞭望车厢和其他设施来满

明星专列
由圣达菲铁路公司在1936年推出的"超级酋长"号列车负责洛杉矶和芝加哥之间路段的运营，因号称是最受好莱坞明星喜欢的出行方式而被誉为"明星专列"。

"飞翔的汉堡人"平均时速	"萨莱纳城"号平均时速
122千米	148千米

足富有客户群体的需求。列车上提供的食物饮料丰盛至极，各大铁路公司纷纷使出浑身解数取悦旅客。一时间，列车成为大众羡慕的焦点。这一时期的列车服务代表了美国乃至世界铁路系统的巅峰状态。20世纪50年代，在安全性能和成本控制上得到改善的航空业将这批柴油列车逐步淘汰。然而直到今天，除了极少部分电气化铁路之外，柴油机车依然是美国铁路系统的主要牵引动力。实际上，最能代表美国铁路经典形象的，还是三至四台大功率柴油机车带动着一百多节货运车厢呼啸而过的场景。

  第二次世界大战之后，世界其他地区的蒸汽机车迅速被柴油机车所取代。后者的编组模式在支线路段的成本优势尤为明显。柴油发动机可以直接置于车厢底部，无须再配置专用机车，而其两端均可驱动的特性又方便了列车无须掉头即可前行。法国甚至还研发出一款使用橡胶轮胎的柴油列车"米其林"号，并被广泛运用于微型路线上。

  然而，在柴油与电力之间，人们往往会选择后者作为火车的动力来源。虽然电能在初期较为昂贵，但随后便发展成为更加便宜且清洁的能源，并能为火车提供更好的加速性能。在一些郊区路线中，电力火车跳过柴油阶段直接取代了蒸汽火车。尽管如此，全球范围内只有瑞士实现了百分之百的铁路电气化，柴油机车仍是现代社会中铁路最为重要的牵引方式之一，特别适合重货运输和某些冷门路线。总而言之，柴油列车还将与人类相伴很长一段时间。

当柴油遇上电力

作为蒸汽能源的后继产物，20世纪40年代兴起的柴油电力机车无论从经济效益还是功能性上，较之前者都更为卓越。由柴油发动机（原动机）产生的能量经发电机组转换成电能，带动转向架内的马达，从而达到驱动列车前进的目的。

马里兰—宾夕法尼亚铁路第81号机车（1946）
通用汽车公司出品的EMD NW2型调车机车81号是最早得到广泛使用的柴油电力机车之一。这种小巧而强劲的机型因其成本低廉且用途多样深受市场欢迎，直至今天仍服役于某些线路之上。

双排气烟囱

总长13米

采用双轴双转向架的B-B轴式

输出功率750千瓦

GN201号机车（1947）
RS-2型柴油电力调车机车由美国机车公司（ALCO）制造，是大北方铁路公司购入的20台柴油电力机车之一，用来代替原有的蒸汽机车。该车型搭载了12缸发动机，输出功率达到1 100千瓦。

CNL6505号机车（1949）
EMD F7型柴油电力机车原为货物运输而设计，但在某些路线上也被用作客运服务，机车操作简单，维护方便，有着极大的成本优势。图为在康威风景铁路线上服役的机车。

SP 6051号机车

作为南方太平洋铁路公司旗下的9台EMD E9型柴油电力客车之一，第6051号机车负责洛杉矶线路的货运服务，输出功率达到1 790千瓦。1969年退役后，该车被恢复成其原本的橙红色"日光"主题外形。

伊利—拉克万纳铁路公司 3607号机车（1967）

3607号机车是由通用汽车公司生产的EMD SD45型六轴柴油电力货运机车，输出功率为2 680千瓦。在1965—1971年出产的一千多台该型号机车中，有部分车辆至今仍驰骋在美国的铁路线上。

总高4.4米

英国铁路公司 D200机车（1958）

英国电气公司生产的四式40型D200机车是最早一批在英国铁路上广泛使用的电力机车之一。该车型最高时速可达140千米，原为特快列车所设计，后被降级用于普通客运与货运服务。

总吨位124吨

NS 9628号机车（1996）

自1996年引进第一台通用电气公司生产的Dash 9-40CW型柴油电力机车开始，诺福克南方铁路公司的该型号运营车辆已达1 090台。机车配备16缸发动机，为了压缩运行成本，该车的最高输出功率被限定在3 000千瓦。

第二次世界大战：
铁轨上的暴行

虽然铁路在第二次世界大战中所起的作用不如上一次大战中那么举足轻重，但它仍是战时交通的重要组成部分。在燃料短缺和大部分冲突地区路况恶劣的情况下，铁路依然是将部队和补给送达四面八方的绝佳选择。然而，铁路也参与了"二战"期间最严重的两起暴行：一桩是第三帝国制造的大屠杀，欧洲境内2/3的犹太人因此而丧命；另一桩则是日本人强征战俘修建泰缅铁路。这两次事件描述了铁路历史上常被遗忘的黑暗角落，也异常生动地展示了铁路之于掌权者的强大能量和深刻意义。

大约有六百万名犹太人死于纳粹的大屠杀中，同样惨遭不幸的还有数百万来自斯拉夫、波兰和罗马尼亚的族群、共产主义者以及同性恋者。他们中的大多数被送上火车运往死亡集中营。鉴于人数之多以及驱逐速度之快，如果使用大量卡车势必会削弱德国的军事投入，而徒步遣送受害者又恐其不可告人的可怖居心暴露于众，可以说如果没有铁路，这样大规模的种族清洗或许不会发生。

最开始的"死亡专列"穿行于德国与波兰之间（后延伸至拉脱维亚的里加），主要用于将德国境内的犹太人赶到犹太人区。1942年春，纳粹开始利用铁路把犹太人和其他"劣等民族"遣往集中营和死亡营，这种现象在随后的两年里愈演愈烈。1942年1月，臭名昭著的万湖会议落实了针对"犹太人问题的最后解决办法"，驱逐行动开始系统性地大规模展开。为了提高行动效率，无数德国政府部门积极参与其中，其中包括帝国保安总处（RSHA）、运输部、外交部以及其他被要求交出犹太居民的盟国或占领国的相应组织。许多铁路工人也被牵扯在内。

大部分人被塞进货车车厢驱逐出境，也有些荷兰和比利时的受害者被安排坐上了三等车厢。当然，在一定程度上这样的做法只是为了维持"移居"的假象。负责运输的车辆条件极差，原本只能装下50个人的车厢里硬生生地挤进了150人之多，根本难有立足之地。一列火车最多只能拉55个车厢，再多就完全无法动弹。车上不提供水和食物，只配备一个桶厕解决乘客的生理问题。钉了铁条的窗户是唯一的通风口，许多人因混浊的空气而窒息。车厢内夏天热似火炉，冬天又冷得像冰窖。运送犹太人的火车在铁路上享有最低优先等级，途中一旦有更重要的军车通过，车辆便立刻停车让行，延迟和晚点就好比家常便饭，有时甚至会被置于会让线里等上数日之久。整个行程平均时间为四天半，最远的一次是希腊科孚岛上的犹太人驱离行动，大批人群先乘船到达希腊大陆，再转乘火车前往奥斯威辛集中营。由于中途耽误太久，等18天后火车到达集中营时，许多人已经死亡。常有在艰辛漫长的旅途中丧命的人，几乎所有到达的车厢中都伴随着几具冰冷的尸体。

驱逐流程中最残酷而又鲜为人所知的一点是，受害者们需要自行支付单程车费，成人全票，儿童半价。纳粹在其中所获得的收入数额巨

奥斯威辛集中营
火车沿着一条特别修建的支线铁路将被驱逐者们送到位于波兰的奥斯威辛灭绝营，该线路的延长路段一直通到集中营的大门口。

大，总计达到2.4亿德国马克（约2.01亿美元）。在高峰时期，每周有近10列火车到达集中营。纳粹分子只有借助这种高效的运输方式，才能将如此庞大数量的人员加以灭绝。1944年夏天，盟国突进法国，死亡列车的班次逐步减少，直到1945年春第三帝国覆灭之后，死亡专列才最终停止了罪恶的脚步。21世纪，许多铁路公司因为参与了战时的驱逐行动向公众表示道歉，其中包括2005年荷兰铁路公司和2011年法国国铁举办的哀悼活动。

当铁路将数百万大屠杀时期的受害者送去集中营的同时，一条远在亚洲的铁路本身成了战争罪恶的代名词。1942年2月，英国在东南亚的主要海军基地新加坡被日本攻陷，超过8万名英国、印度和澳大利亚官兵被俘。他们中的大多数与在押的5万名囚犯一起被送至泰缅铁路工地，为日本修建一条西进印度的重要供给线。

由于泰缅两国之间缺乏足够的交通运输网络，日本人又无法突破同盟军舰船和潜艇的海上封锁，此番形势之下，铁路的修建势在必行。这条穿梭在高山和雨林里的483千米铁路征用了33万名劳工，大多是当地人，另包括超过6万名盟军战俘。1942年，铁路从两端开始同时修建，一端设在缅甸的丹彪扎亚，另一端则位于泰国的侬普拉杜克。筑路材料极度匮乏，大部分轨道枕木等设备都来自当地报废的铁路线。修建过程中人员伤亡惨重，这条线路也因此被后世冠以"死亡铁路"之名。被俘的荷兰商船水手弗雷德·斯科（Fred Seiker）讲述了他曾经的劳工经历：

你把装满泥土的篮子从挖掘区运到路堤顶上，倒空后再继续来回装卸。或者两个人一起抬着两根竹子架起来的大麻袋去运土。这活儿听上去非常简单，但实际操作中却十分困难。担着泥土走在倾斜的路堤上极易摔倒，大腿肌肉不堪重负，经常会拉伤痉挛。但只要你有些许休息的迹象，日本人的粗棍子便会狠狠地挥在你的身上，打得你眼冒金星。你只能继续往前走以免挨打。

修筑桥梁
战俘们正在抢建泰国侬普拉杜克以北55千米处的桂河大桥。搭建所用的脚手架均由竹子制成，但1943年完工的桥梁主体仍采用了钢制结构。

    标准工作时间从早上7点半一直到晚上10点，每天仅供给200克米饭，没有蔬菜，更别提肉类。同在新加坡被俘的英国医生罗伯特·哈迪（Robert Hardie）见证了日军如何强迫生病的战俘继续工作。他将当时的情景一一记录在自己的日记里，在哈迪死后出版的文字中有着这样的记录："在日本的体制下工作需要承受巨大的压力。所有劳工以组为单位定时定量分配工作，如果某小组成员中病人太多，剩下的组员则必须延长工作时间直到把活儿干完。"哈迪还回忆了日军曾多次拒绝为战俘提供基础医疗服务，并对霍乱、疟疾等疫病的蔓延采取听之任之的态度。由于日本人不顾一切想修完铁路，在通车前的最后几个月里，劳工的死亡率达到了顶峰。

    饱受饥饿和疾病侵扰的工人们虽然虚弱不堪，但由于人数众多，再加上日本监工的铁腕手段，铁路仅用时16个月便告建成。1943年10月17日，铁路两段在泰国三塔山口会合。至此，在建设工程中死亡的人数已超过10万人，其中包括盟军战俘总数的1/4。1942年夏，日本丢掉了在南海的控制权，于是泰缅铁路立刻成为其战时交通路线的重要部分。但由于缅甸铁路系统中的一座关键桥梁始终未能建成，这条补给线仍仅限于物资的运送。

1957年，以皮埃尔·布勒（Pierre Boulle）小说为蓝本的电影《桂河大桥》上映，影片由戴维·利恩执导并引发了更多人对泰缅铁路的关注。故事参考的原型是美功河上的277号桥，但内容大多为虚构，影片的结尾桥梁被袭击者炸毁。虽然劳工们暗地里做过手脚，比如筑堤时特意将混凝土比例放少、听任白蚁在木制承架上筑巢等，但现实中，这座桥梁一直处于正常运行状态。影片因其不符合实际的理想主义，以及未能准确描述当时的残酷环境而备受争议，不过，它仍然帮助人们铭记了那段惨烈的历史。泰缅铁路的许多路段都毁于战时的炮火之中，仅有一小部分在20世纪50年恢复开通。剩下的大部分要么沉于瓦基拉隆功水库的水底，要么被永远掩于丛林深处。今天，人们在幸存的209千米路段上开通了旅游专车，其他路段则被改造成步行通道。沿途可以找到三处公墓纪念长眠于此的人们，还有澳大利亚在"地狱火道"（Hellfire Pass）处修建的纪念碑和博物馆，以及其他小型的纪念场所。

地狱火道
在全线最艰险的路段，工人需要在泰国偏远地区凿石开路。由于当时工具稀缺，这项工作异常凶险。该路段也因此得名"地狱火道"。

不管将有多少人为之丧命，
　铁路的建设无人能挡，
其修建过程中付出的代价令人咋舌。

——约翰·莱斯利·格雷厄姆
《英国战俘》

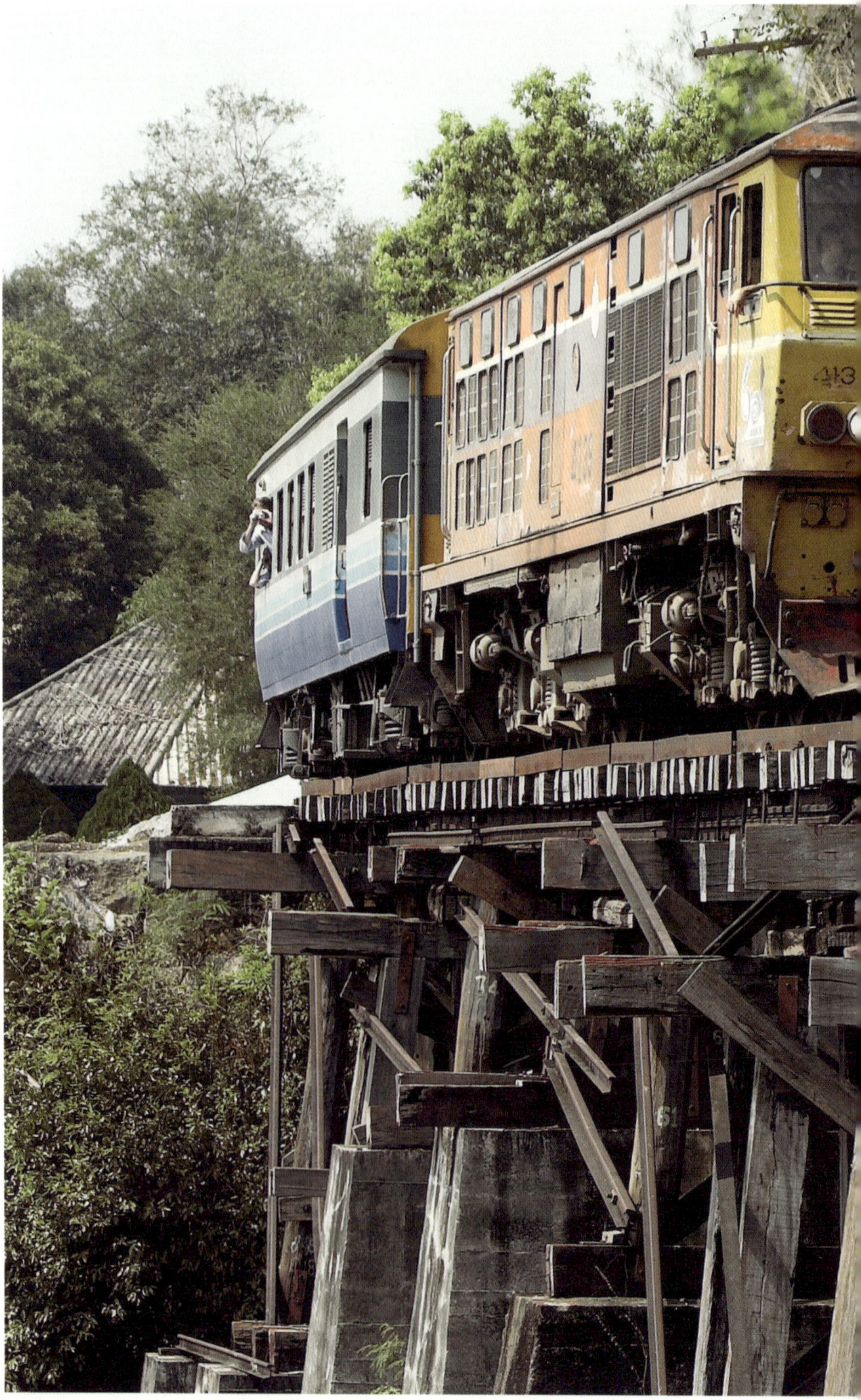
413

历史的轨道

旅行者仍有机会一睹当年泰缅铁路所经区域的残酷和危险。

铁路现况

kyushu Shinkansen 800
ELECTRIC, 2011

在战争刚刚结束的几年里，铁路遭遇了一段衰退期。这一时期，汽车运输成为客运的主要模式，物流市场也被长途货车所主导。在全球范围内，普通公路和高速公路的建设开展得如火如荼，大有将铁路取而代之的势头。航空飞行的费用日趋合理，全球范围内国际和国内航线数量激增。铁路的关闭已成必然趋势，先是从支线和乡村铁路开始，而后蔓延至各大主干线。美国客运火车的衰落如此之迅速，以至于人们曾一度认定它很难存活到21世纪。

然后，一切都开始发生变化。20世纪70年代中期的石油危机、公路的过度拥堵以及对于汽车尾气的环保考量突然将铁路重新变成世界的焦点。出现在日本的高速"子弹头"列车速度快过任何汽车，法国和德国也相继开发了类似的线路，中国和西班牙随后也加入开发高速列车的行列。此外，酝酿已久的英法海底隧道项目终于得到批准，而火车成为唯一能在漫长隧道中穿行的交通工具。同样，为了缓解欧洲阿尔卑斯山繁忙的公路交通，一系列现代化的铁路隧道正在山脉下方兴建。2006年，世界海拔最高的铁路——青藏铁路在中国正式通车，从此旅客们可以告别危险的陆路，转而搭乘便利许多的火车进藏。目前，中国还在抓紧打造全球最大的高速铁路网络。

综上所述，铁路行业在21世纪得到蓬勃发展。轻轨、地铁、高速路网和新型电气化轨道遍布全球。现代社会为这项19世纪的古老发明注入了新鲜血液。铁路正凭借其快速而廉价地进行大规模人员转移的本领，迎来一场非比寻常的复兴。

勃列日涅夫的失策

纵观铁路历史上众多的宏大计划，最不可思议且造价最为高昂的当属总长3 700千米的贝阿铁路。它的施工难度和建设成本让作为主线的西伯利亚大铁路都相形见绌。在苏联政府策划的众多特大项目中（如航天计划和幸得取消的逆转河流流向计划），贝阿铁路无疑是其最具雄心的梦想之一。贝阿铁路项目历时3/4个世纪，耗资140亿美元，然而它的实际存在意义仍尚未可知。

修建贝阿铁路的背后动机是为已有的西伯利亚大铁路提供一条备用路径，横跨西部地区直到太平洋地区。20世纪30年代斯大林当政时期，由于西伯利亚大铁路的某段支线穿越了中国领土，苏联当局遂决定开始建设这条所谓的"策略性支线铁路"。1916年，全程位于俄国境内的阿穆尔铁路完工，但因其距离中国领土太近而饱受诟病。在这种局面之下，斯大林政府颁布了一项秘密法令，在现有西伯利亚大铁路以北800千米处修建一条平行线路以抵消"潜在的威胁"。该路线起点设于泰舍特，并从这里与西伯利亚大铁路分开，迄于符拉迪沃斯托克北部太平洋上的苏维埃港。除此之外，贝阿铁路的具体情况概不为外人所知。

由于该地绝大多数人口都定居在西伯利亚大铁路方圆160千米之内，新线路所经领域几乎荒无人烟。选在此地进行如此浩大之工程的原因值得怀疑。当时，苏联政府为发展经济而制订的第一个五年计划已经颁布，而建设贝阿铁路则写进了1933—1937年的第二个五年计划当中，并着重强调了其经济上的优势："铁路穿越尚未开发的西伯利亚东部地区，为这片广袤领域以及其所蕴藏的琥珀、黄金、煤炭等丰富矿藏带来巨大生机，这里还将成为适合农业发展的广阔天地。"

测量团队被派往西伯利亚荒原进行实地探勘。铁路所处的纬度决定了所经大部分区域的地质环境为冻土。这种从冰期遗留下来的温度低于冰点的土壤给轨道铺设造成了特殊的困难。一旦铁路工挖开了冻土的表层，已经冻结了数千年的冰川就开始解冻，并且即使在冬季也不会再度结冰。这样一来的后果就是土地变成了沼泽地，性质极不稳

贝阿铁路图

定。如果要耐心等待地面平整，项目则有可能会耽搁数年。于是工人们在地基不稳的情况下铺设轨道，钢轨断裂和脱轨事故时有发生；对冻土的挖掘还会导致该地区地壳活动的增加，从而增加了引发地震的风险。

  铁路的进展速度就如预料之中一样缓慢。除了冻土和地震危机，贝加尔湖以北的山区地带也是铁路建设所难以逾越的鸿沟。该地极端天气普遍，全年仅有90天是非冰冻期。冬天的最低气温更是达到-60℃，机械设备无法启动，用来制造轨道的钢材也必须具备特殊的耐寒性能。这些不利条件，加上劳工队伍缺衣少食，导致项目进度严重受阻。在因"二战"爆发暂停施工之时，全线仅有两端的小部分路段得以修建完成。

  不可思议的是，铁路项目在1945年"二战"结束之后马上复工，但这次的劳工队伍由德国和日本两国的战俘组成。据统计，在被驱往贝加尔湖附近劳改营的10万名德国战俘当中,仅有10%的幸存者于1955年被遣返回国。同样的命运也多降临在日本战俘的身上,保守数据表明,死于铁路施工项目的日德战俘多达15万人。但巨大的牺牲并没有换来实际的价值。1953年,项目因斯大林的逝世而再度停工,但直到那时,修成路段仍只有725千米。

斯大林的逝世似乎预示着贝阿铁路的终结。继任者赫鲁晓夫对此项目毫无兴趣。然而,在一系列新情况的推动之下,贝阿铁路项目于20世纪60年代死灰复燃。人们寄希望于它能够缓解西伯利亚大铁路主线的交通压力,开发西伯利亚西部的油田资源,并为迅速成长中的远东至欧洲集装箱运输业另辟一条新路线。此外,在贝加尔湖以东400千米处新发现的铜矿资源也激起了人们的开发动力。

20世纪60年代起,保守派列昂尼德·勃列日涅夫执政。在他的主导下,贝阿铁路项目重新启动。苏联列宁共产主义青年团的志愿者们

劳工的工作条件
这张钢笔画展示了贝阿铁路线上的劳工们恶劣的工作条件——寒冷、饥饿、劳累不堪。

我们要清清白白地建设贝阿铁路。

——列昂尼德·勃列日涅夫

成为新形势下的廉价劳工。铁路项目变成了共青团手中的宣传工具,一方面可用来展示共产主义优越性,另一方面则激发了年青一代的共产主义热忱。在修建铁路的过程中,许多志愿者成为西伯利亚地区的终身支援者。贝阿铁路成为宣扬社会主义的有力号召,象征着不惜一切与大自然搏斗的必胜决心。

1972年,在经历了一系列秘密准备工作以后,共青团宣布贝阿铁路立即复工,并将在10年之内完成全线建设(后延长两年至1984年)。项目被赋予了最高优先等级,并在全国范围发起了征召志愿者的活动。出现在登记办公室的人中有部分是出于理想主义热忱,但也有些是受到个人利益的驱使——政府宣布,志愿者将享有住房和汽车的优先分配权,而对于具有政治野心的人来说,贝阿铁路的工作经历绝对是个人简历上的闪光一笔。然而,豪情万丈的年轻人很快就在残酷的现实面前清醒过来。虽然待遇优厚,但铁路项目的庞大规模和运营方式使志愿者逐渐认识到,该项目实际上并不能起到宣传共产主义的作用。如地理学家和其他科学家多年来的共识一样,他们发现在西伯利亚北部修建铁路的想法确实不是个好想法。

铁路修建过程中的实际困难不胜枚举。新招募的工人普遍缺乏应有的培训,详细路线准备不周,工作环境比想象的还要糟糕。由于需要快速推进项目,当局曾试图在冬天仍继续工作,但效果却适得其反。当温度低至-20℃以下时,他们停工了,但即使气温高于-20℃,推土机故障和车轴断裂问题依然层出不穷。从前在冻土施工中吸取的教训似乎完全被抛到了脑后,所有路段轨道再一次慢慢陷入沼泽中,而建于脆弱地基之上的车站和仓库也随之垮塌。

已完工路段的低劣质量使得火车不得不以极慢的速度通过,脱轨事故时有发生。早期开通的泰舍特至丁达线路全长188千米,通行时

工人奖章
除了褒扬和奖章，奋战在贝阿铁路上的年轻共青团员们还将收到汽车和住房等物质奖励。

间长达8小时。由于隧道开凿的难度也远超想象，10年通车的计划一直以来只是个梦想。贝加尔湖东面的北穆亚山隧道虽然只有15千米，却是最不易攻克的难关。当1977年开凿工作开始之时，地下湖泊的渗水将铁路全部淹没。工程师们找到了一个绝妙的解决办法，即在给隧道安装内衬混凝土壳体时，把液氮注入隧道壁将流水冻结。即便如此，隧道的整个工期仍耗费了26年。两条陡峭旁路的开建使最后的行程时间又大为延长。然而，出于宣传的目的，苏联当局仍坚持在1984年举办了开通仪式。没有任何外国媒体受邀到场，铁路离完工明显尚需时日。

最后，关于贝阿铁路正式完工的消息总共发布了三次。1982年，勃列日涅夫逝世。1985年上任的米哈伊尔·戈尔巴乔夫选择了继续将项目进行到底。而当时的铁路造价已经占到全年国民生产总值的1%。在第一次开通庆典举行的7年后，戈尔巴乔夫宣称贝阿铁路全线开通，这将是苏联和日本之间的一条新的连接线。可实际上，彼时棘手的北穆亚山隧道尚在施工，而其他已通行路段也只能承载用来运送建设物资的货车。2001年，总统弗拉基米尔·普京宣布线路完工，北穆亚山隧道最终于2003年实现了通车。

贝阿铁路并没能达到勃列日涅夫所寄予的厚望。由于气候条件太过恶劣，开发一片广袤农业地区的梦想终告破灭。而作为两线共享车站的泰舍特因为负载过大，也未能帮助新线路起到对主线的缓解作用。原本计划成为欧亚大陆之间备用连接线的想法在现实中遭遇失败。

如同西伯利亚大铁路加速了沙皇政府的垮台一样，贝阿铁路及其浪费的巨额资源也成为苏联解体的催化剂。带着对政府的宣传和浩大工程的深深怀疑，近50万志愿者和其他工人返回家中，而当局曾经许

勃列日涅夫的失策 335

光荣属于贝阿铁路建设者!
20世纪70年代,勃列日涅夫关于完成贝阿铁路建设的决定具有里程碑式的宣传意义,此举旨在激发新一代工人的共产主义理想,并赢得他们对苏维埃政权的拥护。

诺的汽车和房产也未能兑现。被激怒的前贝阿铁路工人曾举行数次示威行动，要求政府遵守承诺来补偿他们的义务劳动。

贝阿铁路并没能如宣传的那样将人们送往美好的21世纪，相反，它自身都不知该去往何方。克里斯托夫·J.沃德（Christopher J. Ward）在描写贝阿铁路历史的著作《勃列日涅夫的失策》中写道：

> 通过一遍遍地重复宣扬贝阿铁路在经济、社会和文化方面的重要意义，苏联共青团、共产党和政府坚信广大青年需要这个讯息来防止丧失集体信念。然而具有讽刺意味的是，贝阿铁路的实际情况却加速了大众对于苏联政治和经济体系信心的崩塌。

不过，今日的某些迹象似乎表明，举全国之力修建的贝阿铁路至少仍有些许可取之处。国有俄罗斯铁路公司计划增加该线路的集装箱运能，并进一步追加项目投资，包括为了更便捷地到达太平洋港口而斥资900万美元修建库兹涅佐夫斯基隧道，以及改善部分因陡峭而行车缓慢的路段等。然而，贝阿铁路仍将作为最不可思议的土木工程项目之一而被载入史册。

奔驰在西伯利亚平原上的货运火车
贝阿铁路上的火车驶过白雪皑皑的北西伯利亚荒原。几乎鲜有旅客搭乘这条路线,但集装箱物流量正呈逐渐上升之势。

铁路现况

货运巨无霸

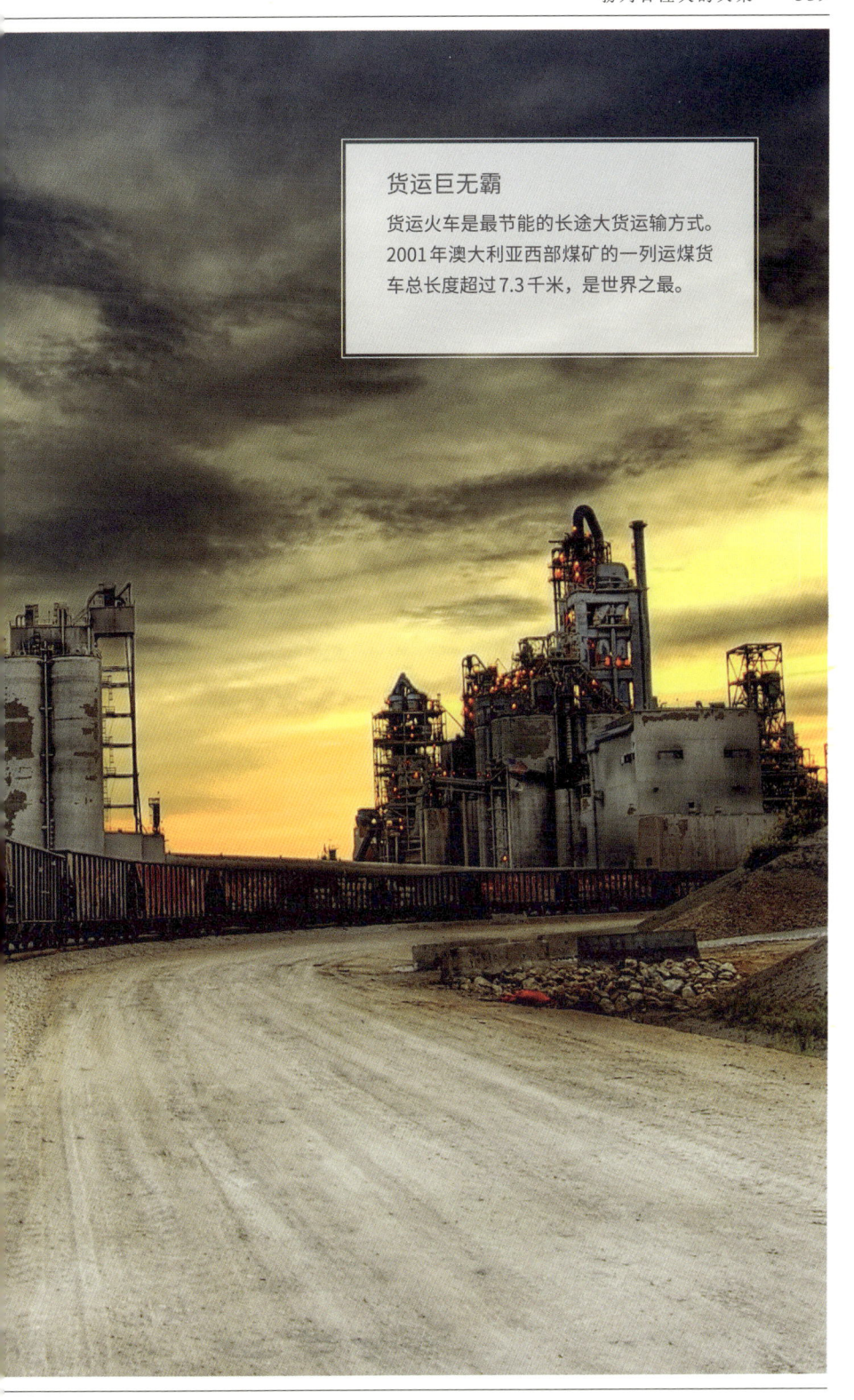

货运火车是最节能的长途大货运输方式。2001年澳大利亚西部煤矿的一列运煤货车总长度超过7.3千米,是世界之最。

铁路的关闭与重生

与铁路完工几乎同时出现的是部分多余路段的关闭。某些线路因为铁路公司认为会有需求而修建,又因为这些需求其实并不存在而遭废弃;还有些专门服务于矿区或工厂的线路,在服务对象关闭之后也失去了存在的意义。早期建成的诸多过剩铁路不可避免地迅速走向衰亡。截至第一次世界大战时期,英国共有320千米的铁路因为经营不善或竞争失败而被迫关闭。首次重大的关线事件发生在剑桥郡的切斯特福德—锡克斯迈尔巴顿铁路。1851年,由于另一条直线铁路的开通,纽马基特—切斯特福德铁路公司只得将旗下的这条线路关闭。不过令人不解的是,公司并没有像许多其他早期线路一样将其转换成更能赢利的货运路线,而是选择了彻底关停。另外一些国家的铁路窘况则纯属铁路过剩。19世纪60年代,在政府的支持下,法国兴建的铁路数量远大于实际需要,许多条线路并没能存活到20世纪。19世纪40年代,爱尔兰遭遇严重饥荒,直接导致300万人口或死亡或流离失所。但即使在这种情况之下,该国的铁路建设也丝毫没有考虑经济效益。20世纪20年代的高峰期,在仅有400万人口的爱尔兰,铁路保有量竟然达到5 540千米。而这些铁路网络中的大部分路段都在20世纪30年代汽车兴起之后悄然关停。

在某种程度上,令人惊奇的是,这一时期不少铁路居然存活了下来。其中一个重要原因是,包括英美在内的许多国家,铁路的关闭必须得到政府的准许。而由于关线带来的负面效应,政治家们鲜少予以批准,很多使用者寥寥的铁路只得继续苟延残喘。1844年,英国政府出台铁路法案,要求铁路公司每天必须至少提供一趟列车服务以满足穷苦阶层的出行需求,此举导致了"议会火车"现象的出现,各铁路公司纷纷以最少的营运班次来规避关线所需的成本。不少"幽灵列车"直到今天仍在运营。为了避免争论,某些陷入绝境的线路也被保留。著名铁路历史学家杰克·西蒙斯(Jack Simmons)曾提到过威尔士中部的"主教城堡铁路",虽然它在1861年建成后的5年内即告破产,但一直到1935年才正式停止运营。

在两次世界大战期间，全球范围内关停的铁路相对较少。鉴于铁路已经成为大众交通的既定模式，关线行为通常会遭到当地居民的反对。由于支线关闭对于整个铁路网络带来的影响难以估计，铁路公司也不愿随意关停路线。铁路经济错综复杂，在以乘客们所贡献的整体收入来考量是否维持支线运营之前，管理者们还必须综合考虑到停止本地服务后，原路线上的乘客继续使用该公司铁路网络的意愿。这一切至今仍是个难解的问题。

"一战"前夕，英国已有铁路总量超过3.2万千米。即便面临着公路运输行业不断上升的竞争压力，整个战争期间仅有386千米路段被关闭，另有1 600千米路段取消了客运服务。当然也有个别极端的例子，如苏格兰高地的因弗加里—奥古斯都堡支线铁路。在1903年完工之后，该路线没能依照预期计划继续延伸到因弗内斯，日均乘客数量一度锐减到仅6人。1933年该路线被迫停运。不过，这一时期的关线依然是个别情况。铁路持续运营的大局面一直持续到第二次世界大战以后。

美国的"城际铁路"在此期间遭受重创。这种沿公路铺设的单线铁路将各相邻城镇连接在一起，类似于轨道上的公共汽车。20世纪初期，造价低廉的城际铁路迅速席卷全美，在1913年的鼎盛时期达到2.4万千米。但在汽车行业竞争的打压之下，"一战"后城际铁路的关线潮开始出现，1929年起的经济大萧条更是加剧了它的衰亡。绝大多数路线的生命期仅有短短的二三十年，远低于一般基建项目的投资回报周期。共有10 250千米城际铁路在20世纪30年代初即告停运，仅有少数路线幸存到了"二战"末期。截至1960年，尚在运营的路线只有屈

1916年至今美国铁路关停总量
258 000千米

指可数的寥寥几条。如《美国电气城际铁路》一书的作者乔治·希尔顿（George Hilton）和约翰·迪尤（John Due）所说："城际铁路从未享受过长期的繁荣，它的生命周期比美国历史上的任何重要工业都要短暂。"

几乎每一个拥有重要铁路系统的国家在战后都经历了关线风潮。美国也未能幸免，大批线路被迫停运。由于汽车抢去了短途客运市场，而长途旅行又被飞机所代替，大型铁路公司开始意识到物流运输才是如今的利润来源。负责批复铁路停运的联邦机构"州际商务委员会"在20世纪60年代初收到了来自所有主要铁路公司的停运申请，到60年代末期，关闭客运服务的诉求纷至沓来。为了得到委员会的批准，各大公司使出浑身解数让铁路看上去濒临倒闭，有的故意使用老式火车，有的减少服务班次，更有甚者直接将沿途火车站拆除。一旦批复到手，铁路公司立刻将线路关停，毫不考虑善后事宜。关线批准的当天，搭乘芝加哥—奥罗拉—埃尔金铁路上班的乘客下班时就已经无车可乘。路易斯维尔—纳什维尔铁路的最后14名乘客被直接丢弃在亚拉巴马州的伯明翰，而此处离最终目的地还有645千米，在乘客们发出抗议后，才有一辆巴士将他们送抵终点。

美国铁路的疯狂关停潮导致了政府的行政干预。1971年，美国政府成立了国有的美国国家铁路客运公司来保障客运服务。对于试图避免政府干预的美国来说，这一国有铁路系统的建立颇具讽刺意味。虽然美国铁路总长从1916年高峰期的41万千米减少到今天的15.2万千米，它仍然位居世界铁路网络之首，但大部分服务于货物运输。美国国铁的年客运量仅为3 000万人次，而人口更少的英国和法国分别有12亿人次和11亿人次。

1963年，英国铁路委员会主席理查德·毕齐制订的激进方案导致了该国铁路关闭行动的大爆发。毕齐发现英国铁路网络分布极度失衡，总长2.9万千米的轨道仅服务于占人口4%的群体。于是，英国出台了被外界形容为"毕齐大斧"的《毕齐报告书》，8 000千米铁路和约两千多座火车站遭到裁撤。除了一些确实亏损的路线以外，许多主要干线也未能逃过一劫，此举造成了事后的巨大遗憾。

其他国家的铁路停运较之英美两国要来得平缓温和。从20世纪30年代开始，法国陆续关停了5.9万千米轨道中的半数之多，而为了保护余下的铁路，法国政府在1938年实现了铁路网络的国有化。在东欧的共产主义国家里，铁路系统或多或少因为汽车的普及率不高而得到保留，但在1989年铁幕倒下之后也开始出现关停潮。不过，近年来此类风潮得以逆转，在不少国家，已关闭线路的重新开放和新型高速铁路的建设使这些国家的铁路里程数迈上了一个新台阶。

《毕齐报告书》
《毕齐报告书》的始作俑者理查德·毕齐因为下令大规模裁减英国铁路网络而成为铁路爱好者们的憎恨对象。

出人意料的是，这些铁路关停行为带来了一个有益的副作用，那就是基于蒸汽机车的铁路遗产保护行业的兴起。波兰、中国和印度等尚有蒸汽机车运营的国家吸引了广大铁路爱好者的注意，在另一些地区，志愿者们将历史悠久的铁路路段保护起来，并为游客提供观光服务。世界首条遗产保护铁路是英国的泰尔依铁道，这条开通于1866年的窄轨铁路全长11.2千米，原用来将威尔士山谷中的板岩从矿区运往海岸港口。1951年该铁路宣布关闭以后，由志愿者接手维持运营。从此，铁路遗产保护运动遍及全球，不少此类铁路开始常规化运营并接入主干线网络。历史铁道的重生成为常态，2011

《毕齐报告书》
标志着我们与铁路浪漫关系的终结
和汽车的兴起。

——伊恩·希斯罗普
《侦探》(Private Eye) 杂志主编、铁路爱好者

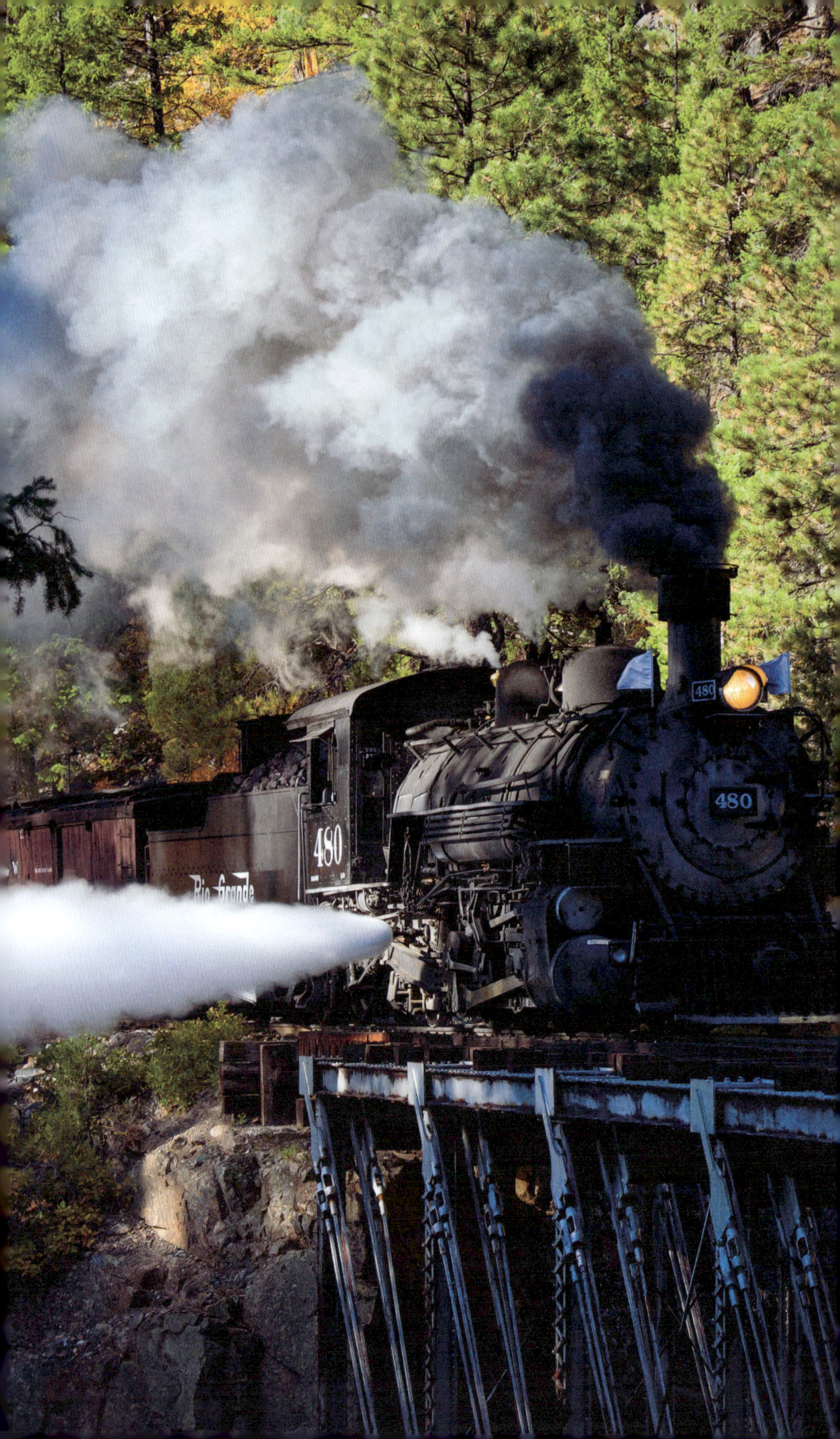
480
480
480
Rio Grande

年,威尔士高地铁路重新开放,与费斯廷约格线一起组成威尔士北部地区全长80千米的铁路服务。法国境内的上百条保护铁路总长已达1 200千米,其中包括"一战"时服役于索姆河战线的60厘米窄轨铁路,搭乘铁路旅行观光的游客每年达到300万人次。美国的铁路保护运动也开展得轰轰烈烈。其中,穿行于科罗拉多州的杜兰戈—西弗敦窄轨铁路风景最为优美。这条由丹佛—格兰德铁路公司建于1881—1882年的铁路全长73千米,当年被用来开发圣胡安山区的金银矿产,现存部分是美国为数不多的仍使用蒸汽机车的路段之一。

还有一些曾经辉煌但遭到废弃的铁路项目也重新焕发了生机。在厄瓜多尔,连接港口城市瓜亚基尔和首都基多之间的450千米铁路得以重建。如今,它提供的蒸汽机车之旅吸引了大批游客,成为全世界最壮观的铁路旅行路线之一。幸亏有了这些珍贵的铁路遗产和辛勤工作于此的志愿者,蒸汽机这一伟大发明才能继续流传于世。

杜兰戈—西弗敦铁路
杜兰戈—西弗敦窄轨铁路之所以受到保护,部分原因是其曾在好莱坞电影中多次出镜。如《萨帕塔传》(*Viva Zapata*)和《虎豹小霸王》(*Butch Cassidy and the Sundance Kid*)等。

怀特隘口与育空线铁路

建于1898年克朗代克掘金潮中的怀特&育空铁路在1982年金矿关闭后曾一度停运。1988年，这条铁路的斯凯圭到卡克罗斯路段被作为观光路线重新开放。

铁路的关闭与重生 347

了不起的隧道

经过 180多年的争论、商讨和延期，连接英法两国的海底隧道终于在1994年宣告开通。早在1802年，一名拿破仑的工程师就曾提出过在英吉利海峡的海底修筑一条隧道直通英国。当时，从伦敦到巴黎的行程需耗时4天，如果遇到大风，则要推迟到几个星期之久。然而，英国的军政两界甚至舆论媒体都对这项计划表示反对，担心隧道将会置英伦三岛于危险境地。在随后的大半个世纪里，英法两国又有许多人接连提出过各种开凿英法海峡隧道的建议，但都无功而返。1881年，维多利亚时代的铁路实业家爱德华·沃特金（Edward Watkin）爵士进行了首次铁路隧道尝试，于英国一侧的丹佛和法国一侧的桑加特开始挖掘实验性隧道，但在尚存疑虑的英国政府政治施压之下，在1882年遭到废弃。

20世纪初，随着隧道开凿机器和电力牵引设备的进一步发展，挖掘铁路隧道的计划开始变得更加可行。然而，歇斯底里的排外情绪在当时的英国军队中大肆蔓延，他们坚称外国列强会将此隧道作为入侵英国的走廊。实际上，在第一次世界大战中任协约国军总司令的福煦元帅曾断言，如果当时有隧道的存在，战争将会缩短至少两年。不过，海底隧道的一再延误意味着两地交通领域不断加速的竞争。到了1852

早期设计
这幅1876年的版画作品展示了在英吉利海峡底部开凿一条单轨铁路的计划。

年，在铁路和轮船联运的情况下，伦敦到巴黎的行程时间已缩减至12小时，60年之后，更是大幅降至7小时。20世纪30年代，豪华列车"金箭"号的开通将行程缩短至6.5小时，伦敦郊外克罗伊登到法国勒布尔歇之间还开通了定期飞机航班服务。

虽然上述的军事狂热在1945年"二战"结束以后逐渐消退，有关隧道修建的进程依然十分缓慢，尤其是英国部分。1963年，英国政府终于发声支持隧道建设。当时的商业前景一片大好，从伦敦到巴黎的旅行者人数逐年稳步增长（从1960年的100万增加到1978年的250万）。然而，英国人对项目的反应仍然不温不火，修建新铁路连接隧道及伦敦等地的决议也迟迟未能下达。英国国铁公司提出的路线方案一个比一个造价高昂，1975年年初，就在隧道即将开工之际，英国政府以铁路成本问题为借口取消了该项目。虽然这一重大转变背后的真正原因是英国当时岌岌可危的财政状况，但此举彻底激怒了法国人，并进一步坐实了他们对英国方面根本无心修建海底隧道的怀疑。

然而，关于开凿隧道的热忱并没有冷却。4年间，英国国铁主席彼得·帕克爵士协同法国国铁公司同人提出项目重启计划，准备在海底建造一条单轨隧道提供火车往返服务，这个略显草率的"老鼠洞计划"并没有取得多少进展，但海底隧道的理念却意外受到疑欧主义者——英国首相撒切尔夫人的青睐。"铁娘子"决定，在由私人出资建设和经营的前提条件下批准海底通道计划。之后，英国首相撒切尔夫人和法国总统密特朗同意设立一个工作组来研究项目，并对外发出招标邀请。虽然两国领导人都更偏好可驾车通过的隧道，但双洞铁路隧道方案最终胜出。1985年年底，由英法隧道集团和传世曼奇林克公司（TransManche Link，TML）组成的财团赢得了隧道修建合同，建设队伍包括5家法国建筑公司、5家英国建筑公司和5家银行。

整个项目的运营极其复杂，虽然法国方面动作迅速，但整整两年之后，英国下议院才通过了《海峡隧道法案》，建设方案终于得到正式批准。投资界对隧道的财务前景不抱乐观态度，分散在各地的相关银行阻碍了财务谈判的顺利进行，参与建设的工程公司数量过多，施工流程也一团乱麻。幸好在1987年年初，艾莱斯泰尔·莫顿（Alastair Morton）爵士被任命为最终承建方欧洲隧道公司的英方全职联合主席，他的出现打破了利益双方的力量均势。在位的9年间，莫顿周旋于英国政府、承包商和参与项目的200多家银行之间，将这项根本无利可图的冒险从灾难的边缘拯救回来，同时还要应付作为主要客户的英国国铁和法国国铁公司，而建设期间发生的英国国铁私有化预案更是让已经混乱不堪的局面雪上加霜。在旷日持久的谈判之后，隧道的技术方案和交通类型终被确定，一个结合了来自法国、英国和比利时多家铁路公司的复杂国际财团初具雏形。

1987年12月，英方开始挖掘一条用于维修和救援工作的辅助隧道，欧洲隧道的掘进工作终于启动。首先开挖辅助隧道是一种用来检测隧道条件的好办法，可以帮助人们在主线动工之前预先了解地质和实地情况。几个月后，法国一侧的辅助隧道也开始动工。1988年，两条铁路隧道在英法两侧同时开挖，加上已有的辅助隧道，整个工程中

掘进海底

3条隧道的开挖需要使用11台巨型隧道掘进机，每台长150多米。

的隧道共有3条。作为英法两国最大的工程项目，高峰时期现场工人达到1.5万人之多。然而，由于工程进度慢于预期，建设成本直线飙升。整个项目过程中发生了至少3次重大的资金危机，总花费超支高达80%。尽管如此，1990年12月4日，双方的隧道团队终于合线成功，虽然两端各挖了15千米之远，但最终误差仅为令人惊叹的330毫米。

  然而，隧道的完工只是整个项目的开端。如一位观察者所说："将隧道工程转化成安全而专业的交通基础设施才是一种截然不同的全新挑战。"其中涉及能源供应、照明、通风、通信、维修服务、火灾检测和消防设备等方面。隧道中运行的火车本身也极为复杂，需要与英国、法国甚至比利时各国不同的动力和信号系统相兼容。出于安全考虑，每个设备都必须得到各国单独的营运许可，仅此项花费就超过6.45亿美元，另有3.22亿美元因为进度延误而白白损失。不过，从后期的运行情况来看，严格的安全标准的确证明了自身的价值。多年以来，欧洲隧道仅发生过3起严重火灾事故，且均由货运班车引起，隧道受影响的时

间较短，也没有造成人员伤亡。

最终，欧洲隧道延迟一年完工，表现优于许多小规模项目。1993年12月，承包商将项目移交给欧洲隧道公司。1994年5月，英国女王伊丽莎白二世和法国总统密特朗共同主持了盛大的开幕仪式。一个月之后，货运列车开始通行，被称为"欧洲之星"的客运服务则在11月正式启用。1994年12月22日，欧洲隧道开始提供世界首创的汽车摆渡列车"欧隧穿梭"，负责福克斯通和加来两地之间的交通运输。

然而，当1994年欧洲隧道开通之时，尚有一个主要问题未能得到解决。对于法国方面来说，建设隧道快速连接线相对简单，只需在巴黎到里尔和布鲁塞尔的快线上修建前往加来的延伸路段即可。相反，英国国铁公司和政府部门都无法解决从伦敦到福克斯通的全新线路建设难题。结果，"欧洲之星"列车只能行驶在一个世纪之前建造的蜿蜒轨道上。虽然铁路进行了加固，信号系统和能源供应也得以升级，但列车在英国境内的运行速度依然远远落后于法国。

直到1996年，英国方面才开始动手修建名为1号高速铁路（HS1）提高英国路段的速度。然而，项目的进程也并非一帆风顺，财务和施工问题不断。路线的挖掘过程中发现的文物惊动了考古学家，又进一步延误了项目进度。途经肯特郡的1号高速铁路首节路段于2003年终于实现通车，将伦敦和巴黎之间的行程时间缩短了20分钟。

从肯特郡北部丘陵到伦敦圣潘克拉斯新站的第二节路段所碰到的工程问题更加复杂。它涉及开掘泰晤士河底隧道、横穿东伦敦沼泽地带、

隧道掘进过程中挖出的废石总量：

11 023 000 吨

"欧洲之星"
欧洲隧道开通之后,法国一侧的列车运行时速可以达到300千米,而英国一侧的最高时速仅为160千米。

在斯特拉特福德修建大型车站以及修整圣潘克拉斯车站等项目。其中最大的难点在于线路所开挖的18千米隧道需要绕开已有的下水管道、铁路干线和地下系统等。2007年11月13日,此路段全线完工,"欧洲之星"将其客运总站从滑铁卢转移到了圣潘克拉斯。这一历史性的转换将英国的首条高速铁路并入了欧洲高铁网络,也标志着两百年前的海峡隧道之梦终于实现。欧洲隧道全长50.4千米,其中海下地段长度为37.9千米,被美国土木协会评选为"世界七大工程奇迹之一"。

隧道建设

隧道建设是所有工程项目中代价最高、劳动力最为密集的工作，而在铁路的早期年代，它的危险系数也最高。筑路工们长时间在狭窄的空间里仅靠昏暗的烛光工作，只能使用原始手段进行挖掘，他们不得不将自己暴露在巨大的风险当中，有时甚至会危及生命。从19世纪中期开始，隧道掘进机逐步取代了工人手中的镐、手动钻和炸药等工具。1862年，此类机器首次应用在阿尔卑斯山下的弗雷瑞斯隧道工程中。此后，严格的安全规定极大地降低了施工风险，而后来引进的计算机控制系统则提高了机器设备的工作效率。

掘进机的刀盘直径决定隧道的周长，欧洲隧道周长为8~9米

沉管隧道

沉管隧道适用于水体较浅的路段，工程造价低于其他的水下隧道施工方法。20世纪60年代末，美国旧金山湾区快速交通隧道（BART）首次采用了沉管法修建。若干个隧道预制段被分别浮运到海面现场，并沉放安装在已疏浚好的基槽内，最后在其顶部和外侧用块石和混凝土覆盖，以保安全。

在建的旧金山湾区快速交通隧道断面图

隧道掘进机

20世纪90年代，欧洲隧道建设现场

由于隧道施工现场的地质条件分为软质土壤、混合土质及岩石地带等，被戏称为"鼹鼠"的隧道掘进机配备了各种切割设备以适应不同的施工要求。欧洲隧道中所使用的隧道掘进机除了要切割白垩泥灰岩以外，还需要应对高水压所带来的问题。

在推进油缸作用下，电动机驱动滚刀盘旋转。

11台欧洲隧道掘进机在现场完成组装，每台机器自重约1210吨。

工作原理

隧道掘进机由多个相互关联的系统组成，可在不同的施工阶段进行隧道开挖、轨道铺设和废料输送等工作。滚刀盘直径最大可达19.3米，掘进设备总长可达150米。

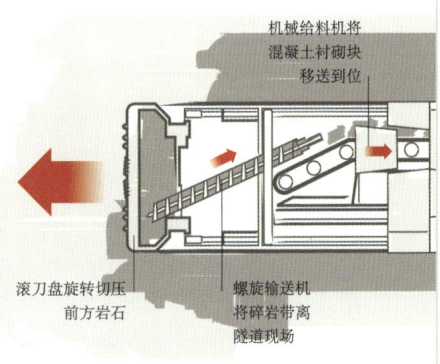

机械给料机将混凝土衬砌块移送到位

滚刀盘旋转切压前方岩石

螺旋输送机将碎岩带离隧道现场

第一步：挖掘阶段

在挖掘阶段，滚刀盘按照既定速率切压开挖面。过程中产生的碎岩则由螺旋输送机（页岩和岩石层地质）或系列压力管道（软质土壤）卸载到传送带上。

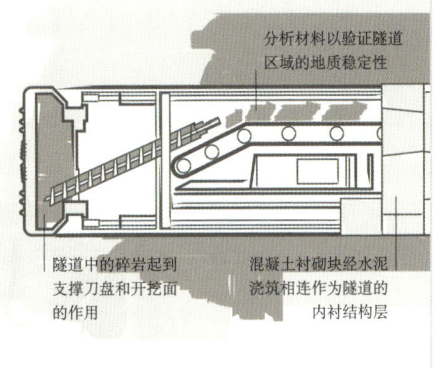

分析材料以验证隧道区域的地质稳定性

隧道中的碎岩起到支撑刀盘和开挖面的作用

混凝土衬砌块经水泥浇筑相连作为隧道的内衬结构层

第二步：衬砌阶段

挖掘工作告一段落后，开始进行洞壁衬砌作业，混凝土衬砌块在地面浇筑完毕后由火车运往施工现场。衬砌安装可提高隧道的防水性能和强度。

瑞士铁路：优中之优

虽然瑞士加入铁路时代的时间较晚，但与德国及其他国家一样，铁路很快成为该国重要的统一力量和国家繁荣的关键组成部分。今天，瑞士完全有资格骄傲地宣布，他们的铁路网络在效率和实用性能上已经稳居世界前列。

四周被群山环绕，又受到冬季严寒和降雪量丰富的困扰，瑞士的自然环境似乎并不适合铁路建设。此外，1848年以前这里仍然四分五裂，直到经历了一场新教徒和天主教徒之间的短暂内战以后，瑞士才真正成为一个统一的国家。新成立的瑞士政府照搬了美国的联邦国家制度，并决定在国内规划一个切合实际的铁路系统。1850年，两位英国工程师罗伯特·斯蒂芬森和亨利·斯温伯恩（Henry Swinburne）受聘负责瑞士铁路网络的开发工作，并提出在日内瓦和苏黎世之间修建一条东西向的基础铁路，以及另一条从巴塞尔直达卢塞恩的线路。奇怪的是，瑞士首都伯尔尼被规划在一条支线上。瑞士的早期铁路多由各州连同国外投资方和承包商自行兴建。在两位英国工程师的影响下，瑞士采用了1435毫米的标准轨距和英式的左舵双轨模式，并沿袭至今。

此后，瑞士的铁路发展依然缓慢。与大多数欧洲国家不同，最终刺激瑞士铁路增长的并不是采矿或农业等传统的行业，而是日益兴起的旅游产业。从19世纪中期开始，风景优美的阿尔卑斯山脉和湖区吸引了越来越多的游客蜂拥而至。然而，当近代旅游业的先驱者托马斯·库克（Thomas Cook）在1863年第一次带团来到瑞士时，整个国家的铁路总长仍然仅有650千米。毫无疑问，既有的铁路网络已经无法满足旅游产业发展的需要。

19世纪的最后30年，联邦政府开始极力推广铁路发展。由于瑞士位于欧洲中部，邻近国家迫切希望能借道该国开拓横贯欧洲大陆的客物流运输。在此背景之下，各国投资瑞士铁路的热情高涨。1869年，瑞士、德国和意大利签署协议，在位于阿尔卑斯山脉的圣哥达山口修建一条战略性通道。1882年开通的圣哥达隧道（详见《穿越阿尔卑斯山》)不仅连通了乌里州和提契诺州,还为德国和意大利打通了一条重要的南北要道。1906年开通的辛普朗隧道同样将瑞士与意大利相连。

与此同时,瑞士国内的铁路扩张也没有停下前进的脚步。1871年,欧洲首条齿轨铁路(详见《攀登山峰》)通车,该线采用了瑞士工程师尼克劳斯·里根巴赫发明的齿条齿轨系统,将游客们从琉森湖送往瑞吉山之上。3年后,首条轨距为1米的窄轨铁路开通运营,经埃沙朗将洛桑与贝尔谢相连。不过这条线路修建的初衷是服务农业地区,而非通常的旅游产业。窄轨铁路在交通不便且人烟稀少地带的广泛运用不但能够降低建设成本,还能使铁路及沿线的有轨电车深入到瑞士陡峭偏远的各个角落。

在19世纪末期的第一次"铁路狂热"之后,不少因投机而建的铁路变得毫无价值。许多瑞士民众开始对外国资本大量控制本国铁路的现象心生反感。1898年,一项针对铁路国有化的全民公投促成了4年后瑞士联邦铁路(官方全称SBB-CFF-FFS)的诞生。随后几年里,瑞士联邦铁路将近50%的铁路收归国有,并着手进行全网电气化覆盖的项目。由于缺乏煤炭资源,瑞士是最早一批采用电力牵引机车的国家,早在1888年,运行于蒙特勒和布达之间轨距为1米的窄轨铁路上就开通

西班牙小面包铁路
1847年,连接苏黎世和巴登的瑞士第一条铁路开通。因为富有的苏黎世银行家们常派仆人搭乘火车去买巴登出产的特色小面包,这条铁路又被戏称为"西班牙小面包铁路"。

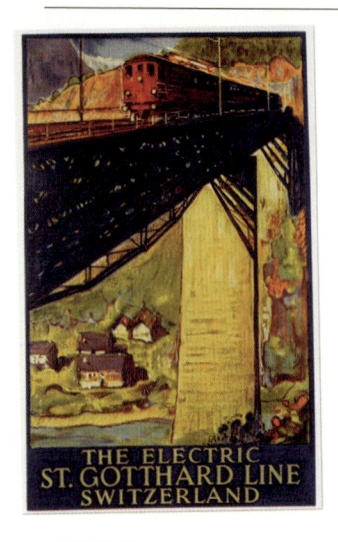

圣哥达线
1922年，阿尔卑斯山区圣哥达线光荣地实现了电气化进程。

了第一列电力机车。辛普朗隧道建设之初即采用了电气化方案。1912年通车的少女峰铁路上同样使用了电车牵引。

两次世界大战也加速了瑞士铁路的电气化进程。"一战"中的燃煤短缺使该国旅游业遭受重创，而作为"二战"中立国的瑞士也未能逃过战争的冲击。许多线路的旅行需求骤减，有些甚至在战争的余波中关门大吉。然而，政府在战后很快意识到交通基础设施对于瑞士的重要价值，开始再次加大铁路投资的力度，并于1960年完成了境内所有线路的电气化改造，瑞士因此成为全球第一个取得此项成就的国家。

20世纪下半叶，如其他国家一样，来势汹汹的汽车和公路货运服务成为不可阻挡的时代潮流。随着阿尔卑斯地区现代高速公路的建成，许多依靠铁路运输的货物改走公路运输。到了20世纪80年代，由重型货车引起的环境问题引起了瑞士民众的普遍担忧，并最终导致了两次针对铁路的大型全国公投。1987年，瑞士的第一次公投引发了旨在将铁路网络带入新世纪的"铁路2000"计划，多条线路得到改善，高速铁路的建设也被并入已有网络的整体布局。

1922年，第二次公投以一边倒的优势通过了名为"阿尔卑斯枢纽计划"的提案，严格规定了穿越阿尔卑斯山脉的卡车数量和载重量。该提案还将铁路设施的改善列入优先级别，并试图将公路运输物流重新交由铁路运输。为了方便项目实施，当局提出了两条全新铁路隧道方案，其一为开通于2007年，总长34千米的勒奇堡基线隧道，而另一条圣哥达基线隧道在2016年全面竣工。

从20世纪80年代开始，瑞士引入一套令人印象深刻的交通系统整合方案，统筹国内铁路、巴士和电车服务。这项方案实施以后，在该国境内几乎所有的火车站内，每小时至少有一班火车可与整体系统相对接，乘客们可以通过此常规服务换乘其他路线或交通方式。奇怪的是，虽然政府统一负责交通协调，但国有瑞士联邦铁路公司旗下的铁轨数

阿尔卑斯山阴影之下

马特洪哥达铁路（MGB）是阿尔卑斯山区的一条窄轨支线铁路，它位于安德马特的部分与圣哥达铁路隧道北端相连。

量只有不到2 000千米，其余的750千米则由80多家私营或半国有公司运营。尽管如此，瑞士铁路系统的精简高效程度仍领先全球，而其他国家所建的一些无用或低效线路多半由各铁路公司之间的无序竞争引起。

　　从历史上来看，瑞士选民和大多数政治家能够更加深刻地洞察大众交通的意义所在。在标准轨距铁路网络的助力下，该国形成了集本地铁路、电车和巴士为一体，并连接所有火车站的交通体系。然而，即使是在如此完善的整体交通网络背景下，瑞士人均汽车占有量仍为全世界首位（约每两人即拥有一辆），但使用率却非常低。实际上，瑞士国民使用铁路的频率仅次于日本，位居世界第二。日本平均每人每年所乘铁路总长为1 900千米，瑞士为1 706千米（实际上瑞士人铁路出行的次数更多，只是距离更短），但考虑到国土面积和人口密集度，后者的数据无疑更为惊人。

　　瑞士成功的关键之处在于，该国的铁路网络是整个交通系统中的一部分，其目的是让非机动车出行更便利和高效。在政府自始至终的财政支持下，铁路的安全性能和准点率也非常高。瑞士不但拥有分布密集且高效运营的铁路网络，火车票价也极具竞争力。除了常规的淡季和区域折扣，还提供包括铁路、巴士、电车和轮船服务在内的全国交通年卡，售价仅为5 630美元，相比其他国家要划算许多。

　　今天，不断增长的人口数给瑞士铁路网络带来了不小的压力，政府

少女峰铁路车站的海拔高度

3 454米

欧洲最高的车站

瑞士铁路网络图

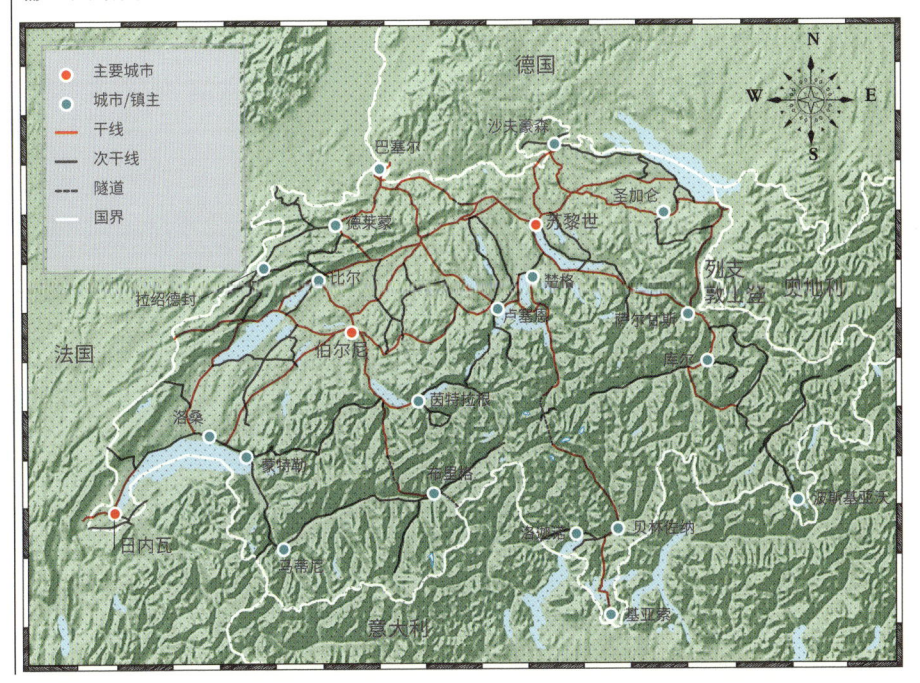

需要提供不菲的经济支持以满足市场需求。然而,看起来瑞士人已经对这一挑战完全胸有成竹。为了让铁路能够更快速地穿越城市,连接广袤郊区,苏黎世已经开始计划修建一系列造价高昂的隧道。铁路似乎早已扎根于瑞士的文化与成功之中,其地位的重要性丝毫没有减弱的迹象。

标志建筑

"冰川快车"沿着阿尔布拉铁路穿过瑞士格劳宾登的兰德瓦瑟高架桥。这座壮观的石灰石大桥凌驾于兰德瓦瑟湖之上,高达65米。

瑞士铁路：优中之优 363

加速前进：
子弹列车与高速铁路

到 20 世纪 60 年代，铁路面临着来自汽车、卡车和飞机的竞争。在政治家和官员们的眼中，火车这种老旧的交通方式只属于已经过去的 19 世纪，铁路已成"夕阳产业"，能够提供门到门便利服务的高速公路和普通道路受到政府青睐，投资规模不断加大。民众的轿车拥有量攀升、卡车货运兴起、飙升的商用飞机业务预示着喷气时代的来临。为了应对变化的趋势，铁路行业的现代化建设势在必行。作为本轮改革的领头羊，日本独创的"新干线"系统（西方又称"子弹列车"）正式发布，并逐步引发了席卷全球的高速铁路风潮。

日本的地理条件和聚居模式促成了子弹列车的诞生。虽然该国由四大主要岛屿组成，但适合居住的面积仅有 1/5，全国 1.26 亿总人口中的绝大部分都聚集在相对狭窄的区域之内。低地的高人口密度为高速铁路的发展创造了有利条件。外界对新干线的关注点通常集中在运行速度方面，而实际上，已有网络的运能不足才是新线路建设的主要原因。

1868 年以前，日本一直奉行闭关锁国的政策，直到明治维新开始以后才姗姗步入铁路时代。铁路这一新兴事物在日本大受欢迎，1872 年，首条全长为 29 千米的东京—横滨铁路开通运营，轨距则沿用了新西兰 1 067 毫米的窄轨标准。此后，由于增加运能的轨距拓宽计划遭到军方反对，管理方只好转而将线路长度进行了延伸。

日本铁路工业在 19 世纪的最后几年间空前繁荣，截至 1907 年，全国营运铁路总长近 7 250 千米，均为"日本皇家铁路公司"所有。两次世界大战期间，铁路建设稳步增长。1945 年年底，日本铁路总里程已达到 2.6 万千米，其中近 1/4 由私人公司运营，余下的则掌握在更名为"日本国有铁路公司"的国有企业手中。

日本第一条干线铁路"东海道线"为东京和名古屋、京都、大阪、神户等主要城市之间提供了便捷的交通，但到了 20 世纪 30 年代，该线

东海道新干线首发典礼
为了迎接奥运会的召开,东海道新干线于1964年在东京首发。这列子弹列车将东京和大阪之间的行程时间缩短至4小时,成为日后全球高速列车的原型。

路已呈饱和状态。于是,一项全新的快速铁路方案提出,将以前所未闻的运行速度在4小时内跑完东京至大阪之间640千米全程。1941年,新线路开始动工,但随后不久,日本偷袭珍珠港引发太平洋战争,项目建设受此影响而被迫废止。

战后,虽然日本经济复苏尚需时日,但东海道线在20世纪50年代中期出现的运能问题使新干线计划被重新提上议事日程。在当时汽车和飞机稳居市场优势地位的情况下,时任日本国铁总裁的十河信二大力游说政府对新线路的可行性保持信心。新干线的开发初衷本是为了满足日益增长的交通需求,但在汽车工业的竞争之下,新线路改变建设理念,途中停站较少,运行速度加快。但速度本身并不是高速铁路的建设目的,而只是满足运能需求的副产品——这一基本原则适用于大多数高速列车。当然,正是因为速度,高铁才能将乘客从汽车旅行中吸引过来;在800千米以上的行程中,高铁还能凭借其连接城市中心的路线设计而与飞机一较高下。

日本的全新线路被定为快速电力客车专用道,轨道则采用1 455毫米的标准,其目的在于最大限度地保证运能并充分利用其他铁路的

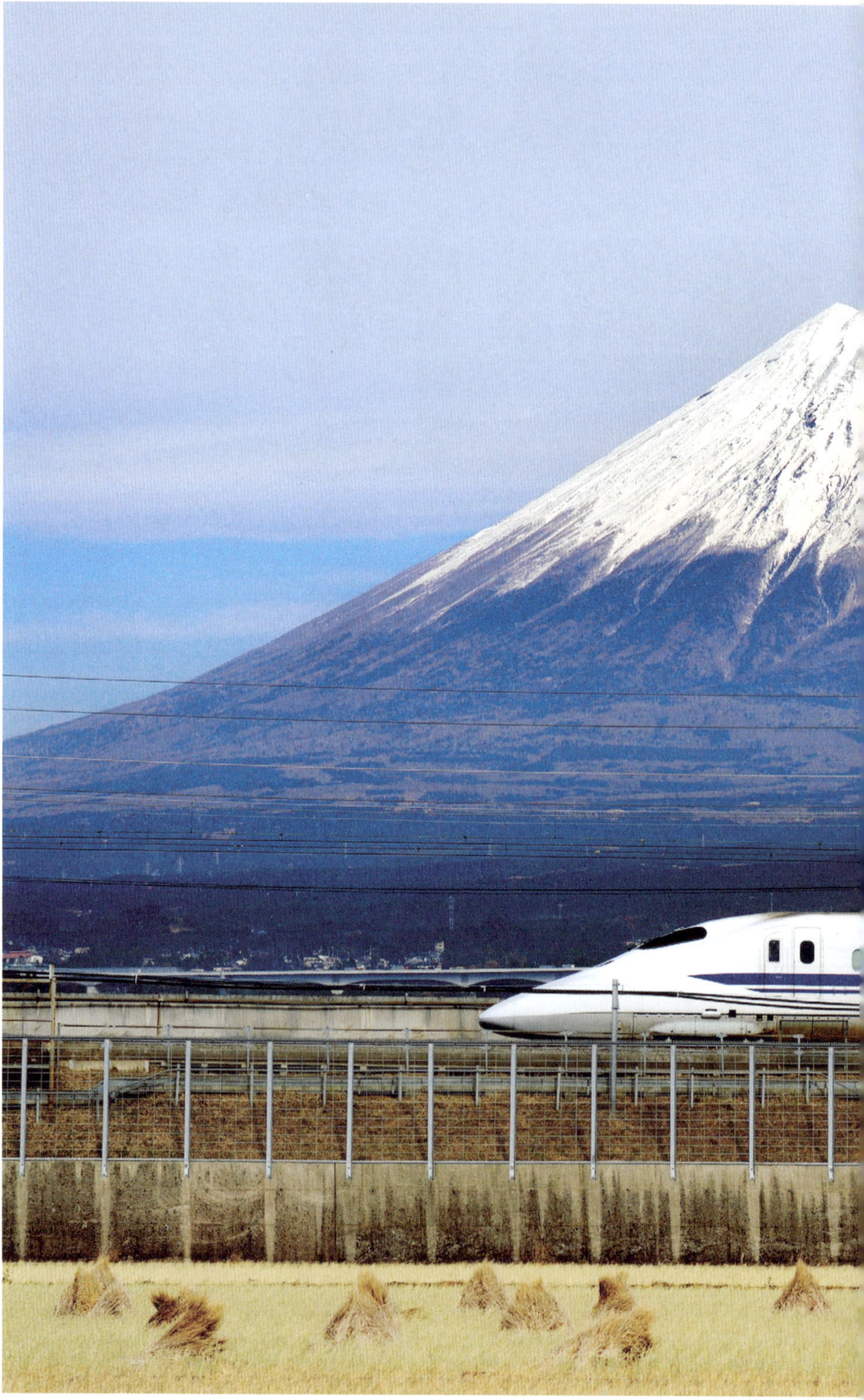

加速前进：子弹列车与高速铁路 367

通过富士山

作为现代与古老日本相碰撞的标志性场景，新干线子弹列车正穿过白雪皑皑的富士山。

已有技术。在地形难度高以及成本大幅超支的压力之下，项目在开工5年之后即告通车，总投资额达到3 800亿日元（合当时货币11亿美元），为设计成本的两倍之多。以今日高速铁路的标准来看，平均209千米的时速并不算太快，但由于线路采用了专用轨道并减少了中途停站，东京和大阪之间的行程时间大为缩短。较之传统快线的6小时40分钟，1964年奥运会前夕通车的新干线在运行之初就取得了4小时的佳绩。在商业模式的进一步改善下，两城之间的当日往返得以实现。新干线的运营情况证实了十河信二对铁路的坚定信念。通车不到3年，乘坐新干线的旅客数量即突破1亿人次；到1976年则已累计运送10亿人。今天，东海道新干线的年客运量高达1.43亿人次。

然而，新线路的发展也并非一帆风顺，初期阶段即问题不断：列车在72千米隧道路段通行时发出的噪声太过刺耳，而且隧道中产生的气流会冲起马桶中的存水，使得如厕者大为尴尬。最终，铁路公司在各方施压之下，耗费巨资将问题一一解决。奇怪的是，尽管新干线受到广泛欢迎，但日本国家铁路公司在筹划建设高铁网络时仍然遇到不少反对意见，噪声和成本两个问题成为讨论的焦点。不过，东海道线的延长路段和另外几条新线于20世纪70年代修建完成。时至今日，日本共建成高速铁路网络3 540千米。其中，飞驰在山阳新干线上的最快列车时速为300千米，这已经成为全球高速铁路的速度标准。

在跟上日本的脚步之前，其他国家的铁路发展停滞了一段时间。20世纪60年代，定义快车的标准时速为90~110千米，虽然铁路公司管理层们提速的心情十分迫切，但政府对于铁路这一"夕阳产业"的投资价值依旧存疑。在德法两国，有关行车速度的测试悄然进行，证明了火车能在现有轨道上轻易跑出时速200千米的成绩并长时间保持。各地针对现有铁路的提速尝试也在陆续开展，1966年，在轨道和信号系统升级完毕后，法国巴黎—图卢兹铁路开始提供时速200千米的列车服务。而英国也在1976年以后推出伦敦始发的"城际125"（InterCity125）高速柴油动力列车。不过，由于要与其他慢车

子弹列车年客运量
3.25亿人次

日本高速铁路网络图

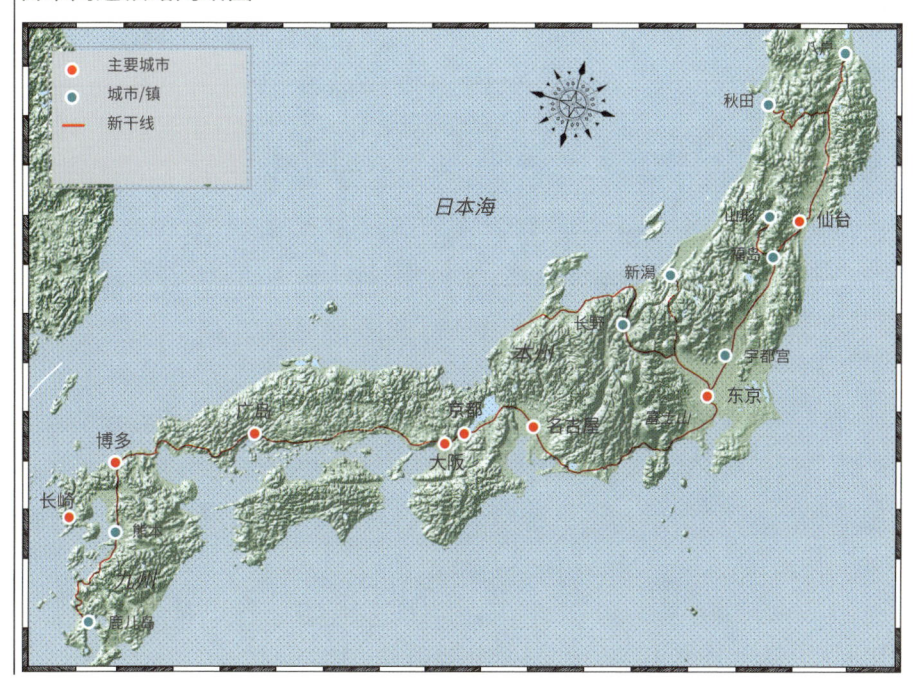

共享轨道，所有改良型高速列车的运行速度均受到限制。

20世纪70年代，法国决定建造名为"TGV"（Train à Grande Vitesse）的专用子弹高速列车。与新干线一样，TGV一举成为世界闻名的高速列车品牌。当时，巴黎和里昂之间的铁路运能已至极限，当局决定在进城路段之后修建一条全新的独立线路，并将采用常规列车的轨距标准，以便在两种铁路类型间灵活切换。法国高速列车曾多次创造世界纪录，1969年曾在一次实验中跑出过惊人的422千米时速。但显然，只有使用专用轨道才能实现速度突破，于是，第一条法国高速铁路线（Ligne à grande vitesse）于1976年开始动工，1981年，巴黎—里昂快线建成通车，始发时速最高达到270千米，后来又提高到300千米。高铁一经推出即大获成功，成为两城之间航空业务的有力竞争对手。从此，法国开始着手修建始发于巴黎的高速铁路网络。2007年开通的法国高铁东线运行时速已达320千米。

2013年，法国高铁网络总长为1 907千米，单从距离的角度来看，已落后于西班牙。在2005年政府宣布的计划中，90%的西班牙人的生活圈50千米以内，都会有高铁（AVE）的车站。1992年塞维利亚世博会前夕，首条从马德里至塞维利亚的高速铁路开通。与其他西班牙铁路系统所用的1 680毫米伊比利轨距不同，该线路采用了标准轨距，这一举措也直接促成了新型"可变轨距列车"的发展，以解决在不同轨距的路线间直通运转的问题。截至2013年，从马德里出发的高速铁路已有6条正式通车，与同为铁路枢纽的巴塞罗那一起，共涵盖高速线路2 000千米，另有在建项目1 100千米。

在欧洲，紧随法国之后进行高铁建设的德国却选择了与众不同的发展模式，其高速铁路按路段修建，列车则需要在传统铁路和高铁间频繁地来回切换。1991年，第一列最高时速为280千米的高速城际特快列车（ICE）在汉诺威与维尔茨堡之间开通运营。

从2000年开始，东亚地区的高速铁路发展迅速。2004年，韩国首列高铁（KTX）沿首尔至釜山轴线启动，将该国最大的两座城市相连。营运车辆由法国高速列车的制造商阿尔斯通公司负责提供。以日本新干线技术为基础的中国台湾高铁从台北始发，贯穿西海岸到达南部城市高雄，总长322千米。而中国大陆则拥有目前世界上最大的高速铁路网络。

安全性能始终是高速列车成功的关键要素之一。虽然历史上曾发生过3次重大的高铁事故，但没有一起是因为在专线上开行速度过快所导致的。1998年，德国一列时速约200千米的高速列车突发车轮故障，引发车辆脱轨并在一座桥梁前解体，全部16节车厢彻底毁坏，101人在事故中死亡。2011年，一列中国高铁由于信号错误，以100千米的时速撞上停在高架桥上的另一辆列车，40人因此丧命。2013年，西班牙圣地亚哥处一列火车以每小时195千米的速度冲出限速80千米的弯道，列车随即解体并导致79人死亡。尽管发生了这些惨痛的事故，高速铁路的整体安全系数仍要好于其他所有的交通方式。

到2013年，全球已建成高速铁路近1.6万千米，乌克兰、土耳其和白俄罗斯也相继将高铁建设纳入国家规划当中。在美国，加州政府已

TGV 与"大力士"高速列车（Thalys）
TGV 与大力士高速列车穿越法国、德国和比荷卢经济联盟，从巴黎出发后并入专用的高速铁路。

批准修建从旧金山到洛杉矶 837 千米的高铁，但因预算紧张和持续的反对声音迟迟未能动工。英国的"HS2 高速列车计划"欲在伦敦和各大主要城市之间修建一条 530 千米的高速铁路，但由于项目预算高达 500 亿英镑（约 820 亿美元）而遭到民众强烈抵制。虽然有些新线路的建设方案的确有待商榷，但高速铁路凭借无可争议的优势条件，牢牢占据着其在未来交通运输中的重要地位。

中国：新时代先锋

中国恐怕是世界上绝无仅有的在加入铁路时代之后又短暂离开的国家。尽管起步阶段一波三折，如今的中国拥有全球最密集的高铁专线网络，而政府也已下定决心将其扩展为国家交通基础设施的支柱。海拔高度居全球之首的青藏铁路也在中国境内。

1876年，为了改善上海至附近吴淞港码头之间的运输条件，上海英商怡和洋行修建了中国第一条铁路。但这条16千米长的路线在当时引起了巨大争议。极度保守的晚清政府抵制意愿强烈，尤其害怕铁路会使数目庞大的苦力人群失去工作。一位官员对于失业引发暴乱的风险表示了担心：

> 成千上万拉车拖船之人将失去生计，若非在沟壑中饥饿而亡，必将在山间落草为寇。

另一位官员则表示，"如此挥霍燃煤，则煤田竭也"。除了这些对铁路行业的悲观预期，当时的中国对外国人以及外资公司的敌对情绪也相当严重。鸦片战争刚结束不久，帝国主义的军事威胁还历历在目。欧洲列强和日本在中国沿海强占租界，凭借税收和其他不平等政策将中国的财富据为己有。在这样的大背景下，吴淞铁路的前景黯淡，其建设过程自始至终没有得到政府的官方批准。通车仅一年后，两江总督沈葆桢即勒令关停铁路，并将相关设备运往台湾。中国的第一条铁路就这样荒废在台湾的海港岸边。

为了解决开平煤矿的煤炭运输问题，清政府决定在唐山至胥各庄之间修建一段由骡马拉行的铁路。英国人金达受聘负责项目建设和"中国火箭"号（中国首列火车）的调试工作。1881年，全长10千米的标准轨距铁路建成通车。然而，铁路革命的序幕并未就此拉开。政府仍不愿意支持这项已风行全球的革命性交通方式。19世纪80年代，新线路的修建几近停滞。1885年，中国在中法战争中的惨败使政府意识到

世界海拔最高的铁路

图为青藏铁路线上的一列火车从昆仑山脉旁呼啸而过。海拔5 072米的青藏铁路是世界海拔最高的铁路。

工业现代化的重要性，而铁路又是发展进程中的关键催化剂。于是，唐胥铁路又往北京方向延伸了32千米。然而，由于清朝政府的愚昧迷信，皇宫中的一场突发大火被认为是神灵不满的迹象，铁路计划重新遭到无限期搁置。

1894年中日甲午战争时期，中国铁路总量仅为500千米，而同期的美国轨道长度已达28万千米。战场的失利终于激发了中国的铁路兴建热潮。北京成为铁路网络的中心所在地，而偏远地区也开发了许多运煤线路。1911年爆发的辛亥革命推翻了清政府的统治，建立了中华民国，彼时中国境内已建成铁路9 500千米，较之以往有了质的飞跃。但对于一个人口大国来说，这个数字依然处于较低水平，比同样贫穷的印度少了将近一半。

之后，在日本侵华战争和一系列内战的影响下，铁路的扩张速度减缓，许多线路在冲突中遭到损毁。"二战"末期，这个泱泱大国可使用轨道总长仍停留在区区2.25万千米。1949年，共产党领导下的中华人民共和国成立，在毛泽东的指示下，铁路建设投资力度加大，既有线路得到修补，新建线路甚至延伸至地形复杂的山区地带。中国的铁路发展并没有因为1976年毛泽东的逝世而停下脚步，覆盖全国绝大部分地区的铁路网络在20世纪末期终告建成。

西藏自治区北部的昆仑山脉和东部的念青唐古拉山地区将其与中国其他地区隔离开来。青藏高原地域辽阔，东西长约2 400千米，南北宽约800千米，有世界最大的亚北极冻土区。换言之，此处绝非修建铁路的理想之地。穿行于高原山口间的所有道路都高过美国任何一处山峰。

1951年，中国人民解放军和平解放西藏，很快人民政府即提出要把铁路修到西藏城市拉萨。然而，技术困难和资金缺乏阻碍了项目的进一步开展。有苏联贝阿铁路的前车之鉴（详见《勃列日涅夫的失策》），许多国际知名专家都认为在范围如此之广的冻土层上铺设轨道几无可能。

西藏自治区约占中国国土面积的1/8，但在2000年以前，这里仍是中国唯一不通铁路的省级行政区。中央政府部署的"西部大开发"战略将进藏铁路纳为其中的重要项目。彼时,西藏还是一个以农业为主的地区,与外界交流甚少,但铁路的到来为当地矿产资源的开发提供了可能。

1984年,青藏铁路前身——全长814千米的西格铁路(西宁至格尔木)建成通车,但后续将其延伸至拉萨的计划却整整讨论了10多年之久。1999年,为了缩小与东部发达地区的经济差距,江泽民提出西部开发运动,青藏铁路成为实施方案中的关键环节,然而有关路线的选择仍存争议。创立于20世纪60年代的小城格尔木是进藏路线中距离最短的一条所经之地,但这条路线上的数百英里冻土地带将给铁路建设带来无法估量的技术难关;如果借道云南,则路程和建设成本都将翻倍。怀着克服困难的决心,格尔木路线被确认为最终方案。2001年,全长1 142千米的格尔木至拉萨路段举行了开工典礼。虽然新世纪的铁路建设具备了前所未有的技术优势,但青藏铁路的施工难度仍超越了以往绝大多数铁路项目,建设初期,超过10万名铁路工人会聚到西藏,开始了一场大规模的筑路运动。铁路修建进程中,部分路段的表层冻土

进入拉萨
一列火车沿着全长929米的拉萨河特大桥,向2千米之外的青藏铁路终点站开去。

铁路工人徽章
中国国家铁路集团共有员工200万人，此徽章为该公司的标识。

由于受热融化导致稳定性缺失，工程师们通过攻关，采取了以桥代路等措施解决了这一严峻挑战。为了达到冷却轨道和地表温度的目的，路段沿线还安装了名为"热棒"的高效热导装置。

该工程由两端开始向前推进，轨道的铺设工作持续了4年，而信号和其他设备的调试又花了1年时间。2006年7月，短短5年之后，青藏铁路全线盛大开幕，项目总投资成本高达40亿美元，尚有前期研究经费未计算在内。铁路的开通打破了多项世界纪录：它超越了建于一个世纪前的秘鲁安第斯山区铁路，其最高点唐古拉山口的海拔为5 072米，比前者高出近250米；唐古拉山车站是世界海拔最高的铁路车站；海拔4 905米的风火山隧道则是世界海拔最高的铁路隧道。

青藏铁路每天可提供8趟双向客运服务，由于高原空气稀薄，拉萨段内的列车配备了特殊空调系统以保证供氧需求，每个座位上另安装有独立的应急呼吸设备。特别设计的巨大车窗在为乘客们提供最佳观景体验之余，还能隔离该地区高强度的紫外线。由于在高原行车具有一定的风险，乘客须在搭乘格拉路段之前获取旅客健康登记卡，每列火车还特别安排了医务人员以应对突发事件。

建设中的庞大高铁网络延续了中国迟来的铁路扩张态势。1993年以前，中国国内火车平均时速仅为48千米，在公路和航空产业的竞争压力下，铁路公司开始推行一系列的"提速"运动，并在90年代末将平均时速成功提高至161千米。不过，政府的雄心远不止于此，一个从根本上改善铁路服务和国家基础设施的全新路网计划蓄势待发。为了实现这一愿景，中国开始着手建设时速超过200千米的全球最大高铁网络。除了少量旧线改造工程以外，绝大部分高铁网络将由新建线路组成，每条新线的行车速度节节攀升。根据政府颁布的《中长期铁路网规划》，中国将建设四纵四横的国家级高速铁路网络，与现有轨道一起，总计12万千米。

2003年，位于东北辽西走廊的第一条快速客运专线"秦沈铁路"宣告通车，全线设计时速达到200千米，后在2007年提高至250千米。其他线路紧随其后，于2008年北京奥运会之前纷纷开通。其中特别值得一提的是连接北京和天津两大城市的"京津城际铁路"，其实际运行时速高达350千米。

2010年10月，第15条高速铁路"沪杭高铁"全线完工，其后一年，设计时速为380千米的"京沪高铁"也开通运营。至此，中国已拥有高铁专用轨道8 000多千米，超过任何其他国家保有量的两倍之多。

2011年7月，从宁波开往温州的甬温线上发生动车追尾事故，一路高歌猛进的铁路扩张遭遇严重挫折，项目进程一度放缓。受到事故的影响，乘客数量逐步减少，路网规划进度被迫延迟，高速列车的时速也被大幅调低。不过，自2012年开始，铁路建设重新恢复，搭乘高铁出行的人数又开始攀升。

2013年以来，中国每天运营高速列车1 580列次，服务旅客130万人，而这一骄人的纪录还将继续被改写。成绩斐然的高速铁路和不断扩张中的城市地铁，以及创纪录的青藏铁路一起，牢牢确立了中国在21世纪铁路史上无可争议的先锋地位。

格尔木—拉萨铁路桥梁总数
675

桥梁总长
161千米

高速列车

湖北省武汉市是中国最繁忙的交通枢纽之一,图为武汉维修基地中整装待发的高速子弹列车车队。

中国：新时代先锋

穿越平原和山川

2006年，一列火车驶过青海省的山区地带。虽然起步时间较晚，但中国已然成为现代铁路工业的杰出典范。

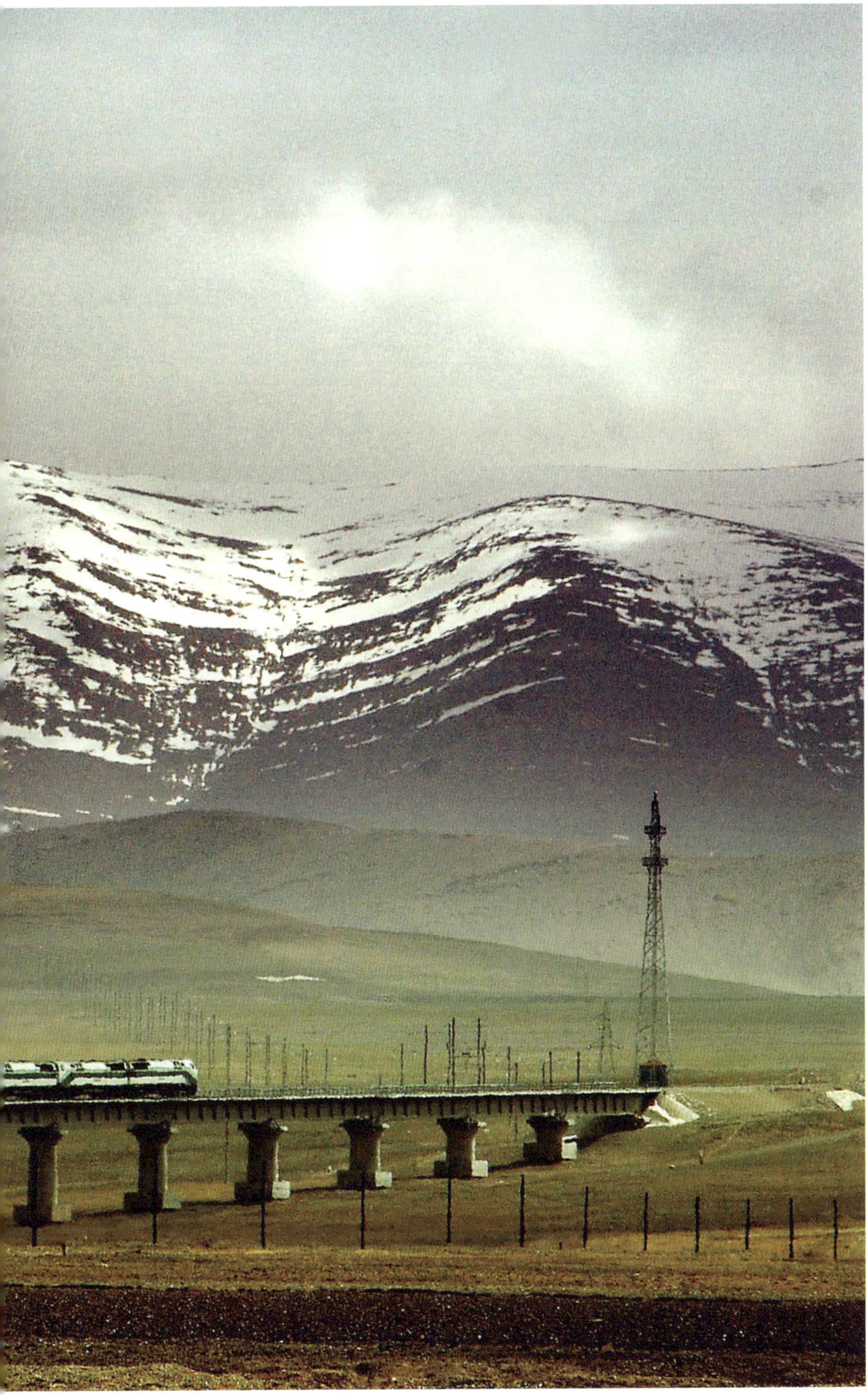

铁路复兴

从初生到短暂的巅峰,再逐渐衰落而后湮没无闻,这是许多新兴事物所沿袭的发展轨迹。随着汽车和飞机的问世,铁路已被归入历史,不过它的故事仍然非同寻常。然而在经历了一段低谷期之后,铁路打破了之前的悲观预测,重新崛起于21世纪。种种迹象表明,它的未来也将是一片坦途。

铁路的复兴并不仅仅是铁路技术全面发展的结果。当然,今天的行车条件已得到大幅提升,车厢的舒适程度远超19世纪时的简陋装置,而在集装箱的普及之下,货运车厢性能更加稳固,设计也更适合快速装卸的要求。显著改善后的信号系统与其他复杂程序一起,促进了铁路速度与效率的提高。不过,尽管进步显著,乔治·斯蒂芬森和其他先驱人物仍能一眼就认出火车在新世纪里的模样。铁路轨距还是从前的1 435毫米,车站和外部信号系统控制下的客运车厢也与以往别无两样。

当然,铁路的功用已与往日大不相同。它正从长途运输市场的垄断产业转变为重要且高度专业化的行业。铁路穿行于每个小镇村庄的日子一去不复返,它也不再是许多地区唯一既便宜又快速的交通方式,钢铁之路的全盛时代也已落幕。小村庄里的火车站和农村里的停靠点永远消失在历史长河之中,铁路主宰货运市场的荣光褪去,从前充斥在每个车站里的包裹堆场和货物仓库被卡车运输彻底扫荡殆尽。

战后,有关铁路已落后于时代的观点甚嚣尘上,法国铁路作家克利弗·拉明(Clive Lamming)甚至将这种认为铁路已衰落和边缘化的断论现象取名为"铁路悲观"。虽然遭遇了重重困难,但令悲观人士始料未及的是,铁路在现代社会中的地位依然举足轻重。许多国家对此前主要路线的关闭和大型车站的商业或住宅化改造深感惋惜。铁路正在世界各地蓬勃发展,并将在可预见的未来保持这一态势。归根结底,火车仍是客运旅行的便捷方式,更是效率极高的物流手段。

铁路运输的优势在几个关键客运市场尤为明显。如在500~650千米的城际路线中，虽然火车行程时间比飞机略长，但乘客们可以在车厢内放松休息或者继续工作，相比遥远的机场，位于城市中心的火车站也为乘客们带来了更多便利。市内通勤方面，不论火车或地铁都比汽车更加安全快速，而且不受堵车影响。在景区的旅游路线上，火车无疑给旅客提供了欣赏风景的最佳途径。另外，如西伯利亚大铁路，是当地居民穿越偏远地区的唯一途径。

铁路还是非紧急大宗重物运输的绝佳模式，尤其适合承运集料或岩石等会对公路路面造成损坏的货物。由于卡车需要配备多名司机且无法在夜间行驶，铁路在长途货运领域的综合成本要低于公路运输。另外，集装箱运输的发展也大大简化了铁路装卸工作的流程。

跌下神坛的铁路行业并没有步帆船或马车的后尘而消失，反而从战后的低潮中满血复活，在全球绝大多数国家顽强地生存了下来。在当今多变的燃油供应市场里，铁路凭借其独有的竞争优势，打破公路运输的局限性，继续维持了其相对可靠且费用低廉的行业特质。

但即便如此，铁路前进的脚步也从未停止。为了应对竞争，管理部门正在加速完善各项设施服务并果断关停冗余路线。铁路行业的重大进展还将逐步呈现，信号系统升级即为其中的一个典型案例。如今，机车内部信号系统得到广泛应用，取代了之前的外部信号设备。虽然前期投资不菲，但路网的安全性能和工作效率都得到了显著提升。更为可喜的是，全新或重新开放的线路犹如雨后春笋般纷纷在各地涌现。

大批耗资数十亿，甚至上百亿美元的重大项目即将展开，其中，沙特阿拉伯的干线铁路和地铁开发规模或许仅次于中国。全长1 500千米的"沙特南北铁路"完工后，北部磷酸盐矿带的阿尔雅拉米德到中部铝土矿带的宰比拉地区之间的物流通道随之打开，继而又向东延伸到扎瓦尔角海港的加工园区。

> 1994年美国的一项研究表明，货运卡车尾气排放造成的大气污染为火车的 **8倍**

沙特在建工程中还包括雄心勃勃的"大陆桥铁路"。该项目计划沿沙特阿拉伯东西海岸修建一条铁路连接红海和波斯湾，预计将显著缩短海湾地区的货运时间。线路包括960千米从沙特首都利雅得至西海岸城市吉达之间的全新轨道，以及利雅得到达曼市之间已有轨道的升级扩建。另外还将在达曼至朱拜勒之间兴建全长130千米的南北向铁路。"大陆桥铁路"将会为欧洲与北美、东亚与南亚之间的原材料及成品运输提供一条高价值的新通道。

除了上述的大胆举措，沙特政府还在建设服务于麦加朝觐者的麦加—麦地那高速铁路（哈拉曼高速铁路）。该计划不禁让人联想起历史尘埃中的汉志铁路。该国其他的铁路规划还包括共有6条线路的利雅得地铁网络以及沙特—巴林铁路桥项目。

与本书中提到的许多伟大工程一样，沙特的铁路建设也面临着地形地域等种种困难。而令人惊讶的是，拥有世界最大石油储备并因此而暴富的沙特阿拉伯竟会以如此大的热情迎接铁路的到来。

数不胜数的精彩好戏即将在全球范围内竞相上演。在俄罗斯，除了西伯利亚大铁路和贝阿铁路的扩建计划，未来政府还将打造直通美国的铁路要道，其庞大的野心和巨额的投资成本都将雄踞世界之首。

从未善用过铁路优势的非洲大陆在铁路复兴进程中的表现最为突出。得益于中国的资助，该地区的许多主要干线重新投入使用，另有其他全新线路正在建设之中。中国政府出资138亿美元，计划在中部非洲修建一条全长2 800千米的铁路，将内陆小国卢旺达首都基加利与肯尼亚港口蒙巴萨相连。线路将部分利用两地殖民时代的已有轨道，但从乌干达首都坎帕拉至基加利路段将全部建设新线。乌干达和肯尼亚其他地区的连接线路项目也在规划当中。

在西部非洲，旨在推动矿产出口的铁路建设已经开始。该线路将通过布基纳法索首都瓦加杜古，将另一个内陆小国尼日尔首都尼亚美与象牙海岸的阿比让港相连。尼日

沙特阿拉伯利雅得地铁项目的预计成本：
230亿美元

铁路复兴 385

未来愿景
这张效果图展示了沙特阿拉伯哈拉曼高铁终点站台的屋顶结构。
路线中各大主要车站的宏伟规划为大客流预留了空间。

利亚还计划翻新并扩建现有铁路,并准备在其最大城市拉各斯恢复通勤列车服务。2012年,全长80千米的大众捷运系统——"豪登列车"在南非全线开通,途经约翰内斯堡、茨瓦内、艾古莱尼以及奥利弗·雷金纳德·坦博国际机场。虽然开罗—开普敦铁路已成遥远的往事,但铁路在非洲大陆的重要地位将会远超以往任何时代。

铁路的发展是一个世界性的现象。2013年秋,铁路专业网站railway-technology.com列出全球范围内近450个重大项目,其中亚洲100多项,大洋洲33项。如前文所提到的,许多铁路投资曾经停滞或下降的国家又开始将高铁项目提上议事日程。作为新兴市场的高铁行业把短途航线的旅客吸引到了更加环保的火车出行中来,它不仅减少了市内交通的路程时间,也为乘客们带来了更加愉悦的旅途体验。

与此同时,城市地铁项目也进展得如火如荼,丝毫没有减弱的迹象。2013年夏,全球共有188个地铁系统分布在至少54个国家和地区。汽车行业高度发达的迪拜也许是最令人惊讶的地铁支持者。这座阿联酋的最大城市的第一条地铁于2009年开通。随着第二条地铁的顺利通车,另外的三条线路也已在筹备当中。

世界范围内,有轨电车或"轻轨"的复兴也已成燎原之势。在旧系统得到改造之余，包括汽车大国美国在内的许多地区还在持续开发全新路线。一种名为"公共交通导向型发展"的社区建设模式在美国大获成功，围绕轨交沿线而建的高密度城区充分发挥了公共交通的运力，方便了人们的通勤需求。

轮轨式铁路击败了许多替代产品屹立至今。曾有一度，各种具备运能提升潜力的技术模式纷纷出现，其中就包括不少稀奇古怪的单轨方案，而最引人注目的当属"磁悬浮列车"，这种技术利用磁力将列车微悬于特制轨道的上方，在磁场的作用下推动列车前行。磁悬浮列车行驶平稳，速度远高于普通列车，还具备优良的加速和制动性能。在历经数十年的研发测试之后，目前仍仅有中国和日本两处的磁悬浮系统投入了商业运营。中国上海的磁悬浮列车时速达到430千米，只需7分20秒便能将乘客从市区送达30千米开外的机场。然而，开发成本和潜在风险（德国试验轨道曾发生过导致23人死亡的重大事故），以及业已成熟并通行全球的传统铁路技术制约了磁悬浮列车的进一步发展。虽然各地也有一些新项目陆续上马，但要取代普通轮轨式铁路

失败项目
利用率过低且票价昂贵的悉尼单轨电车在服役了25年之后，
于2013年遭到拆除，以便为日后的轻轨系统腾出空间。

而成为民众日常交通工具，以其目前的情况来看似乎还很遥远。

让许多交通规划专家（以及从前的未来学家）备感震惊的是，铁路不但存活至今，还迎来了蓬勃的发展。随着石油储备的日益减少和大众对环境关注程度的提高，铁路运输的优势将更加明显。火车出行不仅方便、安全和快速，乘客还能在车厢中使用移动设备或笔记本电脑工作，将驾驶汽车时所浪费的时间充分利用起来。火车不断融入现代生活，而21世纪也必将成为钢铁之路的第二个辉煌时代。

磁悬浮列车

与传统轮轨铁路不同,磁悬浮列车利用强大的轨道磁力使之悬浮在空中恒定高度,并在电磁力的推动作用下沿钢轨或"导轨"行进。由于没有摩擦力的影响,磁悬浮列车具有稳定低噪、高速高效的特点,车体和导轨均不易磨损。然而,磁悬浮技术的应用因其与现存铁路的不兼容性而受限颇多,只有中国和日本两国将其用于商业运营。磁悬浮系统的基础设施造价高昂,但建成后的维护成本较低,列车行驶速度极快。世界铁路运输的速度纪录就是由磁悬浮列车所创造的。

交替系统

超导磁悬浮列车产自日本,是该国系列高速磁悬浮列车中的最新作品。它利用U型轨道上的电力悬浮系统(EDS)使车体上浮并推动列车前进。超导磁悬浮列车的试验已经获得了成功,但尚未推广到商业领域。

超导磁悬浮列车是当今世界速度最快的客运列车,2015年,日本超导磁悬浮列车跑出了590千米的时速。

T型导轨将火车脱轨的风险降至最低

工作原理

现有商用磁悬浮系统使用的是电磁力悬浮技术（EMS），其中火车内置磁铁被轨道中的电流激活而产生悬浮和推动力。

通过调节电流可达到控制车速的目的，而列车与轨道之间的高度由电子传感器负责监测。

悬浮

列车底架上装有磁力强大的电磁铁，两侧下部向T型导轨两边环抱，磁铁与安装在导轨中的悬浮和驱动线圈产生作用。

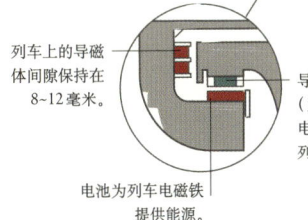

列车上的导磁体间隙保持在8~12毫米。

电池为列车电磁铁提供能源。

导轨底部的电磁线圈（定子）与列车下部的电磁铁产生吸引力使列车浮起。

动力

导轨上的驱动线圈电磁极性不断改变，与列车上磁铁相互作用产生动力。通过反转电流方向即可实现列车的制动。

导轨产生的交流电与列车磁铁产生"吸引"和"排斥"力推动列车。

磁场方向，反向即可制动。

德国磁悬浮列车（Transrapid）

作为行业的领军者，德国磁悬浮公司从20世纪60年代就开始了电磁悬浮系统的研制。2004年，图中测试轨道上的列车在中国上海的磁悬浮线上投入商业运营，仅用时不到8分钟就可跑完机场至金融区之间30千米的路程，时速达到430千米。

磁悬浮列车无须配置机车，具备车身轻、能效高的特点；悬浮列车使用的能耗比冷却动力系统所需的能源还要低。

C型底架上装有列车悬浮磁铁

术语表

ADHESION：车轮与铁轨之间的摩擦黏着力。
AIR CUSHION：现代悬架系统中的空气"弹簧"。
AIR BRAKE SYSTEM：使用压缩空气作为工作介质的制动系统。
AMERICAN：4-4-0 轴式蒸汽机车。
ATLANTIC：4-4-2 轴式蒸汽机车。
BALDWIN：美国机车制造商，营运期间从 1825 至 1971 年。
BALLAST：道砟，由碎石、沙砾或煤渣制成的基床，用来铺设铁轨。
BANK：轨道陡坡段，火车在此处需要额外机车牵引上行。
BERKSHIRE：2-8-4 轴式蒸汽机车。
BLASTPIPE：蒸汽机车的废气管，将蒸汽从汽缸导至烟囱下的烟箱中，通过燃烧物增加通风。
BOGIE：转向架，火车底盘组件，配置有车轮、悬架和制动系统。在美国被称为"truck"。
BOILER：锅炉，圆柱形燃烧室，驱动机车的蒸汽在此处产生。
BOXCAR：见"van"词条。
BRANCH LINE：支线，主线上的分支。
BROAD GAUGE：宽轨距轨道，宽度远超 1 435 毫米的标准轨距。
BUFFER：避免火车车厢之间的互相碰撞的缓冲装置。
BUFFER STOP/BUMPER POST：铁轨末端用来防止火车继续滑行的停止桩。
CAB：机车驾驶室，机车乘务组所在处。
CABOOSE：铁路工人用来监控轨道状况的车厢，通常连接于列车尾部。
CANT：相对垂直面或平行轨的铁轨仰角。
CHALLENGER：4-6-6-4 轴式蒸汽机车。
CHIMNEY：火车上的垂直排气筒，美国又称"smokestack"。
COMPOUND LOCOMOTIVE：双汽缸复式机车，其中一台汽缸由另一台产生的废气提供动力。
COUPLER/COUPLING：车钩，连接并固定各车辆的机械装置。
COUPLING ROD：将驱动轴产生的动力传输至车轮的连杆。
COWCATCHER：机车前方的凸出的金属框架，即火车排障器。
CUTTING：路堑。开凿于山中可缓和纵坡以供铁路通过的通道。

CYLINDER：汽缸，蒸汽发动机的核心部件，气体因膨胀和压缩产生的压力引导活塞在缸内进行直线往复运动。
EMBANKMENT：路堤，指高于原地面注地修建的填方路基，可使铁轨保持一定坡度。
ENGINE：发动机，机车之动力来源，可由蒸汽、电力或柴油驱动。
EXPRESS TRAIN：为更快到达终点，中途选择性停靠的列车。
FIREBOX：火箱，蒸汽机车中柴油燃烧以产生热能的内舱。
FIREMAN/STOKER/BOILERMAN：司炉，负责往火箱中添加煤块。
FREIGHT/GOODS：以商业赢利为目的运送的材料或产品。
GANDY DANCER：铁路养路工人。
GAUGE：轨距，两轨内侧之间的宽度。
GONDOLA：敞车，用来运输如铁矿石和煤炭等散料的敞篷铁路车辆。
HANDCAR：一种小型敞篷铁路车辆，通常由乘客通过手泵拉动。
HUDSON：4-6-4 轴式蒸汽机车。
INTERCHANGE：换乘，指在铁路交叉处从一条铁路的车辆转乘另一条铁路的车辆。
INTERLOCKING TOWER：见"signal box"词条。
INTERMODAL：多车型客/货运输。
JUBILEE：4-4-4 轴式蒸汽机车。
JUNCTION：多条铁路线路分叉或汇集处。
LANTERN：便携式煤油提灯，用作早期铁路工人的晚间照明与警示。
LEVEL CROSSING：铁路平交道口。
LEVEL JUNCTION：多线路平面交叉点。
LIGHT RAIL：轻轨。小型固定式铁路，通常用于城市交通环境如街车或电车等。
LOCOMOTIVE：以发动机为动力的机车车辆，拉拽或推动列车沿轨道行驶。
LOOP：螺旋形展线，一种线路沿山攀爬过程中从自身上方跨过的螺旋型轨道。
MAIN LINE：干线，连接主要城镇的重要线路。
MARSHALLING YARD：编组站，铁路货运调车场，装/卸货与货车厢的安排组织在此处进行。
MIKADO：2-8-2 轴式蒸汽机车。
MONORAIL：基于单线设置的铁路系统，通常建于城市平面交通环境中。

NARROW GAUGE：宽度低于1 435毫米标准轨距的窄轨铁路。
NAVVIES：特指19世纪承担了绝大部分铁路修建工作的体力工人群体。
PACIFIC：4-6-2轴式蒸汽机车。
PANTOGRAPH：受电弓。与高架电缆接触，为列车提供动力的金属臂。
PASSENGER TRAIN：客运火车，由运送乘客的车厢组成。乘客可在火车穿行的各车站处自由上下。
PASSING LOOP：会让线。单线铁路中的某处，通过此处，相对行驶的火车可以会让通过。美国称为"passing siding"。
PASSING SIDING：见"passing loop"词条。
PISTON：活塞。内燃机零件，通过在液/气体中上下往复运动提供动力。
POINTS/ RAILROAD SWITCH：铁路中可使火车转换轨道的道岔。
PRAIRIE：2-6-2轴式蒸汽机车。
RAILROAD CAR：一种用来运输旅客或货物的有顶铁路车辆。
ROLLING STOCK：铁路公司用来指代旗下所有车辆总数的术语，更为普遍的情况是用来指代任何完整的机车或车厢。
ROUNDHOUSE：扇形机车库，为火车提供服务和仓储的调车房。多围绕转车台而建。
SIDING：用来存放车辆的铁路侧线。
SIGNAL BOX：信号楼，通过信号和闭塞系统控制火车运行，确保行驶安全准时。美国称为"interloacking tower"。
SLEEPER：在过夜或长途旅行中，专为所有乘客提供床铺的卧铺车。
SLIP COACH：摘下特快列车上的某些车厢并停靠在某个站台的做法，列车主体无须停止便可让部分乘客下车。
SMOKEBOX：烟箱，蒸汽发动机的组成部分。火箱通过加热水提供蒸汽后产生的烟雾通过这里收集并从烟囱排出。
SMOKESTACK：见"chimney"词条。
STANDARD GAUGE：1 435毫米标准轨距。
STATION MASTER：铁路车站站长，负责车站管理。
STEAM ENGINE：蒸汽机，将燃烧燃料生成的蒸汽能量转换为机械功的机器。
SUBWAY：见"underground"词条。
TENDER：煤水车，用来存放蒸汽机所需燃料和水的车厢。
THROUGH COACH：可在途中换车的车厢，旅客无须换乘其他车辆。常用于长途旅行。

TRACK：供火车车轮行驶的由铁轨、道砟、紧固件及道床组成的固定装置。
TRACTION：牵引或拉拽负荷，亦可指火车与轨道之间的附着摩擦力。
TRUCK：见"bogie"词条。
TURNTABLE：转车台，可使火车沿原路返回的转动装置，现今大多已弃用。
UNDERGROUND：在地下运行的铁路线路，在大城市中尤为常见。美国称为"subway"。
UNIT TRAIN：运输单一品种货物的火车。
VAN：棚车，是两侧配有移门的平板货车，美国称为"boxcar"。
WATER COLUMN：见"water crane"词条。
WATER CRANE：水鹤，设置于轨道边的蒸汽机车快速加水装置。
WHEEL：火车车轮通常为附有硬化钢胎的铸件或锻件。
WHEEL ARRANGEMENT：轴式，车轮如何分列于机车底部的分类方法，如华氏轴式。
WHEEL FLANGE：火车车轮零件，轮缘可使车轮控制在轨道内侧避免脱轨。
WHYTE NOTATION：华氏轴式，一种轴式归类方法，先计算导轮数量，然后是动轮及从轮，（如0-2-2）。
YARD：火车储存、维修及装卸货物的场地，有多条线路和侧线。
YELLOWSTONE：2-8-8-4轴式蒸汽机车。
ZIGZAG/SWITCHBACK：人字形展线，一种在陡坡处修建铁路的方法，火车沿人字形轨道攀爬。

参考书目

此参考书目提到的主要是作为本书写作素材的书籍。可以毫不夸张地说，关于铁路的著作有成千上万种之多，其中不少为专业读物，因此并没有列入其中。对于想进一步了解书中所涉内容的一般读者，可以采用本书作为参考。

当然，我也大量借鉴了自己曾经出版的6本铁路历史系列书籍：讲述伦敦地铁故事的《地下铁路》（2004年出版，2013年再版），描写英国铁路历史的《烈火与蒸汽》（2006年出版），描写铁路如何改变世界的《热血、钢铁与黄金》（2008年出版），展示战时铁路重要地位的《战时铁路》（2010年出版），讲述美国铁路历史的《伟大的铁路革命》（2012年出版）和描写世界之最"西伯利亚大铁路"故事的《直到世界边缘》（2013年出版）。以上书籍均由大西洋出版社出版。

总论

Erwin Berghaus, *The History of the Railways*, Barrie & Rockliffe, 1964
Anthony Burton, *Railway Empire*, John Murray, 1994
Anthony Burton, *On the Rails*, Aurum, 2004
Christopher Chant, *The World's Railways*, Grange, 2002
Basil Cooper, *A Century of Train*, Brian Trodd Publishing, 1988
Nicholas Faith, *Locomotion*, BBC Books, 1993
Nicholas Faith, *The World the Railways Made*, Bodley Head, 1990
Tim Fischer, *Trains Unlimited*, ABC Books, 2011
Geoffrey Freeman Allen, *Railways Past, Present and Future*, Orbis Publishing, 1982
Geoffrey Freeman Allen, *Railways of the Twentieth Century*, Winchmore, 1983
Geoffrey Freeman Allen, *Luxury Trains of the World*, Bison, 1979
Jim Harter, *World Railways of the Nineteenth Century: A Pictorial History in Victorian Engravings*, Johns Hopkins University Press, 2005
Clive Lamming, *Larousse des Trains et des Chemins de Fer*, Larousse, 2005
Bryan Morgan, ed, *Great Trains*, Crown Publishers, 1973
O.S. Nock, *World Atlas of Railways*, Mitchell Beazley, 1978
O.S. Nock, *Railways Then and Now: A World History*, Paul Elek Ltd, 1975
O.S. Nock, ed, *Encyclopaedia of Railways*, Book Club Associates, 1977
Martin Page, *The Lost Pleasures of the Great Trains*, Weidenfeld and Nicolson, 1975
Steve Parissien, *Station to Station*, Phaidon, 1997
P.J.G. Ransom, *Locomotion: Two Centuries of Train Travel*, Sutton Publishing, 2001
Michael Robbins, *The Railway Age*, Penguin, 1965
Wolfgang Schivelbusch, *Railway Journey: The Industrialization of Time and Space in the Nineteenth Century*, Berg, 1996
John Westwood, *Railways at War*, Osprey, 1980
John Westwood, *The Pictorial History of Railways*, Bison Books, 2008

欧洲

H.C. Casserly, *Outline of Irish History*, David & Charles, 1974
Nicholas Faith, *The Right Line: the Politics, the Planning and the Against-the-odds Gamble Behind Britain's First High-speed Railway*, Segrave Foulkes, 2007
Peter Fleming, *The Fate of Admiral Kolchak*, Rupert Hart David, 1963 (reprinted 2001 by Birlinn)
Murray Hughes, *Rail 300*, David & Charles, 1988
P.M. Kalla-Bishop, *Italian Railroads*, Drake, 1972
P.M. Kalla-Bishop, *Mediterranean Island Railways*, David & Charles, 1970
Allan Mitchell, *The Great Train Race: Railways and Franco-German Rivalry*, Berghahn, 2000
O.S. Nock, *Railways of Western Europe*, A&C Black, 1977
Brian Perren, *TGV Handbook*, Capital Transport, 1998
Albert Schram, *Railways and the Formation of the Italian State in the Nineteenth Century*, Cambridge University Press, 1977
Christine Sutherland, *The Princess of Siberia*, Methuen, 1984
Various authors, *Histoire du Réseau Ferroviaire Français*, Editions de l'Ormet, 1996
Various authors, *ICE: High-Tech on Wheels*, Hestra-Verlag, 1991
Arthur J. Veenendaal, *Railways in the Netherlands: A Brief History, 1834–1994*, Stanford University Press, 2001

美洲

Dee Brown, *Hear That Lonesome Whistle Blow: Railroads in the West*, Touchstone, 1977
David Cruise and Alison Griffiths, *Lords of the Line: The Men Who*

Built the Canadian Pacific Railway, Viking, 1988

Brian Fawcett, Railways of the Andes, Plateway Press, 1997

Sarah H. Gordon, Passage to Union: How the Railroads Transformed American Life, 1829–1929, Elephant Paperbacks, 1997

George W. Hilton and John F. Due, The Electric Interurban Railways in America, Stanford University Press, 1960

Stewart H. Holbrook, The Story of American Railroads, Bonanza Books, 1947

Theodore Kornweibel Jr, Railroads in the African American Experience, Johns Hopkins University Press, 2010

Oscar Lewis, The Big Four, Alfred A. Knopf, 1938

Albro Martin, Railroads Triumphant, Oxford University Press, 1992

Nick and Helma Mika, The Railways of Canada: A Pictorial History, McGraw-Hill Ryerson, 1972

O.S. Nock, Railways of Canada, A&C Black, 1973

Andrew Roden, Great Western Railway: A History, Aurum, 2010

David Rollinson, Railways of the Caribbean, Macmillan, 2001

D. Trevor Rowe, The Railways of South America, Locomotives International, 2000

John F. Stover, American Railroads, University of Chicago Press, 1961

Richard White, The Transcontinentals and the Making of Modern America, Norton, 2011

Oscar Zanetti and Alejandra García, Sugar and Railroads: A Cuban History, 1837–1959, University of North Carolina Press, 1998

亚洲

Ralph William Huenemann, The Dragon and the Iron Horse: The Economics of Railroads in China, 1876–1937, Harvard University Press, 1984

Robert Hardie, The Burma Siam Railway, Quadrant Books, 1984

Ian J. Kerr, Engines of Change: The Railways that Made India, Praeger, 2007

Ian J. Kerr, Building the Railways of the Raj, 1850–1900, Oxford University Press, 1995

Abrahm Lustgarten, China's Great Train: Beijing's Drive West and the Campaign to Remake Tibet, Henry Holt, 2008

Deborah Manley, ed, The Trans-Siberian Railway: A Traveller's Anthology, Century Hutchinson, 1987

Steven G. Marks, Road to Power: The Trans-Siberian Railroad and the Colonization of Asian Russia, 1850–1917, Cornell University Press, 1991

James Nicholson, The Hejaz Railway, Stacey International, 2005

O.S. Nock, Railways of Asia and the Far East, A&C Black, 1978

Peter Semmens, High Speed in Japan, Platform 5, 2000

Roopa Srinivasan, Manish Tiwari, and Sandeep Silas, Our Indian Railway, Foundation Books, 2006

Shoji Sumita Success Story, The privatisation of Japanese National Railways, Profile Books, 2000

John Tickner, Gordon Edgar, and Adrian Freeman, China: The World's Last Steam Railway, Artists' and Photographers' Press, 2008

Harmon Tupper, To the Great Ocean, Secker & Warburg, 1965

K.R. Vaidyanathan, 150 Glorious Years of Indian Railways, English Edition Publishers, 2003

Christopher J. Ward, Brezhnev's Folly: The Building of the BAM and Late Soviet Socialism, University of Pittsburgh Press, 2009

Various authors, Guide to the Great Siberian Railway, 1900, David & Charles reprints, 1971

非洲

John Day, Railways of South Africa, Arthur Barker, 1963

M.F. Hill, The Permanent Way: The Story of the Tangunyika Railways, East African Railways and Harbours, 1958

George Tabor, Cape to Cairo, Genta, 2003

大洋洲

Neill Atkinson, Trainland, Random House, 2007

Tim Fischer, Transcontinental Train Journey, Allen & Unwin, 2004

C.C. Singleton and David Burke, Railways of Australia, Angus & Robertson, 1963

Patsy Adam Smith, The Desert Railway, Rigby 1974

Patsy Adam Smith, Romance of Australian Railways, Rigby, 1973

致谢

本书作者感谢《铁路创造的世界》一书作者尼古拉斯·费思为本书起草了部分章节并针对本书各个方面提出了建议。同样感谢瑞士铁路协会的马尔科姆·布尔皮特起草了有关瑞士铁路的章节。

书中复制图片均已得到授权使用，本书出版商特向以下单位和个人表示感谢：

（a代表在上方；b代表在下方／在底部；c代表中部；f代表远端；l代表左侧；r代表右侧；t代表顶部）

2 Matthew Malkiewicz: losttracksoftime.com. 5 Matthew Malkiewicz: losttracksoftime.com. 11 Science & Society Picture Library: NRM / Pictorial Collection. 15 Getty Images: Lonely Planet Images. 18-19 Science & Society Picture Library: Science Museum. 20-21 Science & Society Picture Library: Science Museum. 22 The Bridgeman Art Library: Institute of Mechanical Engineers, London, UK. 23 DK Images: Courtesy of the National Railway Museum, York. 25 Science & Society Picture Library: NRM. 26-27 Science & Society Picture Library: NRM / Pictorial Collection. 28 Science & Society Picture Library: Science Museum. 30-31 Science & Society Picture Library: NRM. 32 Smithsonian Institution Archives: NPG.75.13. 35 DK Images: Courtesy of Railroad Museum of Pennsylvania. 36 Corbis: Bettmann. 37-38 DK Images: Courtesy of B&O Railroad Museum. 40 DK Images: Courtesy of B&O Railroad Museum (cl, cr, bl). 41 DK Images: Courtesy of B&O Railroad Museum (tl). 41 DK Images: Courtesy of Railroad Museum of Pennsylvania (tr, cl, cr). 40-41b DK Images: Courtesy of B&O Railroad Museum. 42 Getty Images: Culture Club. 45 Topfoto: ullsteinbild. 47 Alamy: The Art Archive. 48 Getty Images. 53 Corbis: Michael Nicholson. 54 The Bridgeman Art Library: Sunderland Museums & Winter Garden Collection, Tyne & Wear, UK. 57 Science & Society Picture Library: NRM / Cuneo Fine Arts (Artist copyright Estate of Terence Cuneo / The Bridgeman Art Library). 58 Traditionsbetriebswerk Stassfurt: (bl). 58-59 Getty Images: Fox Photos. 66-67 Corbis: Horace Bristol. 61 AF Eisenbahn Archiv. 62 Library of Congress, Washington, D.C.. 65 The Kobal Collection: United Artists. 66 Raggan Datta: (bc). 68 DK Images: Courtesy of Didcot Railway Centre. 72-73 Science & Society Picture Library: NRM / Pictorial Collection. 74-75 akg-images. 77 Getty Images: Hulton Archive. 79 Science & Society Picture Library: Science Museum. 80 Getty Images: Hulton Archive. 82 Getty Images: The British Library / Robana (bl). 85 Science & Society Picture Library: NRM. 86 Science & Society Picture Library: Science Museum. 89 Getty Images: Sovfoto / UIG. 90-91 Science & Society Picture Library: NRM. 92 Mary Evans: Iberfoto. 93 Fotolia.com: cityanimal. 96-97 Getty Images: The British Library / Robana. 98 Alamy: 19th era. 99 AF Eisenbahn Archiv. 102 AF Eisenbahn Archiv. 104 Alamy: imagebroker. 107 Corbis: Swim Ink 2, LLC. 108-109 Getty Images: Roy Stevens / Time & Life Pictures. 110 Topfoto: The Granger Collection. 113 William L. Clements Library, University of Michigan. 115 California State Library. 116 Mary Evans: Everett Collection. 118-119 Corbis: Michael Maslan Historic Photographs. 120 California State Library. 123 Corbis: Bettmann. 124 Corbis: James L. Amos. 126 Canadian Pacific Railway. 128 The Bridgeman Art Library: Private Collection / Peter Newark American Pictures (tl). 132-133 Science & Society Picture Library: Science Museum. 134 Getty Images: Hulton Archive (b). 137 Getty Images: Keystone / Hulton Archive (tr). 139 National Museums Northern Ireland: Collection Armagh County Museum (b). 140 Getty Images: Jimin Lai / AFP (b). 142 Luped.com: Roland Smithies (t). 144 DK Images: Courtesy of Railroad Museum of Pennsylvania (bl). 144-145 akg-images: North Wind Picture Archives. 147 Luped.com: Roland Smithies. 148 SuperStock: Christie's Images Ltd. 150 DK Images: Courtesy of B&O Railroad Museum. 151 Getty Images: MPI. 152 Corbis: Underwood & Underwood (br). 152 Getty Images: Digital Vision (bl). 153 Science & Society Picture Library: NRM / Cuneo Fine Arts (bl). 156 Getty Images: Popperfoto. 159 Getty Images: Hal Morey. 160 Science & Society Picture Library: Science Museum (c).

161 DK Images: Courtesy of Railroad Museum of Pennsylvania (t). 161 Getty Images: Fox Photos (b). 163 Corbis: Underwood & Underwood. 165 AF Eisenbahn Archiv. 165 Getty Images: Fotosearch. 166 Library of Congress, Washington, D.C. 168 Alexander Turnbull Library, Wellington, New Zealand: F.P-Accidents-Rail-Tangiwai rail disaster-01 (bl). 168-169 Science & Society Picture Library: NRM. 170 Getty Images: Chicago History Museum. 172 Corbis: Bettmann. 174-175 AF Eisenbahn Archiv. 177 Getty Images: MPI. 181 The Bridgeman Art Library: Regional Art Museum, Irkutsk. 183 AF Eisenbahn Archiv. 184 Getty Images: Sovfoto / UIG. 187 Getty Images: De Agostini / E. Ganzerla. 188 Corbis: Hulton-Deutsch Collection (bl). 190 Mary Evans: Epic. 192 Getty Images: Culture Club. 193 The Art Archive: Kharbine-Tapabor / Collection IM. 194-195 Corbis: Katie Garrod / JAI. 196 akg-images. 198 South American Pictures. 201 Topfoto: Alinari. 202 Wikimedia: Ernesto Linares. 204 Alamy: Prisma Bildagentur AG (bl). 205 Getty Images: Andrey Rudakov / Bloomberg (cl). 204-205 Marcelo Meneses / Ecuador Adventure: (b). 208 AF Eisenbahn Archiv. 210-211 The Art Archive: Culver Pictures. 212 Alamy: imagebroker (cla). 212 DK Images: Courtesy of B&O Railroad Museum (b). 213 Alamy: Gerry White (cla). 213 Alamy: David Davies (br). 213 DK Images: Courtesy of Virginia Museum of Transport (tl, cra). 212-213c DK Images: Courtesy of B&O Railroad Museum. 214 Topfoto: The Granger Collection. 215 Fotolia.com: Popova Olga. 216 Mary Evans Picture Library. 219 The Art Archive: Eileen Tweedy. 221 Corbis: Ocean. 222 Mary Evans: Illustrated London News Ltd (bl). 224-225 Getty Images: General Photographic Agency. 226 Science & Society Picture Library: Science Museum. 228 Topfoto: The Granger Collection. 230 DK Images: Courtesy of Railroad Museum of Pennsylvania (cl). 230 DK Images: Courtesy of Ribble Stram Railway (cra). 230 DK Images: Courtesy of the National Railway Museum, York (cla). 231 Alamy: pf (tr). 231 DK Images: Courtesy of Railroad Museum of Pennsylvania (cl). 231 DK Images: Courtesy of the Musee de Chemin de Fer, Mulhouse (tl). 231 Getty Images: Tomohiro Ohsumi / Bloomberg (cr). 230-231b DK Images: Courtesy of Railroad Museum of Pennsylvania. 233 Corbis: S W Newton / English Heritage / Arcaid. 234-235 The Bridgeman Art Library: Hagley Museum & Library, Wilmington, Delaware, USA. 236 Bonhams. 238 Science & Society Picture Library: NRM / Pictorial Collection. 241 Topfoto. 242 Corbis: Bettmann. 246-247 Getty Images: Stock Montage. 249 Getty Images: Hulton Archive. 250-251 AF Eisenbahn Archiv. 254 AF Eisenbahn Archiv. 252-253 DK Images: Courtesy of Adrian Shooter. 256 Mary Evans Picture Library. 261 Mary Evans: Grenville Collins Postcard Collection. 262 Topfoto: The Granger Collection. 265 Corbis: Scheufler Collection. 266 Corbis. 268-269 Getty Images: Fox Photos. 271 Alamy: The Print Collector. 272 Topfoto. 275 The Bridgeman Art Library: Galerie Bilderwelt. 276 DK Images: Courtesy of Virginia Museum of Transportation (b). 276 DK Images: Courtesy of Railroad Museum of Pennsylvania (tr). 276 DK Images: Courtesy of Railroad Museum of Pennsylvania (ca). 277 DK Images: Courtesy of B&O Railroad Museum (t, c, b). 276-277 DK Images: Courtesy of Virginia Museum of Transportation (c). 278-279 Getty Images: Neurdein / Roger Viollet. 280-281 AF Eisenbahn Archiv. 284 REX Features: Sipa Press. 288 Getty Images: Hulton Archive. 291 Corbis: Col. F. R. Maunsell / National Geographic Society. 293 Corbis: John Springer Collection. 294 DK Images: Courtesy of Railroad Museum of Pennsylvania (bl). 295 DK Images: Courtesy of Virginia Museum of Transportation (t). 295 DK Images: Courtesy of the DB Museum Nürnberg, Germany (cb). 295 Getty Images: The Asahi Shimbun (br). 294-295 DK Images: Courtesy of the National Railway Museum, York (c). 298 Alamy: imagebroker. 300-301 Alamy: WoodyStock. 302 Alexander Turnbull Library, Wellington, New Zealand: Ref: Eph-E-RAIL-1940s-01. 303 N Z Railway & Locomotive Society Collection: J D Buckley. 305 Corbis: Hulton-Deutsch Collection. 306 Science & Society Picture Library: NRM / Pictorial Collection. 309 DK Images: Courtesy of Railroad Museum of Pennsylvania. 310-311 Science & Society Picture Library: NRM / Pictorial Collection (Artist copyright Gerald Coulson). 313 Topfoto: ullsteinbild. 315 Corbis: Underwood & Underwood. 316 AF Eisenbahn Archiv. 318 Alamy: Daniel Dempster Photography (br). 318 Alamy: John Gaffen 2 (bl). 318 DK Images: Courtesy of Railroad Museum of Pennsylvania (c). 319 Alamy: Thomas J. Peterson (tl). 319 Alamy: Frank Paul (b). 319 DK Images: Courtesy of the Museum of

Transportation, St Louis, Missouri (tr). 319 Science & Society Picture Library: NRM (cr). 321 Corbis: Bettmann. 323 Australian War Memorial: Order 6459212. 324 Getty Images: LatitudeStock / Emma Durnford. 326-327 SuperStock: Andrew Woodley / age fotostock. 332 Getty Images: Nadezhda Borovaya Estate / Chip HIRES / Gamma-Rapho. 334 Luped.com. 335 Alamy: The Print Collector. 337 Alamy: RIA Novosti. 337-338 Getty Images: John Mueller. 343 Alamy: Keystone Pictures USA. 344 Alamy: Inge Johnsson. 346-347 Matthew Malkiewicz: losttracksoftime.com. 348 Getty Images: DeAgostini. 350-351 Alamy: qaphotos.com. 353 Getty Images: Denis Charlet / AFP. 354 Getty Images: James L. Stanfield / National Geographic (bl). 354-355 Alamy: qaphotos.com. 357 Corbis: Hulton-Deutsch Collection (b). 358 Corbis: Swim Ink 2, LLC (t). 359 Corbis: Daniel Schoenen / imagebroker. 362-363 Alamy: age fotostock.
365 Getty Images: Sankei Archive. 366-367 Dreamstime.com: Sean Pavone. 371 Alamy: Jon Arnold Images Ltd. 372 SuperStock: imagebroker.net. 375 Corbis: Wu Hong / epa. 376 DK Images: Courtesy of the National Railway Museum, York. 379 Reuters: Darley Shen. 380-381 Corbis: Chen Xie / Xinhua Press. 385 Foster + Partners. 386 age fotostock: jovannig. 388 Corbis: Noboru Hashimoto / Sygma (bc).

地图：
全书从头至尾都有地图用以说明选中的铁路线路及其他地形地貌。地图所列仅为概要性信息，不做全面参考用途，敬请留意。地名则沿用了地图绘制期间的使用名。

换算：
除非特别说明，文中的数字均采用约整数，货币换算采用的汇率与当时大致相当。